Andreas Hansert

KÖNIGE UND KAISER

in Deutschland und Österreich (800–1918)

Michael Imhof Verlag

IMHOF-Kulturgeschichte

Titelseite: Abb. wie S. 87, 137, 188

Umschlagrückseite: J. A. Delsenbach, Reichskrone, kolorierter Stich um 1750

Andreas Hansert: Könige und Kaiser in Deutschland und Österreich (800–1918), Imhof-Kulturgeschichte, Petersberg 2006

© 2006
Michael Imhof Verlag GmbH & Co. KG
Stettiner Straße 25
D-36100 Petersberg
Tel. 0661/9628286; Fax 0661/63686
www.imhof-verlag.de

Gestaltung und Reproduktion: Michael Imhof Verlag
Druck: B.O.S.S Druck und Medien GmbH
Printed in EU

ISBN 3-86568-150-6

INHALT

EINLEITUNG

König- und Kaisertum

In 58 Porträts stellt das vorliegende Buch die Könige und Kaiser der Karolinger, des Alten Reiches, der österreichisch-ungarischen Monarchie und des deutschen Kaiserreiches von 1871 vor. Je nachdem, ob man bei den Karolingern auch die Kaiser, die in den später in Frankreich aufgegangenen westlichen Gebieten herrschten, hinzunimmt oder von den zahlreichen Gegenkönigen des Mittelalters den einen oder anderen Herrscher mit in die Auswahl aufnimmt oder auslässt, mag man auch auf eine andere Zahl kommen.

Könige gab es viele, Kaiser aber konnte der Definition entsprechend nur einer sein. Er war der höchste unter den weltlichen Herrschern, der König der Könige.

Der **Ursprung des Kaisertums** liegt im Römischen Reich und geht auf die welthistorisch herausgehobene Person Caesars zurück, in der sich die Macht des römischen Weltreiches konzentrierte. Während das römische Kaisertum 456 n. Chr. im Westteil des Reiches erlosch, überlebte es im Oströmischen Reich, in Byzanz noch fast 1000 Jahre bis zum Fall Konstantinopels im Jahr 1453. Mit **Karl dem Großen** (1) entstand es im Jahr 800 jedoch auch im Westen wieder neu. Man hatte damit zwei Kaiser – einen karolingischen und einen byzantinischen – und somit ein „Zweikaiserproblem". Nach kriegerischer Auseinandersetzung und daraus folgender Anerkennung des jüngeren durch das ältere Kaisertum fand man freilich bald zu jahrhundertelanger Koexistenz.

Das im Jahr 800 neu erstandene Kaisertum knüpfte an römische Traditionen an. Karl der Große wurde als Kaiser legitimiert, indem er das weströmische Kaisertum ausdrücklich von **Papst Leo III.** übertragen erhielt (translatio imperii). Doch neben der antiken Staatsidee stand das

Darstellung Papst Leos III. und Karls des Großen, Rom, Trikliniumsmosaik (neben der Lateranbasilika), Rekonstruktion von 1743 nach einem Original aus der Zeit kurz vor der Kaiserkrönung im Jahr 800, Detail aus der Darstellung Petrus überreicht Papst Leo III. das Pallium und dem Frankenkönig Karl die Fahnenlanze, das Zeichen des weltlichen Schutzes, den Karl für Rom und die Kirche garantierte

jetzige Kaisertum mit dem Christentum zugleich auf einer ganz neuen Grundlage. Beides, Christentum und Romorientierung, blieben über 1000 Jahre hinweg bis 1806 Kernelemente sowohl des Kaisertums als auch des dazugehörigen Reiches: So lange waren und blieben sie, zumindest dem Titel nach, *römischer* Kaiser sowie (offiziell seit der Stauferzeit) *heiliges* und *römisches* Reich, auch wenn beide sich bald schon zum römisch-*deutschen* Kaiser und (spätestens seit Anfang des 16. Jahrhunderts) zum Heiligen Römischen Reich *Deutscher Nation* weiterentwickelt hatten.

Diese Fundierung und Akzentuierung in der deutschen Nation war der Kaiseridee nicht von Anfang an immanent. Die Karolinger herrschten über ein europäisches Großreich und demonstrierten damit machtvoll den universalen, übernationalen Anspruch der Kaiser- und Reichsidee. Erst nach ihrem Ende und der Spaltung ihres Imperiums in ein west- und ein ostfränkisches Reich, aus denen später Frankreich und Deutschland hervorgingen, musste entschieden werden, wer Erbe der Kaiseridee sein würde. Das ostfränkische Reich setzte sich durch.

Mit **Otto dem Großen** (9) kam es nach einer längeren Phase, da die Kaiserkrone nicht vergeben war, im Jahr 962 zu einer machtvollen Neubegründung des karolingischen Kaisertums. Doch geschah diese Renaissance in veränderter Gestalt. Mit dem historischen Auftreten der Ottonen im 10. Jahrhundert begann die Geschichte des Herrschaftsgebietes, über das sie verfügten, als *deutsche* Geschichte greifbar zu werden: Der Kaiseridee blieb ihr universeller Anspruch wohl erhalten, faktisch aber war und blieb sie künftig an das deutsche Königtum gebunden und häufig darauf reduziert; die Herrscher der großen sich bildenden Reiche in Westeuropa, namentlich die Könige von Frankreich und England, waren nicht bereit, sich ihm machtpolitisch zu unterwerfen; allenfalls blieb ihm ein Vorsprung an Würde und Symbolkraft. Mit Otto dem Großen ist auch die Entstehung der **Reichskrone** verbunden, die wohl zwischen 961 und 967 unter Leitung seines Bruders, des Kölner Erzbischofs Brun, hergestellt worden ist.

Ein weiteres **Merkmal des ottonischen Kaisertums** war seine noch engere Verbindung mit der Kirche als in der Karolingerzeit. Der Kaiser verstand sich nun als Stellvertreter Christi auf Erden, seiner Stellung kam sakramentale Bedeutung zu. Er war Schutzvogt der Kirche und der Christenheit, stand damit auch über dem Papst und vermochte zeitweise – so insbesondere Otto III. (11) – den Vertreter auf dem Stuhle Petri selbst einzusetzen. Doch hatte der Kaiser dem Papst andererseits mit dem officium stratoris et strepae (Leiten des Pferdes des Papstes am Zügel und Halten des Steigbügels) auch symbolische Dienste zu leisten. Und der Papst hatte zur Zeit der Ottonen auch sein Recht durchgesetzt, den königlichen Kandidaten durch Krönung in Rom erst zum Kaiser zu machen. Karl der Große, selbst vom Papst gekrönt, hatte dies noch nicht anerkannt und seinem Sohn Ludwig (2) eigenmächtig die Krone aufgesetzt.

Reichskrone, um 961/967, Kunsthistorisches Museum Wien, Weltliche Schatzkammer

Die Verquickung von kaiserlicher und päpstlicher Macht reichte mit der ottonischen Herrschaft aber noch weiter: Das Reich, über das die römisch-deutschen Kaiser geboten, erstreckte sich dank der Eroberung des Langobardenreiches durch Karl den Großen im Jahr 774 auch auf das Königreich Italien, das die nördliche Hälfte der Apenninenhalbinsel umfasste; zur Zeit der Staufer, insbesondere unter Friedrich II. (23), reichte ihre Macht durch Erbe des Normannenreiches in der ersten Hälfte des 13. Jahrhunderts sogar bis nach Sizilien. Dank dieser Italienbindung des mittelalterlichen Kaisertums waren Machtproben mit dem Papst, der sich im eigenen Land vom Kaiser bedrängt sah, unausweichlich. Hinzu kam ein anderes: Die Ottonen zogen die Kirche und ihre administrativen Potenziale gezielt für die rein weltliche Verwaltung ihrer Länder heran, die Kaiser nahmen daher wie selbstverständlich die Einsetzung von Bischöfen und Klerikern, die ihre Interessen vertraten, vor. Aus dieser Instrumentalisierung der Kirche zu säkularen Zwecken wollte sich ein reformorientiertes Papsttum seit der Mitte des 11. Jahrhunderts befreien und sich wieder mehr auf seine spirituellen Quellen besinnen. Es verneinte daher das Recht des Kaisers, durch die Bischofsbesetzung in kirchliche Angelegenheiten einzugreifen. Diese Auseinandersetzung,

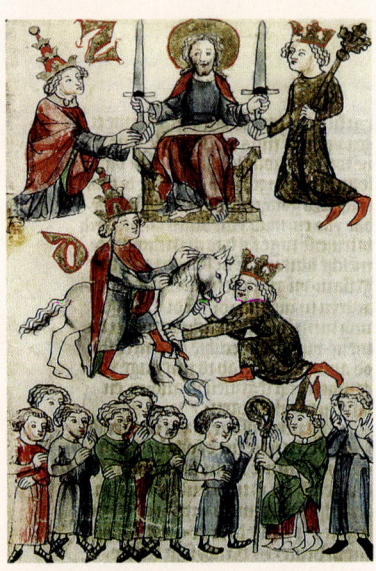

Mittelalterliche Zweischwerterlehre: Gottvater übergibt dem Papst das geistliche Schwert und dem Kaiser das weltliche (Szene oben), Darstellung aus dem Wolfenbütteler Sachsenspiegel, 3. Viertel des 14. Jahrhunderts, Abb. nach Faksimile

die zwischen **Papst Gregor VII. und Kaiser Heinrich IV.** (15) im Jahr 1076 voll aufbrach und mit der Exkommunikation des Kaisers eine unerhörte Dramatik annahm, ging als **Investiturstreit** in die Geschichte ein. Dieser folgenreiche Kampf hielt Kaiser und Papst über die Generationen hinweg ein halbes Jahrhundert lang in Atem, bis es mit dem **Wormser Konkordat von 1122** endlich gelang, der lähmenden Verquickung von weltlichen und kirchlichen Angelegenheiten ein Ende zu bereiten und materielles Kirchengut, das des Kaisers war, und spirituelles Kirchenamt, das die Kirche autonom verantworten wollte, voneinander zu trennen. Das Papsttum ging aus diesem welthistorischen Kampf mit dem Kaisertum gestärkt hervor. Zugleich war dies der Anfang der Trennung der beiden Mächte. Unter den Staufern erlebte die Auseinandersetzung mit dem Papst wegen ihrer starken Italienorientierung einen Höhepunkt. Nach dem Ende der staufischen Dynastie 1254 aber wanderte der Schwerpunkt des Kaisertums endgültig in den Norden und weiter nach Osten. Italien wurde unwichtiger, während das Reich sich unterdessen nach Brandenburg, Böhmen und Österreich hin arrondiert hatte. Diese Verschiebung des kaiserlichen Aktionsradius' war eine günstige Voraussetzung dafür, dass auch die Königs- und Kaiserwahl sich immer mehr aus dem Einflussbereich des Papstes herausbewegte, bis dieser am Ende auf rein formale, inhaltslos gewordene Rechte reduziert war.

Königswahl und Kaiserkrönung

Vor der Krönung zum Kaiser durch den Papst stand im Prozedere des Herrscherwechsels die Erhebung zum König.

Das Karolingerreich war zunächst ein Erbkönigtum. Unter den Enkeln Karls des Großen kam es schon bald zu mehrfachen Teilungen des Herrschaftsgebietes und daraus folgend zu kriegerisch ausgetragenen Spannungen unter den Mitgliedern der Dynastie. Bei der Erhebung der letzten Karolinger im Ostreich, **Arnulf von Kärnten** (5), dessen mütterliche Abstammung gewisse Probleme aufwarf, und seinem Sohn Ludwig (6), kam der Zustimmung einflussreicher Adelsgruppierungen bereits eine gewisse Rolle zu. Der letzte Karolinger des Ostreiches, **Ludwig das Kind** (6), war altersbedingt nicht selbst regierungsfähig und hatte bei seinem frühen Tod noch keine Nachkommen und Erben. Es lag daher nahe, im Regentschaftsrat, der sich um ihn gebildet hatte, einen Kandidaten für den neuen König zu suchen. Die Wahl fiel auf **Konrad** (7) aus dem Geschlecht der Konradiner, die in dem Rat eine starke Stellung gehabt hatten; obendrein entstammte die Mutter des verstorbenen letzten Karolingers, Oda, ebenfalls diesem Geschlecht. So hatte also hier der Adel bereits großen Einfluss auf den jenseits von Erbe stattgehabten Herrscherwechsel.

Konrad gelang es jedoch nicht, die erstarkten Herzöge unter die königliche Gewalt zu bringen; er selbst empfahl daher seinem Bruder, der sein Erbe war, den Verzicht auf den Königsthron und die Erhebung des sächsischen Herzogs **Heinrich** (8) zum neuen König. So kamen 919 die Ottonen an die Macht, und zweimal innerhalb eines Jahrzehnts hatte man damit den Wechsel einer Dynastie erlebt.

Welcher Einfluss zu diesem Zeitpunkt den Herzögen und anderen mächtigen Fürsten des Reiches bei der Ernennung des Königs zukam, bleibt unklar. Er wuchs sicher in dem Moment, in dem ein König keinen Sohn hatte, auf den er seinen Titel übertragen konnte. Doch selbst wenn dieser einen hatte, war er gut beraten, sich der Akklamation durch die Mächtigen des Reiches zu vergewissern. Beim Aussterben einer Dynastie und dem Übergang auf ein neues Herrschergeschlecht aber war ihr Einverständnis von noch größerer Bedeutung. Als 1024 die Ottonen zu Ende gekommen waren, ging der Mainzer Erzbischof in die Offensive und ließ den Salier **Konrad** (13), der auf Verwandtschaft mit den Ottonen verweisen konnte, zum neuen König wählen. Die Witwe des verstorbenen Kaisers, Kunigunde, verlieh dieser Königserhebung weitere Legitimation, indem sie die **Reichsinsignien** überbrachte. Durch das Verfahren des **Umritts im Reich** versicherte Konrad sich schließlich der Zustimmung durch die übrigen Magnaten. Als hundert Jahre später, 1125, die Salier ausstarben, sah der letzte des Geschlechts, **Heinrich V.**

(16), seinen Neffen, Sohn seiner Schwester Agnes, den aus staufischem Geschlecht stammenden Schwabenherzog Friedrich, als Nachfolger vor. Da sich gegen die Salier jedoch eine mächtige Adelsopposition formiert hatte, folgten die Großen des Reiches dem Willen des verstorbenen Kaisers nicht, sondern wählten mit dem sächsischen Herzog **Lothar von Supplinburg** (17) einen Mann ihres Vertrauens. Erst nach dessen Tod 1137 kamen die Staufer zum Zug. An diesem Fall manifestierten die Fürsten bis dahin am deutlichsten, dass sie, vor allem beim Ende einer Dynastie, prinzipiell ein Wahlrecht im deutschen Königtum reklamierten. Dies konnte zu unklaren Verhältnissen führen. Wie die Erbkönigtümer vor der wirksamen Durchsetzung des Erstgeburtsrechts von den Rivalitäten unter den Brüdern und Vettern bedroht waren (wofür gerade das Karolingerreich ein eindrückliches Beispiel lieferte), kannten die Wahlmonarchien – neben dem römisch-deutschen Kaiserreich vor allem das Papsttum – lange Zeit das Problem der Doppelwahl. Versuche **Heinrichs VI.** (20) Ende des 12. Jahrhunderts, das Reich in ein Erbreich zu verwandeln, scheiterten. Und schon die kurze Zeit später stattfindende Wahl seines Nachfolgers führte zu einer der folgenreichsten Doppelwahlen im Alten Reich, als die Fürsten 1198 sich in eine staufische und eine welfische Partei gespalten hatten und die eine **Philipp von Schwaben** (21) zum König, die andere **Otto von Braunschweig** (22) zum Gegenkönig wählten. Da in

diesem Fall beide Parteien, die sich auch mit auswärtigen Mächten verbündeten, etwa gleich stark waren, konnte nicht der eine König über den anderen eindeutig dominieren. Das Reich war gelähmt und häufig erwuchsen aus solchen Konstellationen kriegerische Auseinandersetzungen.

In nachstaufischer Zeit kam es, beginnend mit der Wahl des ersten Habsburgers, **Rudolfs I.** (25), 1273 für eineinhalb Jahrhunderte zu einer bunten Abfolge von Herrschern aus verschiedenen Dynastien. In dieser Phase trat das Wahlrecht der Fürsten am deutlichsten zutage und setzte sich mehrfach sogar gegen die Beharrungsmacht der dynastischen Vater-Sohn-Erbfolge durch. Man wollte die mächtigen Habsburger nicht hochkommen lassen und wählte daher gleich nach Rudolf zunächst lieber den unbedeutenden **Adolf von Nassau** (26) als seinen Sohn. Dem Nassauer folgte mit **Albrecht I.** (27) zwar noch einmal ein Habsburger nach. Doch dann brachten die Wähler mit den Luxemburgern und den Wittelsbachern für mehr als hundert Jahre ganz neue Dynastien ins Spiel. Aus beiden Geschlechtern sind bedeutende Herrscherpersönlichkeiten, namentlich **Ludwig IV.** (30) und **Karl IV.** (31), hervorgegangen. Erst mit dem Luxemburger Kaiser **Sigismund** (34) endete 1437 diese Phase der springenden Wahlen; danach setzten sich auf lange Sicht die Habsburger durch, sodass man, bei allen formalen Wahlprozeduren, für Jahrhunderte de facto fast von einem **Habsburger Erbkaisertum** sprechen kann.

Es war diese Phase des schnellen Wechsels der Dynastien von 1273 bis 1437, in der sich erstmals die **Wähler der Könige** fassen lassen. Ist es bis dahin ins Dunkel der mittelalterlichen Geschichte gehüllt, wer eigentlich berechtigt war, den König zu wählen, so hatte sich nun das Gremium der sieben Kurfürsten etabliert. Ihm gehörten die drei geistlichen Herren von Mainz, Köln und Trier sowie die vier weltlichen Herrscher von Böhmen, Sachsen und Brandenburg sowie der Pfalzgraf bei Rhein an. Doch gab es bei den weltlichen Kurfürstentümern gelegentlich Unsicherheit darüber, welchem der verschiedenen Zweige der jeweils herrschenden Dynastie das Recht der Wahl zustand. So kam es auch hier aufgrund doppelter Stimmabgaben erneut zu Doppelwahlen, so zum Beispiel 1314, als der Habsburger **Friedrich der Schöne** (29) und der Wittelsbacher **Ludwig der Bayer** (30) gleichzeitig gewählt wur-

den und der eine, Ludwig, den anderen, Friedrich, dann kriegerisch niederringen musste.

Diese verfassungsrechtlich unklare Situation wurde 1356 endlich durch die von Kaiser **Karl IV.** (31) erlassene **Goldene Bulle** entschieden. Diese Urkunde ist eine der bedeutendsten Grundgesetze des Alten Reiches. Sie regelte das Verfahren der Königswahlen, indem sie das bis dahin geübte gewohnheitsrechtliche Verfahren, den Ablauf und die Funktionen der Beteiligten kodifizierte und vor allem die Stellung der sieben Kurfürsten genau definierte. Für die weltlichen Kurfürsten ordnete sie nun das singuläre Erbrecht des erstgeborenen Sohnes an, sodass es nicht mehr zu Stimmenzersplitterungen kommen konnte. Auch wurde das Mehrheitsprinzip bei der Königswahl verankert. Wichtig war auch die legitimatorische Kraft der richtigen Orte der Wahl: **Frankfurt**, das seit 1147, als der Staufer

Goldene Bulle, Kanzlei Karls IV., 1366, für die Stadt Frankfurt ausgefertigtes Exemplar, Pergament, goldene Siegelkapsel an schwarzgelber Seidenschnur, 24,2 x 18,5 cm, Frankfurt am Main, Institut für Stadtgeschichte

Krönungsfeier Leopolds I. (45) 1658 in Frankfurt, zeitgenössischer Kupferstich von Matthäus Merian

Konrad III. (18) seinen (dann allerdings früh verstorbenen) Sohn zum Nachfolger wählen ließ, immer wieder als Wahlort des römisch-deutschen Königs gedient hatte, wurde von der Goldenen Bulle nun ebenso bestätigt, wie die alte Kaiserstadt **Aachen** in ihrer

Funktion als Ort von dessen Krönung. Seit diesen Regelungen hat es mit Ausnahme der Wahl Sigismunds (34) 1410 bei der Königswahl keine Probleme mehr gegeben.

Von Interesse ist die Stellung des Papstes. Nach der Wahl des Kandi-

daten durch die Kurfürsten in Frankfurt, seiner Krönung zum römisch-deutschen König durch den Erzbischof und Kurfürsten von Köln in Aachen trat er erst an dritter Stelle durch die Krönung des Königs zum Kaiser, die in Rom stattfand, in Erscheinung. Faktisch war ihm im Mittelalter auch schon bei der Königswahl häufig eine einflussreiche Stellung zugefallen. Die Goldene Bulle aber ließ ihn nun unerwähnt und erkannte ihm damit bei der Königswahl keinerlei Funktion mehr zu. Sein altes Recht, die Kaiserkrönung vorzunehmen, blieb davon zunächst noch unberührt. Dieser dritte Akt im Wechsel der Herrscher war seit jeher der aufwendigste. Um die Kaiserkrone zu erlangen, musste der König sich nach **Rom** begeben. Im Mittelalter war dies nur mit einem Heer möglich, da im Königreich Italien stets zu viele Gegner des Königs, darunter die mächtigen Städte der Lombardei, lauerten und sich ihm auf der Reise nach Rom in den Weg stellten. Etliche römisch-deut-

oben: Königsthron, Ende 8. Jahrhundert, im Emporengeschoss des Aachener Doms. Der Thron ist sechsstufig und folgt darin ebenso wie in dem runden Abschluss seiner marmornen Rückwand der Beschreibung des Throns von König Salomon. Der Aachener Thron besteht aus wiederverwendeten römischen Marmorplatten und für die Sitzfläche aus eingestellten Holzbrettern, die in früheren Jahrhunderten für eine Reliquie der Arche Noah gehalten wurden und auf denen ursprünglich eine weitere Marmorplatte lag.

unten: Stiftskirche St. Bartholomäus, sog. Dom, in Frankfurt am Main, errichtet ab 1235, 1415–1513 und 1869–80

Krönung Josephs II. vor einem erhöht gelegenen Konsekrationsaltar in der Stiftskirche St. Bartholomäus, dem sog. Dom, in Frankfurt am Main, Ölgemälde von Johann Dallinger von Dalling, Wien um 1765, 362 x 295 cm, Wien, Kunsthistorisches Museum

sche Könige des Mittelalters hatten dazu nicht die Mittel oder es blieb ihnen nicht genügend Zeit, einen solchen Zug zu organisieren; auch Otto der Große (9) brauchte als König mehr als ein Vierteljahrhundert, bis er seine Kaiserkrönung in Rom durchzusetzen vermochte. Einige Könige aber hatten auch den **Papst** zum Gegner, der ihnen die Kaiserkrönung verweigerte. So kam es, dass elf jener dreiunddreißig Könige nach-

karolingischer Zeit bis zu Karl V. (38), den der Papst 1530 als Letzten zum Kaiser krönte, die Kaiserkrone nicht erlangen konnten. Das war ein Drittel der Herrscher.

Der Papst schied so immer mehr aus dem Prozedere des Herrscherwechsels und aus der Politik des Reiches aus. Die letzte Kaiserkrönung am „rechten Ort", in Rom, war die Friedrichs III. (36) 1452. Sein Sohn, Maximilian I. (37), konnte aus poli-

15

*Ritterschlag nach der Krönung Josephs II. gegen Ende der Krönungsmesse auf einer Pro-
klamationsbühne im südlichen Querhaus der Stiftskirche St. Bartholomäus, sog. Dom, in
Frankfurt am Main, Ölgemälde Johann Dallinger von Dalling, Wien um 1765,
363 x 212 cm, Wien, Kunsthistorisches Museum*

Krönungsmahl für Joseph II. im Römersaal (Kaisersaal) des Frankfurter Römers, Gemäl-de aus dem Atelier des Martin van Meytens d. J., Wien um 1764, 390 x 335 cm, Wien, Kunsthistorisches Museum. Auf einem Podest sitzen vor der Fensterfront Kaiser Franz I. und König Joseph II.; davor stehen die drei geistlichen Kurfürsten, die das Bankett mit einem Tischgebet eröffnen.

tischen Gründen nicht bis Rom vor-dringen und nahm ohne Krönung, aber mit Zustimmung des Papstes daher den Titel „Erwählter Kaiser" an. Sein Enkel, Karl V. (38), verfuhr nach seiner Wahl ebenso, ließ sich 1530 dann, allerdings nicht mehr in Rom, sondern in Bologna, doch noch – wie gesagt als letzter König – vom Papst zum Kaiser krönen. Dem Papst blieb nur noch, auf seinem aus dem Mittelalter herrührenden Ap-probationsrecht zu beharren, dem-zufolge es ihm zustand, den von den Kurfürsten gewählten König auf Eignung zu prüfen und zu bestäti-gen. Doch auch dieses Recht, das er bis zum Ende des Reiches aufrecht-erhielt, sank nun zu einer faktisch unbedeutenden Formalie herab.

Nach dem Zeitalter Karls V. wurde das Verfahren des Thronwechsels beträchtlich vereinfacht. Seit der **Erhebung Maximilians II.** (40) **1562** wurden die Kandidaten in Frankfurt gewählt und gleich dort ohne Mitwirkung des Papstes auch gekrönt. Rom und Aachen schieden beide als Krönungsstätten ganz aus, auch wenn Aachen seinen Anspruch formell aufrechterhielt. In jenen Fällen, in denen der kaiserliche Vater seinen Sohn bei den Kurfürsten noch zu Lebzeiten durchzusetzen vermochte – das war etwa bei der von Goethe so eindrucksvoll beschriebenen Wahl Josephs II. (50) –, ging dieser aus der Wahl und der anschließenden Krönung in der Frankfurter Bartholomäuskirche, dem sog. Dom, bei der ihm die alte ottonische Kaiserkrone aufgesetzt wurde, mit dem Titel eines römisch-deutschen Königs hervor; beim Tod des Vaters avancierte er dann ohne weitere Zeremonie zum Kaiser. War der Vater hingegen bereits verstorben, wie etwa bei Leopold I. (45) 1658, so war die Königswahl und die anschließende Krönung zugleich eine Kaiserwahl und eine Kaiserkrönung.

Zum König und Kaiser konnten im Prinzip alle europäischen Fürsten gewählt werden. Französische Könige versuchten ab und zu, wenn auch ohne jeden Erfolg, sich in Stellung zu bringen, so insbesondere bei der Wahl von 1519, mit der der spanische König auf den deutschen Königs- und Kaiserthron kam. Doch dieser, Karl V., war ein Habsburger und stand in direkter Reihe kaiserlicher, also deutscher Vorfahren. Wählbar waren des Weiteren nur Männer: Diese Feststellung ist bedeutend im Hinblick auf Maria Theresia (49), die als Erbin des Habsburgerreiches selbst über eine große Hausmacht verfügte, aber nicht selbst Kaiserin werden konnte, sondern in dieser Funktion 1745 ihren politisch schwachen Ehemann, Franz Stephan von Lothringen (49) installieren musste.

Rhens, Königsstuhl. Rhens war der Versammlungsort der Kurfürsten, da hier die Gebiete der Erzbischöfe von Köln, Trier und – mit dem auf der anderen Rheinseite gelegenen Oberlahnstein – Mainz aneinander grenzten. Daher kamen hier seit dem 13. Jahrhundert die Königswähler zusammen, um über die Geschicke des Reiches zu verhandeln. Im 15. Jahrhundert bestiegen die in Frankfurt gewählten Könige auf ihrer Reise zum Krönungsort Aachen in Rhens den Königsstuhl, um in einem förmlichen Akt vom Reich Besitz zu ergreifen. Den Königsstuhl, der wohl auf Veranlassung Kaiser Karls IV. († 1378) errichtet worden war, zerstörten 1804/05 die Franzosen. 1842 wurde er unter Leitung des Architekten Johann Claudius von Lassaulx wiederaufgebaut und 1929 an die heutige Stelle versetzt.

Niedergang des römisch-deutschen Kaisertums und neues Kaisertum in Österreich 1804 und im Deutschen Reich von 1871

Das Alte Reich und die Macht des Kaisers hatten im ausgehenden Mittelalter ihren Zenit bereits überschritten. Ein Signum des Reiches seit dem Spätmittelalter ist die wachsende Macht der Territorialstaaten und ihrer Fürsten gegenüber der kaiserlichen Zentralgewalt. Sie vermochten ihre Herrschaft schneller zu verdichten und auszubauen als der Kaiser. Zentrale Reichsinstitutionen entwickelten sich dagegen nur schwach. Neben dem Kaiser gab es seit 1495 das von Maximilian I. (37) begründete Reichskammergericht. Auch konnten die Fürsten dem Kaiser im frühen 16. Jahrhundert ein Reichsregiment aufzwingen, in dem vor allem sie das Sagen hatten. Seit der Wahl Karls V. (38) 1519 vermochten die Kurfürsten dem Kaiser als Gegenleistungen für ihre Stimme sogenannte **Wahlkapitulationen** abfordern: vertraglich geregelte Versprechungen und Zugeständnisse, die der Gewählte seinen Wählern zu machen hatte.

Auch der **Reichstag**, zunächst an wechselnden Orten tagend, seit 1663 als immerwährender Gesandtenkongress in **Regensburg** ansässig, entwickelte sich mehr als Organ einer Interessenvertretung der Fürsten und der übrigen Reichsstände denn als integrierende Reichsinstanz.

Die Glaubensspaltung trug ein Weiteres zur Desintegration des Reiches bei: Ein mächtiges Lager unter den protestantischen Fürsten trieb die Emanzipation vom Kaiser seit den 1520er-Jahren voran; im Westfälischen Frieden von 1648 fanden ihre Territorien, aber auch aller anderen Fürsten zu einer nahezu vollständigen Selbstständigkeit und wurden von Kaiser und Reich nur noch in einer losen Klammer zusammengehalten. Die Macht des Kaisers beschränkte sich in dieser Zeit mehr und mehr auf seine eigene Hausmacht und allenfalls noch auf die Reichsstädte und einige kleine reichsunmittelbare Herrschaften.

Da die **Kaiserkrone** – von einer kurzen Unterbrechung zur Zeit Karls VII. (48) abgesehen – seit 1437 bis zum Ende des Reiches 1806 immer in der Hand der Habsburger war, verlor es nicht ganz an Bedeutung. Denn die Habsburger hatten sich seit dem Ende des 15. Jahrhunderts dank ihrer glücklichen und geschickten Heiratspolitik zur europäischen Vormacht entwickelt; und selbst als Spanien im 17. Jahrhundert mehr und mehr eigene Wege einschlug und ihnen im Jahr 1700 ganz verloren ging, gehörten sie mit ihren Erbländern immer noch zu den maßgeblichen europäischen Großmächten. Insofern hatte auch das Habsburger Kaisertum eine reale Machtbasis. Doch über ihre Hausmacht hinaus entfaltete auch ihr Kaisertum kaum mehr Wirkung.

Von einer gewissen Bedeutung in dem konfessionell gespaltenen Reich war das katholische Bekenntnis der kaiserlichen Familie. Ohne kontinuierliche Bindung der Habsburger an die alte Kirche, die durch die straffe Reformpolitik Josephs II. (50) Ende des 18. Jahrhunderts immerhin auch Belastungen ausgesetzt war, wäre das Kaisertum, das nur dank seiner römisch-universalen Bezüge noch halbwegs einen Sinn ergab, nicht mehr aufrechtzuerhalten gewesen.

Als die **Französische Revolution** ausbrach, hatte sich das Alte Reich in vielem bereits überlebt. **Napoleon** hatte leichtes Spiel, als er in Deutschland intervenierte, um das vielfach in sich zerstückelte Gebide territorial und institutionell zu modernisieren. Modernisieren aber konnte er es nur, indem sein hemmender Rahmen, den das Alte Reich und sein Kaisertum bildeten, sich auflösten. Das geschah 1806, als Franz II. (52a) die Kaiserkrone niederlegte.

Als Reaktion auf Napoleons eigene Erhöhung zum Kaiser der Franzosen, begründete auch Franz II. für seine eigenen Lande (Österreich, Böhmen und Ungarn) ein **eigenständiges österreichisches Kaisertum**. Es war staatsrechtlich eine neue Schöpfung und vom Kaisertum des Alten Reiches unterschieden. Franz nahm als Franz I. die neue Krone an. Im Gegensatz zum alten Kaisertum war es ein Erbkaisertum, das den Habsburgern vorbehalten sein

sollte. Es bestand für etwas mehr als hundert Jahre bis 1918, wovon allein Kaiser Franz Joseph (54) fast siebzig Jahre belegte. Im Deutschen Bund, der 1815 nach dem Niedergang Napoleons gegründet wurde, bildete Österreich zwar erneut die Vormacht, sein Kaiser aber hatte nicht die Funktion als Oberhaupt dieses Gebildes.

Seit der Mitte des 19. Jahrhunderts begann Österreichs alter innerdeutscher Rivale, Preußen, die österreichisch-ungarische Monarchie wirtschaftlich und politisch zu überholen und aus dem Deutschen Bund hinauszudrängen. Der Bund zerbrach 1866; Deutschland und Österreich entwickelten sich zu zwei getrennten Staaten. 1871 vereinigten sich die süd- und norddeutschen Staaten in einem neuen Kaiserreich. Es war ein Staatenbund, dessen Präsidium in Gestalt eines neu geschaffenen Kaisertums dem preußischen König zufiel. So kamen die **Hohenzollern** zu einem erblichen Kaisertum. Es war auf die deutsche Nation beschränkt und hatte – nicht zuletzt auch wegen der protestantischen Konfession der Hohenzollern – daher keine römisch-universalen Intentionen mehr. Mit dem alten römisch-deutschen Reich hatte es somit kaum mehr etwas gemein.

Mitteleuropa hatte mit dem deutschen und dem österreichisch-ungarischen Staatsgebilde somit für fast fünfzig Jahre zwei Kaiser. Mit dem Ende des Ersten Weltkriegs gingen beide Monarchien 1918 unter.

DIE KAROLINGER (800–911)

Die Karolinger waren ein fränkisches Herrschergeschlecht aus dem Maas- und Moselgebiet, das aus einer Verbindung der Nachkommen Arnulfs von Metz (Arnulfinger) und Pippins I., d. Ä., (Pippiniden) hervorgegangen ist. Seinen Namen erhielt es durch seinen bedeutendsten Vertreter, Karl den Großen (1). 687 erlangten die Karolinger mit Pippin II., dem Mittleren, das Amt des Hausmeiers im ganzen fränkischen Reich. Vor allem sein militärisch erfolgreicher Sohn, Karl Martell, baute es zu einer bedeutenden Machtstellung für seine Familie aus. Dessen Sohn, Pippin der Jüngere, stieg als Erster seines Geschlechts schließlich zum König der Franken auf, indem er mit Billigung des Papstes 751 das im Verfall begriffene merowingische Schattenkönigtum beseitigte. Ihm folgte Karl der Große nach, dessen Herrschaft weltgeschichtliche Bedeutung gewann. Mit ihm setzt im Jahr 800 das europäisch-christliche Kaisertum ein, das in den deutschen Gebieten über tausend Jahre hinweg Bestand haben sollte. Das Reich, über das er gebot, erstreckte sich über halb Europa.

Jedoch bereits unter seinen Enkeln begann es zu erodieren, als es in den Strudel starker Rivalitäten unter seinen Nachkommen geriet. Sie entluden sich wiederholt in kriegerischen Auseinandersetzungen zwischen den Verwandten und führten zu einer Folge verschiedener Aufteilungen des Herrschaftsgebietes. Bedeutend war vor allem eine erste innere Teilung des Reiches in Ost und West 843, die die Entstehung von Frankreich und Deutschland vorbereitete. In den ferneren Generationen wurde das karolingische Königtum immer schwächer. Im Jahr 911 starb das Geschlecht im Osten (Deutschland), 987 im Westen (Frankreich) aus.

Die nachfolgenden Herrscherporträts berücksichtigen vorrangig die Könige und Kaiser des ostfränkischen Reiches.

(1) Ks. Karl I., der Große
(800–814)
* 2.4.747 oder 748, Ks. 800,
† Aachen 28.1.814,
Grabstätte: Aachen

Karl der Große steht am Beginn der tausendjährigen Geschichte des Alten Reiches. Er war dessen erster Kaiser, der mit seinem Auftreten die alte römische Herrschertradition wieder belebte, dabei die alte Kaiseridee jedoch mit christlichen Inhalten füllte und das Machtzentrum von den antiken Stätten des Südens in den Norden jenseits der Alpen verlagerte. Seine Herrschaft war europäisch dimensioniert, sodass er schon früh als „Vater Europas" galt. Auch wenn seine Nachfolger seit den Ottonen sich im Wesentlichen auf Deutschland und Norditalien zu beschränken hatten, so blieb gleichwohl der universale Anspruch, den Karl mit seinem Reich und seinem Kaisertum begründet hatte, aufrecht erhalten.

Karl war bereits recht früh in das politische Geschehen involviert. Als Papst Stephan II. im Jahr 754 sich zu seinem Vater, König Pippin, begab, um ihn um Unterstützung gegen die Langobarden zu bitten, wurde Karl, der erst sechs oder sieben Jahre alt war, dem Kirchenoberhaupt entgegengeschickt. Der Vorgang war historisch bedeutend, denn es war das erste Mal, dass ein Papst die Alpen überquert hatte.

Behandelte König Pippin seine Söhne Karl und dessen jüngeren Bruder Karlmann gleich, so kamen es nach dem Tod Pippins 768 zwischen den Brüdern zu Konflikten um Herrschaftsansprüche in Aquitanien. Karl verbündete sich mit den Langobarden gegen seinen Bruder und nahm eine Tochter von König Desiderius zur Frau. Der frühe Tod Karlmanns 771 jedoch bereinigte vorzeitig das Feld und eröffnete Karl alle Möglichkeiten. So änderten sich nun die Bündnisse: Während Karl von den Langobarden abrückte und seine langobardische Frau zugunsten der aus alemannischem Adel stammenden Hildegard verstieß, suchten die Verwandten seines verstorbenen Bruders, von denen die Gefahr rivalisierender Herrschaftsansprüche ausging, Zuflucht bei den Langobarden. Dies war einer der Gründe, dass Karl einen ersten Feldzug nach Italien unternahm und 774 die Langobarden unterwarf. Dort führte er eine Verwaltung nach fränkischem Muster ein und nahm – unter Wahrung der Eigenständigkeit des Langobardenreiches – in Personalunion den Titel „König der Franken und Langobarden" an. Damit legte er die Grundlagen für die italie-

aus 1. Ehe

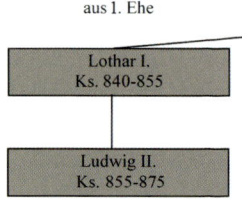

Lothar I.
Ks. 840-855

Ludwig II.
Ks. 855-875

nischen Besitzungen des späteren römisch-deutschen Reiches.

Im Folgenden stieß Karl bis nach Rom vor. Das Papsttum sah in den Franken Bündnispartner und Beschützer, sodass Karl vom Papst Hadrian I. feierlich empfangen wurde. Karl erneuerte das von seinem Vater Pippin gegebene Versprechen, dem Papst bestimmte Gebiete in Mittelitalien zu überlassen, die zur Grundlage für die Formierung des Kirchenstaates wurden.

Nach einem wenig erfolgreich verlaufenen Feldzug in Spanien 777 wandte Karl sich nach Nordosten, wo er die Sicherung Bayerns und Sachsens in Angriff nahm. Bayern konnte er durch politische Maßnahmen in sein Reich integrieren, indem er die Absetzung und Verbannung Tassilos III. und die Einsetzung sei-

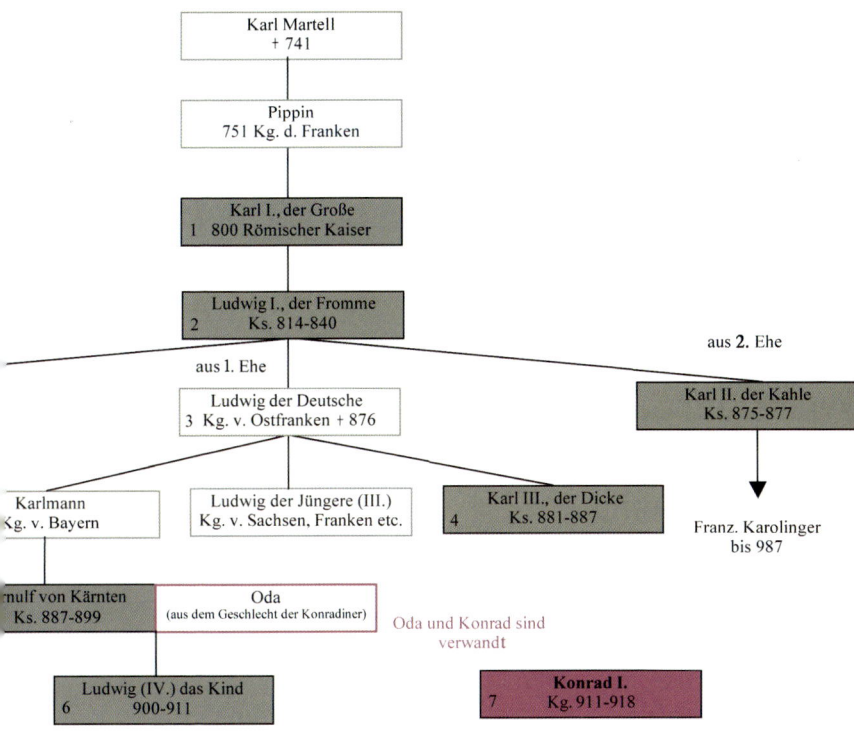

Karl Martell
+ 741

Pippin
751 Kg. d. Franken

Karl I., der Große
1   800 Römischer Kaiser

Ludwig I., der Fromme
2   Ks. 814-840

aus 1. Ehe

aus 2. Ehe

Ludwig der Deutsche
3 Kg. v. Ostfranken + 876

Karl II. der Kahle
Ks. 875-877

Karlmann
Kg. v. Bayern

Ludwig der Jüngere (III.)
Kg. v. Sachsen, Franken etc.

Karl III., der Dicke
4   Ks. 881-887

Franz. Karolinger
bis 987

Arnulf von Kärnten
Ks. 887-899

Oda
(aus dem Geschlecht der Konradiner)

Oda und Konrad sind
verwandt

Ludwig (IV.) das Kind
6   900-911

Konrad I.
7   Kg. 911-918

nes Schwagers Gerold zum Präfekten von Bayern sowie die Errichtung einer Kirchenprovinz (Salzburg) betrieb. Auch in Kämpfen mit dem Steppenvolk der Awaren, deren Unterwerfung in mehreren Etappen bis 803 gelang, war er erfolgreich – ein Sieg, der den Ruf Karls bei den slawischen Völkern mehrte.

Langwierig waren hingegen die Kämpfe mit den Sachsen, die sich mit Unterbrechung von 772–804 über dreißig Jahre hinzogen. Während der sächsische Adel Bereitschaft zeigte, sich taufen zu lassen und sich zu unterwerfen, stieß Karl bei den freien Bauern, die unter der Führung von Widukind standen, auf hartnäckigen Widerstand. Karl konnte sie niederschlagen, führte unter Einbindung sächsischer Adliger die fränkische Grafenverfassung in Sachsen ein und errichtete zahlreiche Kirchen und Klöster als Stützpunkte seiner Herrschaft. Als Karl den Sachsen den Kirchenzehnt auferlegte, ihre Volksversammlungen abschaffte und ein Kapitular (Königsgesetz) verfasste, das Angriffe auf den christlichen Glauben mit drakonischen Strafen belegte, kam es zu einem großen Aufstand. Karl musste persönlich eingreifen, um ihn niederzuschlagen. In Verden an der Aller wurden die Anführer 782 durch Enthauptung hingerichtet; die überlieferte Zahl von 4500 gilt als übertrieben. Karl hielt sich zur Sicherung seiner Herrschaft zwischen 782 und 784 für drei Winter selbst in Sachsen auf, sodass Widukind seinen Widerstand schließlich aufgab und sich taufen ließ.

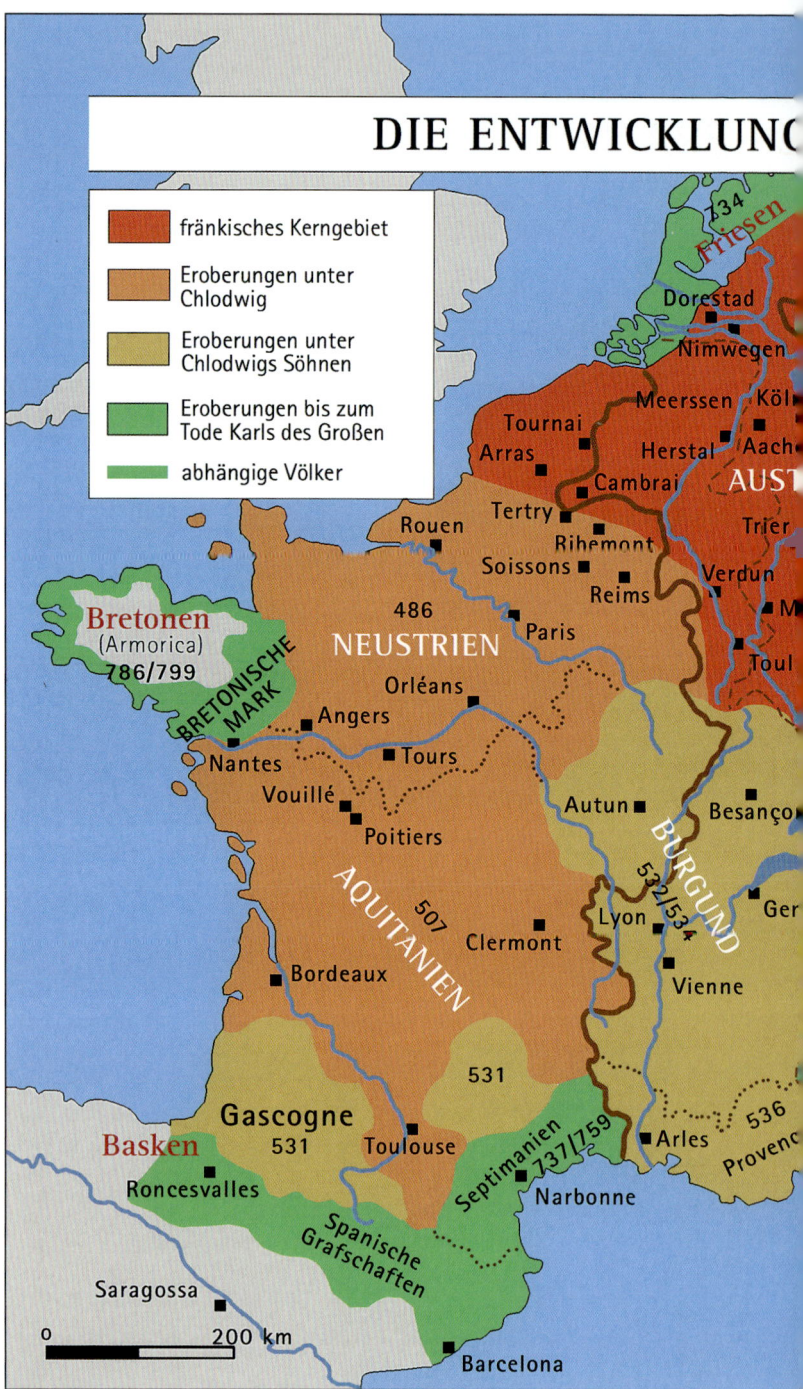

Entwicklung des Frankenreichs unter Karl dem Großen

810

ES FRANKENREICHS

Bremen
772/804
Sachsen
Magdeburg
Minden
Hildes-
heim   Halberstadt
Paderborn
Büraburg   Thüringen
Erfurt
Fulda   531

Wilzen

Sorben

EN
Mainz
Worms
496

Tschechen

Morawer

Regensburg

Straßburg
506
Schwaben
536

Alamannen

Bayern
536
Salzburg

Ost-
mark

Pannonische
Awaren
Mark

Kärnten

536

Kroaten

Mailand
Pavia
Venedig
Turin

ITALIEN

(Langobardenreich)
774

Ravenna
Kirchen-
staat

Kirchenstaat

Spoleto

Serben

Split

Korsika
Rom

Herzogtum
Benevent

Benevent

Legend:

——— Grenze der Teilreiche
nach dem Vertrag von
Verdun (843)

- - - Teilung Lotharingiens
nach dem Vertrag von
Meerssen (870)

Die Zahlen bezeichnen das Jahr
der Besitzergreifung

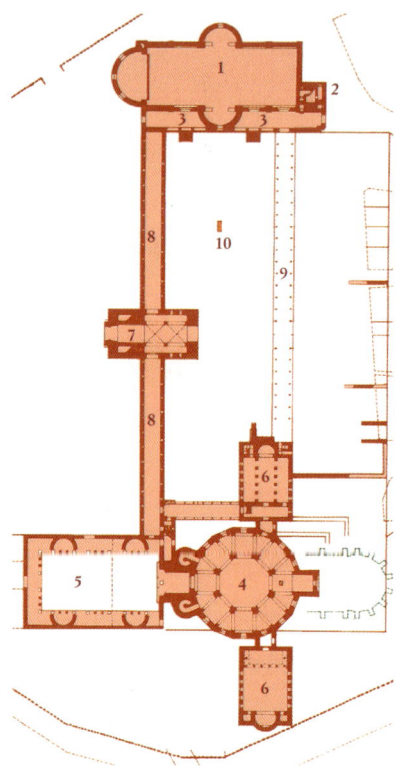

Rekonstruierter Grundriss der Pfalz Karls des Großen in Aachen

1 *Königshalle (Aula regia, heutiges Rathaus)*
2 *Granusturm*
3 *Portikus*
4 *Pfalzkapelle (heutiger Dom)*
5 *Atrium*
6 *Annexbauten*
7 *Querbau*
8 *Verbindungsbau*
9 *Hölzerner Verbindungsgang*
10 *Möglicherweise Reiterstandbild Theoderichs*

Spätere Aufstände in Sachsen konnte Karl ebenfalls niederschlagen, in deren Folge er eine große Zahl aufständischer Bauern deportieren und über das ganze Reich verstreut ansiedeln ließ. In einem neuen sächsischen Rechtsbuch, dem Lex Saxonum, gab es dank der Berücksichtigung auch des alten sächsischen Stammesrechtes einen Ausgleich.

Auch über Sachsen hinaus blieb die Sicherung der nordöstlichen Gebiete in Auseinandersetzungen mit den Dänen und den slawischen Völkern ein Problem. 805/06 erreichte Karl durch einen großen Feldzug die fränkische Oberhoheit über Böhmen.

Karls Reich erstreckte sich schließlich über ca. eine Million qkm (etwa dreimal so groß wie Deutschland heute). Eine Hauptstadt besaß dieses gewaltige Territorium nicht. Wie schon die merowingischen Könige hielt sich auch Karl an verschiedenen Pfalzen auf. Waren die Pfalzen der Merowinger auf französischem Gebiet gelegen, wo Paris eine gewisse Sonderrolle zukam, so verlagerte sich der Schwerpunkt unter Karl nach Osten. Frankfurt, Ingelheim, Diedenhofen und Worms waren beliebte Aufenthaltsorte, schließlich kam Aachen als Hauptresidenz hinzu, das Karl ausbaute und in dem er nach 800 alle Winter verbrachte. Sein riesiges Herrschaftsgebiet versuchte er durch die Grafenverfassung sowie durch Christianisierungsmaßnahmen, die zur Errichtung von Bistümern und zahlreichen Klöstern führten, zu sichern. Eine große Rolle spielte in diesem Zusammenhang auch Karls rechtsschöpferische Tätigkeit. Er veranlasste die

Verschriftlichung der Rechtstraditionen der germanischen Stämme und setzte mit zahlreichen Kapitularien neue Rechtsnormen.

Einen Höhepunkt in Karls Leben, von dem nachhaltige Fernwirkungen auf die ganze europäische Geschichte ausgingen, stellte seine Erhöhung zum Kaiser durch Papst Leo III. im Jahr 800 dar. Bei diesem welthistorischen Ereignis handelte es sich anscheinend nicht um eine geplante Aktion. Es hieß, Karl sei überrascht worden, als der Papst ihm im Weihnachtsgottesdienst, den Karl im Jahr 800 in der Peterskirche in Rom feierte, die Krone aufs Haupt setzte, als er sich vom Gebet am Grab des Apostels Paulus erhob. Und sein Biograf Einhard zitiert Karl sogar mit den Worten, die Erhebung zum Kaiser sei ihm zuerst so zuwider gewesen, dass er die Kirche nicht betreten hätte, wenn er die Absicht des Papstes vorher hätte wissen können.

Ganz so überraschend wie von Einhard dargestellt war dieses Vorgehen des Papstes allerdings kaum. Leo III. (Regierung 795–816) war eineinhalb Jahre zuvor Opfer eines Anschlags seiner Gegner in Rom geworden. Es war ihm gelungen, sich ihnen zu entwinden und sich in die Obhut Karls zu begeben, der ihn im Juni 799 in Paderborn empfing. Möglicherweise wurde schon bei dieser Gelegenheit über das Kaisertum gesprochen. Von Bedeutung für dieses Vorhaben war gewiss auch, dass man das oströmische Kaisertum in Byzanz in einer Krise sah, da eine Frau, Irene, die Mutter des letzten Kaisers, sich des Thrones bemächtigt hatte. Als Beschützer der

Silberdenar, Berlin, Münzkabinett SMPK Berlin, Slg. Dannenberg 1892 (Morrison-Grunthal 319). Karl der Große ist in sehr antikischer Weise – im Profil, mit Lorbeerkranz und umgehängtem Paludamentum – dargestellt. Auch die Umschriften weisen ihn immer als „Imperator Augustus" aus. Die Inschrift „KAROLUS IMP(erator) AUG(ustus)" und das Bildnis verdeutlichen Karls politisches Programm. Zum ersten Mal nach dem Ende des weströmischen Reiches ließ sich ein Herrscher mit dem Anspruch der „renovatio imperii", der Erneuerung des Römischen Reiches, darstellen. Die Rückseite der Münze zeigt die Schrift „XPICTIANA RELIGIO" („Christliche Religion") und eine Tempelfront mit einem Kreuz im mittleren Interkolumnium und damit ein christianisiertes antikes Gebäude. Somit sollte nicht das antike heidnische Rom wieder erstehen, sondern ein Reich der christlichen Heilslehre im Sinne der civitas Dei des Augustinus.

Kirche lag es an Karl, den Papst unter Geleit wieder nach Rom bringen zu lassen und die schwierigen Verhältnisse dort zu ordnen. Ein Jahr später begab er sich zu diesem Zweck selbst nach Italien und wurde dort vom Papst bereits in einer Zeremonie, die eines Kaisers würdig war, empfangen. Es gelang ihm, einen Ausgleich mit den Gegnern Leos III. zu erzielen. Vor diesem

Hintergrund kam es zu den Ereignissen in der Weihnachtsmesse. Das Zeremoniell, das bei der Kaisererhebung angewandt wurde, war dem in Byzanz nachempfunden: Das Volk bestätigte den Akt (in einer gewiss vorab besprochenen, nur scheinbar spontanen Geste) durch akklamierenden Zuruf. Karl führte trotz seiner anfänglichen Distanzierung den Kaisertitel später selbstverständlich und beanspruchte damit auch gegenüber dem Kaisertum in Byzanz, der höchste weltliche Herrscher zu sein. Mit Konstantinopel führte das so entstandene Zweikaiserproblem zu kriegerischen Auseinandersetzungen, die erst nach einem Friedensschluss 810 und 812 beigelegt wurden. In ihm erkannte der oströmische Kaiser den des Westens als gleichrangig an.

Dem Papsttum wollte Karl eine integrale Mitwirkung an der Einsetzung des Kaisers noch nicht zugestehen. Dies unterstrich er im Jahre 813, als er – auch hierin byzantinischem Gebrauch folgend – seinen Sohn Ludwig eigenmächtig zum Mitkaiser erhob, indem er ihm selbst die Krone aufsetzte.

Karl war auch ein Förderer der Künste und der Gelehrsamkeit. Er verstand es, eine Reihe bedeutender Gelehrter wie den Angelsachsen Alkuin oder den Westgoten Theodulf, schließlich auch Einhard an seinen Hof zu ziehen, die unter anderem Gedichte verfassten, aus denen sich Erkenntnisse über Karl gewinnen lassen. Auch waren Männer wie diese bestrebt, einen möglichst fehlerfreien Text der biblischen und anderer kirchengeschichtlich bedeutender Schriften herzustellen. In der Kunst versuchte man an die Antike anzuknüpfen und brachte im 9. Jahrhundert die sogenannte „karolingische Renaissance" zur Blüte. Auch das Schriftbild, die karolingische Minuskel, die Grundlage unserer heutigen Schrift ist, wurde entwickelt.

Von Karls Persönlichkeit hat uns sein Biograf Einhard ein anschauliches Bild übermittelt, sodass wir über ihn besser unterrichtet sind als über viele seiner Nachfolger. Mit einem Körpermaß von ca. 1,90 Metern war er eine imposante Erscheinung. Neben Einzelheiten seines Äußeren hat sein Biograf auch Charaktereigenschaften und zum Teil etwas eigenartig erscheinende Gewohnheiten (z. B. mehrfaches nächtliches Aufstehen mit Ankleiden) sehr individuell und nicht immer nur beschönigend geschildert, sodass Karl als lebendige Persönlichkeit in Erinnerung geblieben ist. Neben seiner Muttersprache beherrschte der Kaiser vorzüglich die lateinische Spracheund verstand offenbar auch das Griechische. Schreiben konnte er nicht, dürfte aber des Lesens mächtig gewesen sein.

Karl hatte sich im Lauf seines Lebens mit mehreren Frauen verbunden, von denen er eine große Zahl an Nachkommen hatte, darunter neben vier legalen Ehefrauen auch mit Konkubinen. Bedeutend sind Hildegard und Fastrada. Hildegard, Tochter aus dem alemannischen Herzogshaus, schenkte Karl in den etwa zwölf Jahren ihrer Ehe (sie starb bereits 783) neun Kinder, von denen ihn aber nur zwei überlebten, darunter der Thronfolger Ludwig der Fromme (2). Nach Hildegards

Lorscher Evangeliar, fol. 13v/14r, um 810, Hofschule Karls des Großen in Aachen, Beispiel für die „karolingische Renaissance"

Tod heiratete Karl mit Fastrada die Tochter eines ostfränkischen Grafen. Fastrada, mit der er zwei Töchter hatte, übte auch politischen Einfluss aus. Sie verstarb 794 in Frankfurt und wurde in St. Alban in Mainz bestattet. Karl lebte dann mit der Alemannin Luitgard zusammen, deren Verbindung er aber wohl erst anlässlich der Begegnung mit Papst Leo III. legalisierte. Als sie im Jahr 800 starb, pflegte Karl nur noch mit Konkubinen Umgang.

Im Jahr 806 regelte er seine Nachfolge. Er hatte den Plan, sein Reich unter den damals noch lebenden drei Söhnen aus der Ehe mit Hildegard aufzuteilen, versuchte vor dem Hintergrund eigener leidvoller Erfahrungen durch einschlägige Bestimmungen aber auch, Rivalitäten unter seinen Nachkommen vorzubeugen. Durch den vorzeitigen Tod zweier dieser Söhne blieb Ludwig der Fromme dann freilich der einzige unmittelbare Nachfolger, zur Aufteilung des Reiches kam es erst in der Enkelgeneration.

Karl starb am 28. Januar 814 in Aachen, wo er auch beigesetzt wurde. Der Beiname Magnus (der Große) tauchte schon zu seinen Lebzeiten auf. Der Nachruhm setzte schnell

ein und steigerte sich in legendenhafte Überhöhung. Friedrich Barbarossa (19) veranlasste 1165 seine Heiligsprechung. Während Karl in späteren Jahrhunderten auch kritisch gewertet wurde – Voltaire etwa tadelte seinen Despotismus –, wird er heute als zentraler Vorläufer der Europa-Idee gesehen. In der Frankfurter Bartholomäuskirche, dem späteren Wahlort der Kaiser, wird seit einigen Jahren am 28. Januar, dem Todestag Karls, regelmäßig ein „Karlsamt" gehalten.

(2) Ks. Ludwig I., der Fromme (814–840)

* Chasseneuil bei Poitiers/Aquitanien 16.4.778, Ks. 813/814,
† auf einer Rheininsel bei Ingelheim 20.6.840, Grabstätte: St. Arnulf in Metz

Ludwig wurde 781, bereits drei Jahre nach seiner Geburt, zum Unterkönig von Aquitanien erhoben und übte über dieses Gebiet nominell die Verwaltung aus. Tatsächlich hatte sein Vater, Karl der Große, den er im Alter von 36 Jahren als Alleinherrscher beerbte, ihm in dieser Phase wenig Spielraum belassen. In

Temperament und Charakter unterschied sich Ludwig sehr von seinem Vater. Der Beiname „der Fromme" wurde ihm schon zu Lebzeiten verliehen. Diese Frömmigkeit drückte sich auch in einer ungleich strengeren Ehemoral aus, als sie sein Vater geübt hatte, sodass er nach Übernahme der Regierungsgeschäfte seine unverheirateten Halbschwestern, die aus Beziehungen des Vaters mit Konkubinen hervorgegangen waren, samt ihrer Kinder vom Hof verstieß. Auch tauschte er den Beraterstab seines Vaters zugunsten eigener Vertrauter aus.

Schon bald nach Regierungsantritt 814 war Ludwig gezwungen, Attacken, die von außen auf das Reich verübt wurden, abzuwehren. 817 drangen erstmals die Normannen in Kontinentaleuropa ein, womit eine künftig sehr ernste Bedrohung ihren Anfang nahm. In Spanien griffen die Sarazenen an, die Basken erhoben sich, in Dänemark gab es Unruhen, und die Slawen begannen mit Einfällen. 818 gelang Ludwig die Unterwerfung der Bretagne.

Gleichwohl stand nicht, wie während der Herrschaft seines Vaters, die weitere Ausdehnung des Reiches an, sondern seine Konsolidierung im Inneren. So baute Ludwig die Grafenverfassung aus und verfeinerte das Kontrollsystem der Königsboten. Das monastische Leben erneuerte er im Sinne der Benediktinerregel und erließ bis 825 in Reformabsicht zahlreiche Kapitularien, die Probleme der Kirche, des Gerichts, der Reichsstände und vieles anderes mehr betrafen.

Ein Unfall im Jahr 817 veranlasste Ludwig schon zu Beginn seiner Regierungszeit, eine Regelung hinsichtlich seiner Nachfolge zu erlassen. Der älteste Sohn, Lothar, sollte demnach die Kaiserwürde und die Oberhoheit über das ganze Territorium erhalten, unter dem die beiden jüngeren Söhne eigene Gebiete (Aquitanien und Bayern) zur Regierung übertragen bekommen sollten. Weitere Verwandte – sein Neffe Bernhard, König von Italien, und seine Halbbrüder Hugo und Drogo – wurden von der Herrschaft durch Blendung bzw. durch Klosterhaft ausgeschaltet – ein gewaltsamer Akt, der Ludwig wenige Jahre später 822 so sehr reute, dass er öffentlich ein Schuldbekenntnis ablegte.

Einen Einschnitt brachten der Tod seiner ersten Frau, Ermengard, und die Verheiratung mit Judith aus dem Geschlecht der Welfen im Jahr 819. Judith gebar dem Kaiser neben einer Tochter auch einen Sohn, Karl (später mit dem Beinamen „der Kahle" belegt). In der Folge entfaltete sie einen großen Einfluss am Hof, der vor allem darauf gerichtet war, die Stellung ihrer Verwandtschaft und deren künftige Herrschaft zu sichern. Dabei suchte sie durchaus auch die Verbindung zu ihren Stiefsöhnen zu bekräftigen und verheiratete Ludwig (den Deutschen) (3), Sohn ihres Mannes aus erster Ehe, mit ihrer eigenen Schwester. Sie erreichte es darüber hinaus, dass die Erbfolgeregelung von 817 geändert wurde und auch ihr eigener Sohn, Karl, zu Lasten von dessen Stiefbrüdern Berücksichtigung fand.

Im Weiteren aber war sie maßgeblich daran beteiligt, dass es in der kaiserlichen Familie zu großen Unruhen und Zwistigkeiten kam. Zunächst veranlasste sie ihren Mann zu einem Austausch wichtiger Berater am Hof, womit sie eine Gegenbewegung provozierte, die sich 830 zu einer Rebellion ausweitete, in deren Folge schließlich auch Ludwigs ältere Söhne, Pippin von Aquitanien und Mitkaiser Lothar, gegen ihren Vater aktiv wurden. So geriet Ludwig der Fromme innerhalb der eigenen Familie zwischen die Konfliktparteien. Konnte er den Streit zunächst beilegen, so gingen die Söhne aus erster Ehe schließlich zum offenen Aufstand gegen ihn über. Als 833 in der Nähe von Colmar dann das Heer Ludwigs zu seinen Söhnen überging, wurde er als Kaiser abgesetzt, musste ein Schuldbekenntnis ablegen und öffentlich Kirchenbuße tun. Seine Frau, Judith, wurde von ihm getrennt und nach Italien verbracht. Doch ließ ein erneuter Umschwung nicht lange auf sich warten. Dank des ungeschickten Verhaltens des Ältesten, Lothars, kam es auch unter den Söhnen zu Unstimmigkeiten und schließlich zur Gegnerschaft. Dies ermöglichte dem Vater 834 seine Wiedereinsetzung als Kaiser, während nun sein Nachfolger Lothar unterworfen und nach Italien verbannt wurde. Da die Kaisergattin, Judith, sich bewusst war, dass gegen Lothar ihrem eigenen Sohn Karl die künftige Herrschaft nicht zu sichern war, suchte sie den Ausgleich mit ihm. Sie erreichte die Aussöhnung zwischen Lothar und seinem Vater, sodass es bei der Nachfolgeregelung schließlich auch zu einer Begünstigung ihres Sohnes Karl kam. Dieser bekam (nach dem Tod des Sohnes Pippin) die westliche Reichshälfte

Kaiser Ludwig der Fromme als Streiter Christi, Abbildung aus: Rabanus Maurus, Liber de laudibus sanctae crucis, Handschrift, Pergament, 40,3 x 30,7 cm, Mainz oder Fulda nach 842 bzw. vor 856, Wien, Österreichische Nationalbibliothek, Cod. 652, Reproduktionen nach dem Faksimile, Graz 1973. Die Urschrift entstand wohl um 814, als Rabanus die Priesterweihe empfing.

zugesprochen, während Lothar große Teile der östlichen Hälfte erhielt und der dritte Sohn, Ludwig (der Deutsche), da er immer noch gegen den Vater kämpfte, auf ein kleines Unterkönigtum in Bayern beschränkt bleiben sollte.

Ludwig war von großer Frömmigkeit durchdrungen und dem kirchlichen Leben stärker zugetan als den Regierungsgeschäften. Er hatte einen milden Charakter, der ihn mehrfach zum Verzeihen und zum Ausgleich gegenüber seinen Gegnern, insbesondere denen in seiner eigenen Familie, befähigte. Er verfügte über eine hohe literarische Bildung, sodass es unter seiner Herrschaft zu

einer (schon von seinem Vater vor-
bereiteten) kulturellen Blüte kam.
Gelehrte wie Rabanus Maurus oder
der spätere Abt der Reichenau,
Walahfrid Strabo, waren unter seiner
Ägide tätig. An seinem Hof entstanden kostbare Prachthandschriften
der Evangelien oder antiker Texte.
Mit seinem Tod im Jahr 840 schwand
die Einheit des Karolingerreiches.

(3) Kg. Ludwig der Deutsche

(840–876)

**und seine Brüder Ks. Lothar I.
und Ks. Karl II.**

* um 806, Kg. der Ostfranken
833–837 und ab 840/43,
† Frankfurt 28.8.876, Grabstätte:
Kloster Lorsch

In der Generation der Enkel Karls
des Großen (1), der Ludwig der
Deutsche und seine Brüder angehörten, begannen Aufteilung und
Separierung des von ihrem Großvater geschaffenen und sich über halb
Europa erstreckenden Reiches. Dieser schwierige Prozess war begleitet
von Kampf und Streit innerhalb der
Familie, sowohl zwischen den Generationen als auch unter den Brüdern. Als sein Vater, Ludwig der
Fromme (2), 817 erstmals eine Regelung hinsichtlich seiner Nachfolge
getroffen hatte, hatte Ludwig der
Deutsche als zu diesem Zeitpunkt
jüngster Sohn nur Aussicht auf das
peripher gelegene Unterkönigtum in
Bayern, während sein ältester Bruder, Lothar, zur Nachfolge im Kaisertum und damit als oberster Herr-

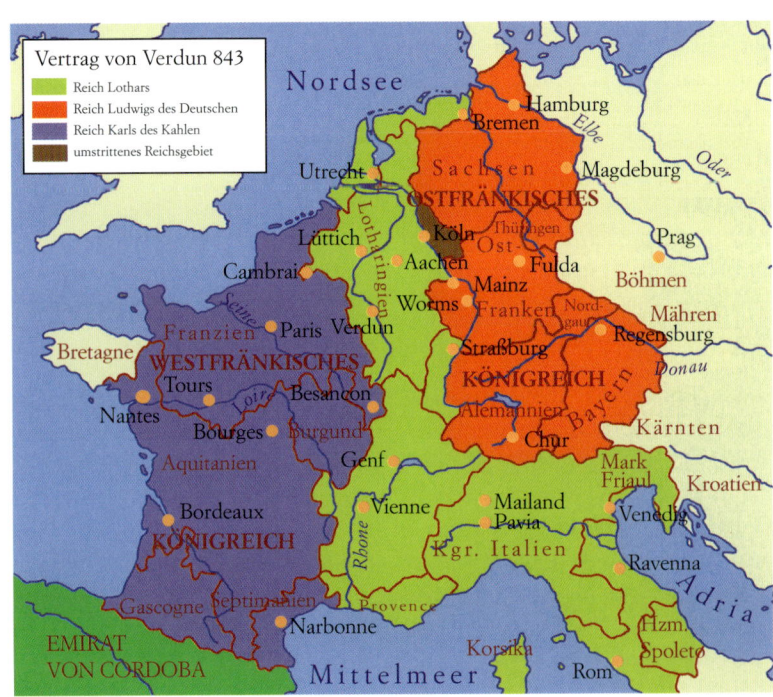

Das Karolingerreich nach dem Vertrag von Verdun 843

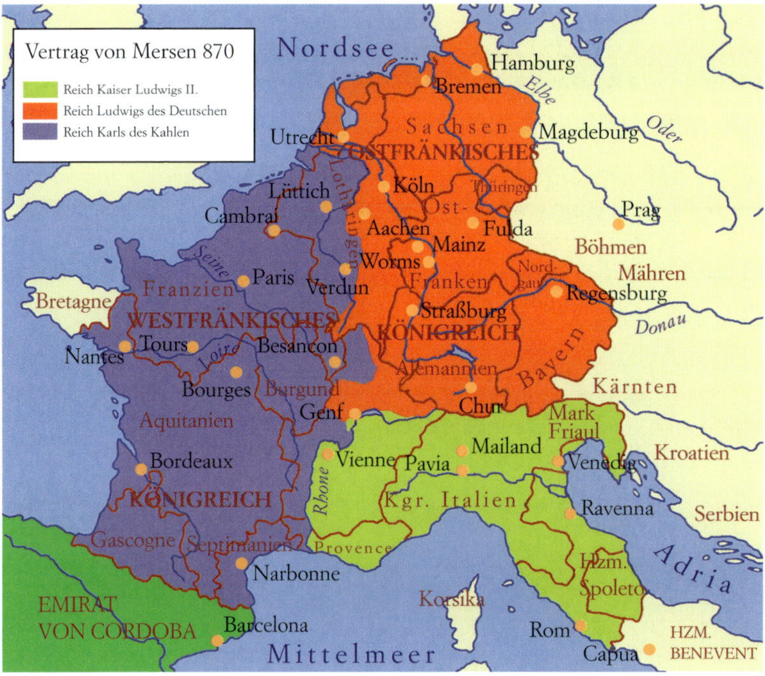

Vertrag von Mersen 870

- Reich Kaiser Ludwigs II.
- Reich Ludwigs des Deutschen
- Reich Karls des Kahlen

Das Karolingerreich nach dem Vertrag von Mersen 870

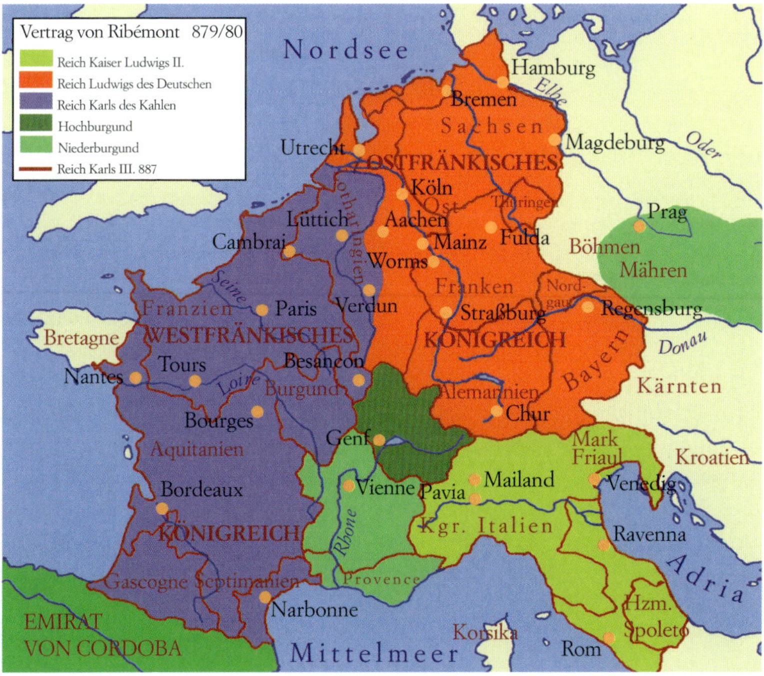

Vertrag von Ribémont 879/80

- Reich Kaiser Ludwigs II.
- Reich Ludwigs des Deutschen
- Reich Karls des Kahlen
- Hochburgund
- Niederburgund
- Reich Karls III. 887

Das Karolingerreich nach dem Vertrag von Ribémont, 879/80

Evangeliar des Kaisers Lothar, Herrscherbild des Kaisers Lothar, 25 x 32,3 cm, Tours, 849–851, Paris, Bibliothèque Nationale, lat. 266, fol. 1v. Das prachtvolle Evangelienbuch stiftete Kaiser Lothar I. (817–855) für das Martinsstift in Tours. Hier befand sich das Grab des hl. Martin, das schon für die Merowingerkönige, erst recht aber für Lothars Großvater Karl eine große spirituelle Bedeutung besaß. Weil Tours in den Machtbereich Karls des Kahlen, des mit Lothar verfeindeten Halbbruders, gelangt war, konnte der Kaiser erst während eines kurzfristigen Einvernehmens 849–851 diese Stiftung in Auftrag geben.

scher des Reiches ausersehen war. 833 wurde Ludwigs Herrschaftsbereich dann ausgedehnt und er zum König über Ostfranken erhoben. Durch die im Jahre 823 erfolgte Geburt seines Stiefbruders Karl, genannt „der Kahle", wurden die verwandtschaftlichen Verhältnisse und die somit neu konzipierte Erbfolge komplizierter. In den daraus erwachsenden kriegerischen Konflikten der Brüder mit dem Vater und untereinander hielt Ludwig sich zunächst zurück. Erst als er sich durch eine erneute Erbregelung 838, die seinem Stiefbruder Karl einen größeren Teil in den ostfränkischen Gebieten einräumte, benach-

teiligt fühlte, erhob auch er sich gegen den Vater. Der reduzierte seinen Erbteil kurz vor seinem Tod daher ganz auf Bayern.

Die Rivalitäten der Brüder und die unklaren Machtverhältnisse hatten nach dem Tod des Vaters 840 die unmittelbare Fortsetzung der kriegerischen Auseinandersetzungen zur Folge. Dabei verbündete Ludwig sich zunächst mit seinem jüngeren Stiefbruder, Karl dem Kahlen, gegen den ältesten, Kaiser Lothar, dem sie 841 in der Schlacht von Fontenoy (bei Auxerre) eine schwere Niederlage beibrachten. In den Straßburger Eiden bekräftigen Ludwig und Karl im folgenden Jahr ihr Bündnis;

Vivian-Bibel, Widmungsbild mit der Darstellung Karls des Kahlen, Tours, 845–846, 49,5 x 34,5 cm, Paris, Bibliothèque Nationale de France, Lat. 1, fol. 423r.
Die wohl von Karl dem Kahlen gestiftete Vivian-Bibel zeigt die Übergabe der Bibel 846.

das entsprechende Dokument ist nicht zuletzt auch deshalb von historischem Interesse, weil es das ältestes ist, das gleichzeitig in romanischer und althochdeutscher Sprache überliefert ist. Dem folgte der auf dem Verhandlungsweg erzielte und 843 abgeschlossene Vertrag von Verdun, in dem die drei Brüder sich drei mehr oder weniger separate Einflussbereiche sicherten: Während Kaiser Lothar das Mittelreich erhielt – bestehend aus einem schmalen Streifen von der Nordsee über Burgund bis zur Provence und Nord- und Mittelitalien mit den Zentralstädten Aachen und Rom –, bekamen Karl der Kahle das West-

reich und Ludwig der Deutsche das gesamte Ostreich zugesprochen. Dieses umfasste das Land östlich des Rheins, erstreckte sich im Bereich der heutigen Pfalz und Rheinhessens wegen des begehrten Weins aber auch auf linksrheinisches Gebiet. Dieser welthistorisch bedeutende Vertrag von Verdun markiert eine fundamentale Weichenstellung in der Geschichte Europas. Zwar blieb die Einheit des karolingischen Reiches noch erhalten, doch bereitete er, ohne dass die Beteiligten diese Konsequenz in vollem Umfang erahnen konnten, die Trennung des Kontinents in Deutschland und Frankreich vor.

Lorsch, sog. Sarkophag Ludwigs des Deutschen, um 780

Die Bündniskonstellationen unter den Brüdern und ihren Nachkommen änderten sich in den 850er-Jahren. Während der Älteste, Lothar I., das Kaisertum 850 seinem Sohn, Ludwig II., übergab und 855 verstarb, wandte sich Ludwig der Deutsche, der damit zum Ältesten seiner Generation im Karolingerhaus geworden war, nun gegen seinen Halbbruder Karl den Kahlen, mit dem er bis dahin verbündet war. Er fand Rückhalt in einer gegen Karl gerichteten Adelsopposition und fiel 858 in dessen Reich im Westen ein, musste sich im darauf folgenden Jahr jedoch wieder zurückziehen. Dieser Vorstoß hatte zur Folge, dass Karl der Kahle ihm und seinen Nachkommen nun ebenfalls feindlich begegnete. Schneller und geschickter vermochte er nach dem Erbe der älteren Karolingerlinie zu greifen, als diese mit Kaiser Ludwig II. 875 ausstarb. Unter Umgehung der Nachkommen Ludwigs des Deutschen erlangte er so als Karl II. die Kaiserkrone für sich, sodass das Kaisertum für kurze Zeit (875–877) im Westreich angesiedelt war. Die Gebiete des verwaisten Mittelreiches, insbesondere Lotharingien (Lothazii regnum), teilten die Brüder untereinander auf.

Im eigenen Herrschaftsbereich im ostfränkischen Teilreich konnte Ludwig der Deutsche Erfolge gegen die Normannen erzielen, während ihm die Vereinnahmung der Mährer, die im Osten ein mächtiges Reich aufbauten, nicht gelang. Kulturell und wirtschaftlich stand das Ostfrankenreich hinter dem Westen und dem Süden (Italien) zurück. Die Schriftkultur war hier weniger ausgeprägt als dort, auch wenn Ludwig sich an der Verschriftlichung der Volkssprache versuchte. Kapitularien, mit denen der Vater und der Großvater, aber auch der Bruder im Westen ihr Reich zu gestalten versuchten, sind von Ludwig dem Deutschen nicht überliefert, obwohl er solche Anordnungen wahrscheinlich erlassen hat. Der Beiname Germanicus, der Deutsche, war ihm schon von Zeitgenossen übertragen worden.

Mit seinen eigenen Söhnen, denen Ludwig zur Sicherung der territorialen Herrschaft eigene Teile seines Reiches zur Verwaltung übertrug, hatte auch er, wie bereits sein Vater mit seinen Nachfolgern, seine Schwierigkeiten. Sie ließen starke Selbstständigkeitstendenzen erkennen und verbündeten sich gegen den Vater mit ortsansässigen Adelsgruppierungen. In Frankfurt am Main, das neben Regensburg unter seiner Ägide zur Hauptresidenz geworden war, starb Ludwig im Jahr 876. In Kloster Lorsch, einem der Vororte der karolingischen Kultur, fand er seine letzte Ruhestätte.

(4) Ks. Karl III., der Dicke
(881–887) und seine Brüder Karlmann und Ludwig der Jüngere
* 839, Kg. v. Ostfranken 882,
Kg. v. Westfranken 885, Ks. 881,
abgesetzt 887,
† Neudingen/Donau 13.1.888,
Grabstätte: Reichenau, Mittelzell

Drei Brüder – Karlmann (um 830–880), Ludwig der Jüngere (um 835–882) und Karl der Dicke (839–888) – standen zur Nachfolge bereit, als ihr Vater, Ludwig der Deutsche (3), 876 starb. Da im Jahr zuvor auch die ältere Karolingerlinie, die im Mittelreich regiert hatte, ausgestorben war, schickte sich Ludwigs jüngerer Stiefbruder Karl der Kahle, der Herrscher des westfränkischen Reiches, an, sich zum Oberhaupt des Karolingerhauses aufzuschwingen. Er griff sowohl nach der Kaiserkrone als auch nach der Herrschaft im Ostfrankenreich. Obwohl die Krone auf Karlmann, den ältesten Sohn Ludwigs des Deutschen, hätte übergehen sollen, vermochte Karl der Kahle 875 selbst die Krö-

nung durch Papst Johannes VIII. zu erlangen; Karlmann wurde mit einer hohen Ausgleichszahlung abgefunden. Auch gegenüber dem Ostreich hatte Karl der Kahle, jetzt als Kaiser, Ambitionen und fiel 876 dort ein. Der mittlere der drei Söhne Ludwigs des Deutschen, Ludwig der Jüngere, vermochte seinen Angriff jedoch abzuwehren.

In seinen ehrgeizigen Plänen wurde Karl der Kahle durch seinen Tod jedoch bereits 877 gestoppt. Die jetzt herrschende Generation der Karolinger – die Söhne Ludwigs des Deutschen im Osten, die Karls des Kahlen im Westen – vermochten ihre Beziehungen und Einflussbereiche daraufhin friedlich untereinander zu regeln. Im Vertrag von Ribemont wurde 880 dabei auch die Grenze zwischen West- und Ostreich neu bestimmt, die in dem hier festgelegten Verlauf dann das ganze Mittelalter hindurch die Scheidelinie zwischen Deutschland und Frankreich markieren sollte. Der älteste der drei Brüder, Karlmann, konnte sich nach dem Tod seines Onkels Karl des Kahlen zunächst berechtigte Hoffnung auf die Kaiserkrone machen; Krankheit jedoch, die ihn nach kurzem gänzlich regierungsunfähig werden ließ und ihm bereits 880 den Tod brachte, verhinderte seine Krönung.

Da ihm zwei Jahre später auch sein Bruder, Ludwig der Jüngere, nachfolgte, behielt am Ende der jüngste der drei Brüder, Karl der Dicke, die Oberhand. Der charakteristische Beiname wurde diesem Karolingerspross erst später von Historikern beigelegt und sollte wohl weniger seinen Leibesumfang als vielmehr ei-

Reichenau-Mittelzell, Münster St. Maria und Markus, Ansicht vom Chor nach Westen in die Vierung und ins Langhaus. Querhaus und Vierung stammen noch aus der Zeit Heitos (um 816). In der Kirche wurde Kaiser Karl III. bestattet.

nen Mangel an Tatkraft zum Ausdruck bringen. Zeitweise stand der 876 zum König von Alemannien erhobene Herrscher, dem große Frömmigkeit und Friedfertigkeit nachgesagt wurden, ganz unter der Führung seiner Berater, unter denen besonders Erzkaplan Luitwart hervorstach. Es war rein familiären Entwicklungen zu verdanken, wenn er schließlich dennoch mehr erreichte als alle seine Verwandten seiner Generation. Durch mehrere Todesfälle unter den Nachkommen seines Onkels Karl des Kahlen kam er über das Ostfrankenreich hinaus durch Erbschaft auch in den Besitz des Westens und von Italien. Schließlich wurde er als Karl III. 881 vom Papst auch zum Kaiser erhoben und vereinigte damit bis auf Niederburgund (Provence) für kurze Zeit fast die ganz Macht des alten Karolingerreiches wieder in einer Hand.

Ein vordringliches Problem seiner kurzen Herrschaft waren fortgesetzte Einfälle der Normannen, denen er und seine Berater zum Teil durch Verhandlungen und diplomatische Aktionen zu begegnen versuchten, was jedoch nur bedingt von Erfolg gekrönt war. Ein nicht minder großes Problem stellte die Frage seiner Nachfolge dar. Da er ohne legitime Nachkommen blieb, versuchte er durch Annullierung seiner Ehe und den Plan einer Neuverheiratung, die Adoption eines entfernten Verwandten aus dem Westreich und durch die Legitimierung eines unehelichen Sohnes sein Haus zu bestellen. Alle diese Verfahren blieben aber ohne Resultat. Dieses Scheitern dürfte in Krankheit und damit Schwächung der Aktivitäten Karls eine wesentliche Ursache gehabt haben. Ende 887 war er vermutlich bereits regierungsunfähig, als er durch eine Adelsrevolte, in die möglicherweise auch sein Neffe und Nachfolger Arnulf von Kärnten (5) involviert war, aus dem Amt gedrängt wurde. Wenige Monate später verstarb er und fand auf der Insel Reichenau seine letzte Ruhestätte.

(5) Ks. Arnulf von Kärnten (887–899)

* um 850, Kg. der Ostfranken 887,
Ks. 896,
† (Alt-)Ötting oder Regensburg
29.11. oder 8.12.899, Grabstätte:
St. Emmeram, Regensburg

Keiner der drei Söhne Ludwigs des Deutschen (3) hatte einen überlebenden voll legitimierten Nachfolger hinterlassen. Dennoch wollte

Regensburg, St. Emmeram, Doppelnischenportal in der Vorhalle, um 1060, Reliefdarstellungen des Christus Salvator, der hl. Dionysius und Emmeram als bewusster Hinweis auf die karolingische Tradition. St. Emmeram ist die Grabstätte Kaiser Arnulfs von Kärnten.

man, nachdem eine einflussreiche Adelsgruppierung im Jahr 887 Kaiser Karl III. den Dicken (4) aus dem Amt gedrängt hatte, bei der Neubestellung des Königs an die Tradition der Karolinger anknüpfen. Man erhob daher Arnulf von Kärnten, einen Enkel Ludwigs des Deutschen, den dessen ältester Sohn Karlmann aus einer sogenannten Friedelehe (einer lösbaren Ehe mit einer freien Frau) hinterlassen hatte, zum König der Ostfranken.

Da er von seinem Vater zuvor zum Präfekten der Ostmarken ernannt worden war, hatte Arnulf den Beinamen „von Kärnten" erhalten. Kärnten und Bayern bildeten auch seine Machtbasis, Regensburg war seine bevorzugte Residenz. Eine zentrale Rolle für seine Herrschaft kam diversen Synoden zu, die sich mit der Sicherung der Königsherrschaft, aber auch der herausgehobenen Stellung der Kirche und des Klerus befassten. Arnulfs Herrschaft im ostfränkischen Reich war nicht überall gleichermaßen gefestigt. In Lotharingien konnte er sich 891 und 893 nur durch zwei Feldzüge durchset-

zen. Sachsen, das von seinen Vorgängern vernachlässigt worden war, versuchte er mithilfe der dort ansässigen Adelsfamilie der Liudolfinger zu konsolidieren. Auch die Konradiner in Franken wurden zu Stützen seiner Macht. In Schwaben hatte er hingegen Widersacher im weltlichen Adel. In den übrigen karolingischen Gebieten – im Westen, in Hoch- und Niederburgund, in Italien – wurden verschiedentlich nichtkarolingische Herrscher zu Königen erhoben; Arnulf erkannte sie an und begnügte sich mit einer formellen Oberhoheit über diese Gebiete.

Ein Problem stellten auch während seiner Herrschaft die Einfälle der Normannen dar. Nach wechselndem Kriegsgeschick, bei dem der Mangel einer Flotte sich als schwerer Nachteil erwies, gelang es Arnulf mit einem Sieg in der Schlacht von Löwen im Oktober 891 die Normannen von Invasionen auf dem Festland künftig weitgehend abzuhalten; nur für die Küstenregionen stellten sie weiterhin eine Bedrohung dar. Im Osten hatte Arnulf mit dem Reich der Mährer zu kämpfen, über das er die Oberhoheit

Sog. Römerturm in Regensburg, der ehem. Turm der Pfalz, Erdgeschoss karolingisch, sonst um 1210

nen anderen Sohn, Zwentibold, den er aus einer Verbindung mit einer Konkubine hatte, als König installieren können. Arnulfs gesundheitliche Probleme hemmten seine weiteren Aktivitäten. Im Juni 899 erlitt er einen schweren Schlaganfall, der ihn fast gänzlich regierungsunfähig werden ließ. Er starb wenige Monate später und wurde in Regensburg begraben, wo man seiner am Todestag mit Armenspeisungen noch im Spätmittelalter gedachte.

(6) Kg. Ludwig das Kind
(900–911)
* (Alt-)Ötting Herbst 893, Kg. der Ostfranken und von Lotharingien 900,
† Frankfurt (?) 24.9.911, Grabstätte: Regensburg (?)

durchsetzen wollte. Er gewann die Ungarn als Bundesgenossen gegen sie, nicht ahnend, dass diese sich wenig später selbst gegen das Reich kehren sollten.

In den 890er-Jahren wandte Arnulf sich Italien zu. Der Papst hatte ihm Aussicht auf die Kaiserkrone gemacht, gab sie 891 dann aber doch zunächst dem Herzog Wido von Spoleto und dessen Sohn als Mitkaiser. Erst bei seinem zweiten Italienfeldzug 896 konnte Arnulf bis Rom vorrücken und wurde in St. Peter gegen Widerstände des lokalen Adels und der Römer vom Papst zum Kaiser gekrönt.

Gesundheitlich angeschlagen kehrte er nach Deutschland zurück, wo er 897 auf einer Reichsversammlung die Nachfolge seines Sohnes Ludwig (6) für das Ostfrankenreich durchsetzte. In Lotharingien hatte er ei-

Nur knapp zwei Monate nach dem Tod Arnulfs von Kärnten (5) wurde sein Sohn, Ludwig, im Alter von etwa sechs Jahren zum König des Ostfrankenreichs erhoben. Die Einmütigkeit dieser Wahl und das Ausbleiben konkurrierender Ansprüche aus den Westreichen mag ein Hinweis darauf sein, dass dem Ostreich seit der mit dem Vertrag von Verdun 843 begonnenen Reichsteilung ein gewisses Maß an Selbstständigkeit und Eigenbewusstsein zugewachsen war. Die Regierungsgeschäfte, die im Namen dieses Kinderkönigs getätigt wurden, lagen in den Händen eines Regentschaftsrats.

Schon zur Zeit der Herrschaft Ludwigs des Kindes hatten sich mit den Babenbergern und den Konradinern zwei mächtige Familien im Reich heftige Kämpfe geliefert, die nicht zuletzt darauf gerichtet waren, bei der Nachfolge für den Karolinger König in eine gute Position zu gelangen. Bedrohlicher für das Reich aber waren die Expansionen, die von den Ungarn ausgingen. Nachdem diese den alten Gegner der Ostfranken, das Großmährische Reich, niedergerungen hatten, fielen sie bis hinauf nach Sachsen wiederholt in deutsche Gebiete ein und verwüsteten sie. Mehrere Abwehrversuche des bayerischen Markgrafen Liutpold und anderer Großer blieben ohne Erfolg. Im Jahr 910 versuchte Ludwig als junger König selbst, sich den Ungarn entgegenzustellen, musste auf dem Lechfeld jedoch eine schwere Niederlage hinnehmen, die sein Königtum großen Gefährdungen aussetzte.

Bereits im Jahr danach verstarb der kränkliche junge Mann. Weder Sterbeort noch Grabstätte des letzten Karolingers in Deutschland sind überliefert, was ein deutlicher Hinweis dafür ist, wie wenig er ins Bewusstsein der Nachwelt Eingang fand.

Waren die Karolinger im Ostreich damit ausgestorben, gab es im Westreich noch Nachkommen Karls des Großen im Mannesstamm, die das Königtum dort – teils im Wechsel mit anderen Herrschern – immer wieder behaupten konnten. Mehr und mehr waren es jedoch schwache Persönlichkeiten, die von einer anderen großen Familie, den Robertinern, dominiert wurden. Als 987 auch im Westen der letzte Karolinger starb, übernahm der Robertiner Hugo Capet das Königtum. Er ist der Stammvater aller späteren französischen Könige.

Über seine Tochterstämme hat Karl der Große bis heute eine zahlreiche Nachkommenschaft. Verschiedene hochadlige Geschlechter können sich über diese Linien auf ihn zurückführen.

Der erste Salierkaiser, Konrad II. (13), heiratete mit Gisela eine Nachfahrin Karls, sodass alle anderen Salier und über sie die mit ihnen verwandten Staufer sich ebenfalls auf Karl und die Karolinger zurückführen konnten.

DIE KONRADINER (911–918)

(7) Kg. Konrad I.
(911–918)
* ca. 880/85, Kg. 911,
† 23.12.918, Grabstätte: Kloster
Fulda neben dem Hl.-Kreuz-Altar

Konrad entstammte einem der einflussreichsten Adelsgeschlechter des ostfränkischen Reiches. Wie zuvor sein Vater, war auch Konrad nach dessen Tod Mitglied in dem Regentschaftsrat, der für den unmündigen Karolingerkönig Ludwig das Kind (6), dessen Mutter Oda ebenfalls aus der Familie der Konradiner stammte, die Geschäfte führte. Da die oberste Reichsgewalt dank der Regentschaft sehr geschwächt war, war man zur Abwehr der seit dieser Zeit regelmäßig stattfindenden Einfälle der Ungarn auf die militärischen Aktivitäten der Herzöge angewiesen, deren Aufkommen die Karolinger unter ihrer Ägide ansonsten zu unterbinden versucht hatten. Da man sie im Abwehrkampf jetzt wieder brauchte, vermochten sie sich als mächtige Mittelinstanzen zwischen dem König und dem Grafenadel, dem die Reichsverwaltung oblag, zu etablieren. Aus ihnen gingen später die deutschen Fürsten hervor.

Dieser Schicht gehörten auch die Konradiner an, deren Güter im Rhein-Main-Gebiet lagen. Um den Vorrang im Ostreich waren sie während der Regentschaftsregierung König Ludwigs mit dem ostfränkischen Adelsgeschlecht der Babenberger in eine blutige Fehde verwickelt, der mehrere Vertreter dieser beiden Familien, darunter auch Konrads Vater, zum Opfer fielen. Nachdem mit dem Tod Ludwigs die Karolinger im Ostreich ausgestorben waren, einigten sich die führenden Vertreter der Stämme der Franken, der Sachsen, der Alemannen und der Bayern im Jahr 911, das Königtum nicht mehr den westfränkischen Ka-

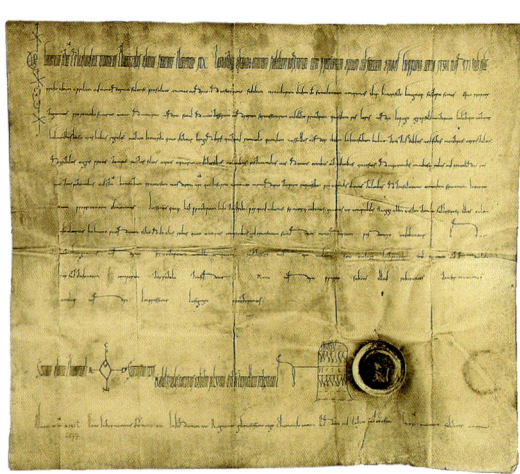

Schenkungsurkunde König Konrads I. zu Ehren des hl. Bonifatius und somit an das Kloster Fulda, Fulda, 12. April 912, Hessisches Staatsarchiv Marburg (RIa 912 April 12.)

*Modell
der Klosterkirche
(sog. Ratgerbasilika) des
Benediktinerklosters Fulda
im Zustand gegen Ende der
Karolingerzeit (Vonderau Museum
Fulda). In der zu ihrer Bauzeit größten Kirche
nördlich der Alpen ließ sich König Konrad bestatten.*

rolingern, sondern Konrad als dem mächtigsten Mann der (östlichen) Franken zu übertragen.

Konrad, ein tatkräftiger, wenn auch letztlich glückloser Herrscher, der sich in der Tradition der Karolinger begriff, sah sich in seiner kurzen Regierungszeit vor drei Hauptaufgaben gestellt: die Rückgewinnung Lotharingiens, dessen Adel sich unterdessen dem Westreich zugewandt hatte, die Bekämpfung der immer wieder in das Reich einfallenden Ungarn und die erneute Einbindung der Herzogsmacht in die Reichsgewalt. Bei keinem dieser drei Anliegen sollte es ihm vergönnt sein, seine Ziele zu verwirklichen. Mehrere Feldzüge nach Lotharingien in den ersten Jahren seiner Herrschaft brachten keinen Erfolg, Lotharingien verblieb bis auf Weiteres unter der Herrschaft des Westfrankenkönigs Karl des Einfältigen. Zur Abwehr der Ungarneinfälle blieb Konrad auf die Militärmacht der Herzöge und anderer Magnaten angewiesen, insbesondere auf die der Großen in Süddeutschland, Arnulf von Bayern und die Grafenbrüder Erchanger und Berthold mit ihrem alemannischen Aufgebot. Konrads Versuche, durch gezielte Maßnahmen wie dem juristisch zwar korrekten, politisch aber heiklen Einzug

Fuldaer Totenannalen mit dem Verzeichnis König Konrads I., Fulda, 9. und 10. Jh., Pergament; 32 Blätter; 22,5 x 16,5 cm, Hochschul- und Landesbibliothek, Fulda (Hs. B 1)
Das Verzeichnis ist ein einzigartiges Zeugnis der frühmittelalterlichen Memoria. Es handelt sich um Verzeichnisse der verstorbenen Mönche und der dem Kloster verbrüderten Persönlichkeiten, darunter der in Fulda bestattete König Konrad I.

43

von Lehen im Sächsischen den Einfluss dieser führenden Adelsgruppierungen einzuschränken, ließ deren Gegnerschaft daher ansteigen. Auch seine Einheirat in den Kreis seiner Gegner unter den Magnaten, als er mit Kunigunde die Schwester Erchangers und Bertholds und Mutter Arnulfs von Bayern zur Frau nahm, konnte den Konflikt nicht abmildern. Vielmehr kam es zu einer schnellen Folge innerer Kämpfe zwischen dem König und verschiedenen Vertretern der Herzogsgewalten, die durch verheerende Einfälle der Ungarn noch beträchtlich verschärft wurden. Nur in den Bischöfen fand Konrad eine feste Stütze, mit deren Hilfe ihm 917 schließlich eine Verurteilung und Hinrichtung seiner Schwäger Erchanger und Berthold und deren Neffen Liutfried gelang. Selbst diese drastische Maßnahme vermochten das Reich jedoch nicht zu befrieden. Die Gegensätze blieben bestehen, sein Stiefsohn Arnulf von Bayern begehrte weiter auf, und für die hingerichteten Erchanger und Berthold erhoben die schwäbischen Adligen mit Berthold II. sofort

einen neuen Führer zum Herzog. Die Zustände waren in Anarchie abgeglitten. Konrad vermochte am Ende nicht zu verhindern, dass sich die Herrschaftsposition des Herzogs als solche in Sachsen und in Bayern gefestigt und in Schwaben ganz neu herausgebildet hatte. Er hatte es versäumt, aus den sich abzeichnenden Entwicklungen zu Lebzeiten die gebotene Konsequenz zu ziehen und die erstehende Herzogsgewalt systematisch in die Staatsgewalt einzubauen. Erst als er infolge von Verwundungen, die er sich im Kampf mit seinen Gegnern in Bayern zugezogen hatte, Ende des Jahres 918 auf dem Sterbebett lag, lenkte er ein. Er kam zu der Erkenntnis, dass es unter den gegebenen Umständen besser sei, seinen Bruder Eberhard, der sein Erbe gewesen wäre, zum Wohle des Reiches zum Thronverzicht zu bewegen und das Königtum statt seiner dem sächsischen Herzog Heinrich, der einer seiner Gegner gewesen war, anzutragen. Im Angesicht des Todes fand er so zum Wohle des Reiches zur Selbstüberwindung

DIE OTTONEN (919–1024)

Die Ottonen, auch Liudolfinger genannt, waren ein aus Sachsen stammendes Herrschergeschlecht. Ihren Namen verdankten sie zunächst dem ältesten gesicherten Ahnen, Graf Liudolf († 866), wurden dann aber nach ihrem bedeutendsten Repräsentanten, Otto I. dem Großen (9), benannt. Bereits Liudolf hatte die Stellung eines Herzogs inne, und der hohe Rang der Familie zeigte sich in der Verheiratung seiner Tochter mit dem Karolinger Ludwig dem Jüngeren – einem Sohn Ludwigs des Deutschen (3) – im Jahr 876/877.

Mit dem erstmaligen Erreichen der Königswürde durch ein Geschlecht, das nichtfränkischen Ursprungs war, im Jahr 919 war die unmittelbare historische und genealogische Kontinuität zur fränkisch-karolingischen Gründerphase des Reiches mit seiner europäischen Ausrichtung erstmals abgebrochen. Im Wirken der Ottonen, insbesondere dem Ottos des Großen, erblicken die Historiker daher endgültig den Beginn einer eigenständigen Geschichte Deutschlands.

(8) Kg. Heinrich I. (919–936)
* ca. 876, Kg. 919,
† Memleben an der Unstrut 2.7.936,
Grabstätte: Dom zu Quedlinburg

Als Heinrich im Jahr 919 zum König erhoben wurde, war das ostfränkische Reich tief gespalten. Sein Vorgänger, König Konrad I. (7) hatte sich vergeblich bemüht, die ange-

Tafel 2
Die Ottonen

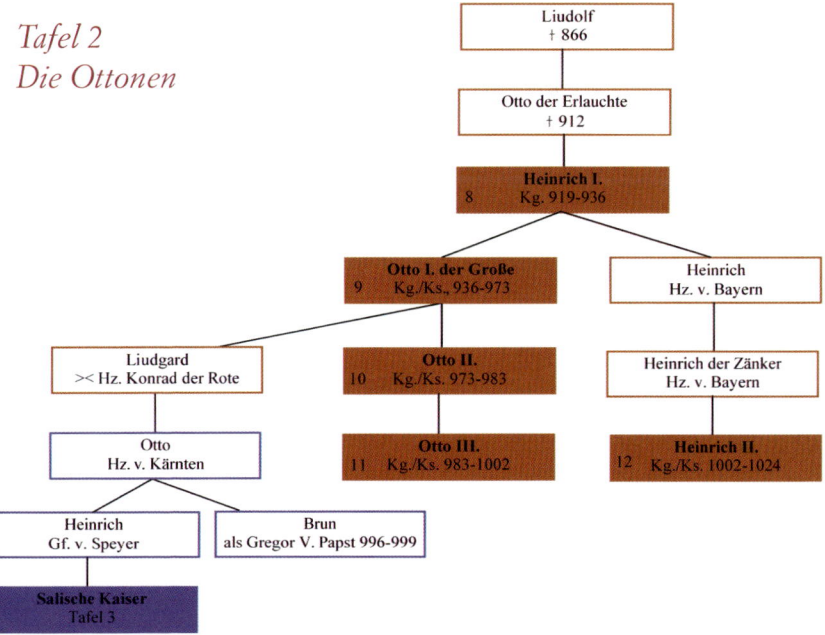

Liudolf † 866	
Otto der Erlauchte † 912	
8 Heinrich I. Kg. 919-936	
9 Otto I. der Große Kg./Ks., 936-973	Heinrich Hz. v. Bayern
Liudgard >< Hz. Konrad der Rote	10 Otto II. Kg./Ks. 973-983 · Heinrich der Zänker Hz. v. Bayern
Otto Hz. v. Kärnten	11 Otto III. Kg./Ks. 983-1002 · 12 Heinrich II. Kg./Ks. 1002-1024
Heinrich Gf. v. Speyer · Brun als Gregor V. Papst 996-999	
Salische Kaiser Tafel 3	

wachsene Macht der Herzöge zu begrenzen und sie seiner Herrschaft zu unterwerfen. Als Abkömmling des sächsischen Herrschergeschlechts entstammte auch Heinrich einer dieser mächtigen Herzogsfamilien des Reiches. Durch Ertrag bringende Heiraten (so in zweiter Ehe mit der Widukind-Nachfahrin Mathilde) hatte er seinen ererbten Einfluss noch zu mehren verstanden. Als er 912 in Sachsen das Erbe seines Vaters antrat, wollte König Konrad die Situation nutzen und seine Stellung durch Einziehung von Lehen schwächen. Heinrich vermochte diesen Angriff auf seine Position jedoch erfolgreich abzuwehren. Den anderen Herzögen, insbesondere dem von Bayern, Arnulf, wurde dieser Vorfall in Sachsen jedoch zum Anlass, gegen den König vorzugehen und ihre Stellung gegenüber der Zentralgewalt des Königs weiter auszubauen. So bestand beim Tod Konrads die Gefahr, dass das ostfränkische Reich in einzelne Stammesreiche auseinander brechen würde. Um es zu retten, hatte Konrad seine Familie noch auf dem Sterbebett daher zum Thronverzicht bewogen und Heinrich von Sachsen als Nachfolger im Königsamt vorgeschlagen.

So wurde dieser 919 als Heinrich I. in Fritzlar gemeinsam von Franken und Sachsen zum König erhoben. Heikel war die Stellung der Kirche bei diesem Akt: Auf das ihm angetragene Angebot der Königssalbung glaubte er verzichten zu müssen, da die Bischöfe den anderen Herzögen im Reich dank ihrer Unterstützung für König Konrad im Kampf gegen sie als belastet galten. Andererseits wollte Heinrich aber auch nicht den Bruch mit der Kirche riskieren, was er durch Ernennung des Mainzer Erzbischofs zum Erzkaplan seiner Kanzlei zum Ausdruck brachte.

Teile der süddeutschen Stämme waren zunächst nicht bereit, dieser Wahl Heinrichs zum König zu folgen und erhoben mit Bayernherzog Arnulf einen Gegenkönig, der sich jedoch auf ein bayerisches Sonderkönigtum zu beschränken schien. Daraufhin wurde das Herzogtum der Alemannen als dritte, bislang neutrale Kraft zu einem wichtigen Faktor. Als Heinrich dem Alemannenherzog Burchard II., der sich durch Hochburgund bedrängt sah, zu Hilfe kam, gewann er ihn für sich. Und als Burchard einige Jahre später 926 in einer Schlacht zu Tode kam, konnte Heinrich das Herzogtum Alemannien noch mehr unter seinen Einfluss bringen, als er den Franken Hermann, einen Abkömmling der Konradiner, dort zum Herzog machte und mit der Witwe Burchards verheiratete.

Auch mit Arnulf von Bayern war ihm zu diesem Zeitpunkt bereits der Ausgleich gelungen, nachdem zuvor ein Feldzug gegen ihn fehlgeschlagen war. Arnulf hatte 921 sein Königtum gegen Überlassung bestimmter königlicher Rechte (die Kirchenhoheit) in seinem Gebiet anerkannt.

Einen großen Erfolg konnte Heinrich schließlich im Westen verbuchen. Zunächst schloss er 921 einen Friedens- und Freundschaftsvertrag mit dem König des Westfrankenreiches, Karl dem Einfältigen; ein Abkommen, das auch die Anerkennung seines nichtkarolingischen und nichtfränkischen Königtums durch

Karl und damit dessen Verzicht auf karolingische Erbansprüche implizierte. Als im Westfrankenreich kurze Zeit später innere Wirren ausbrachen, vermochte Heinrich dann auch Lotharingien, das sich seit der Regentschaftsregierung Ludwigs des Kindes (6) um 910 nach Westen orientiert hatte, sei es aufgrund des unsicheren Schwankens der Lotharinger zwischen den beiden Reichen, sei es durch militärischen Druck, wieder für das Ostreich zu gewinnen. Lotharingien, das auch die alte Kaiserstadt Aachen und damit die Karlstradition wieder in sein Territorium zurückbrachte, wurde damit neben Alemannien/Schwaben, Bayern, Franken und Sachsen zu einem Herzogtum seines Reiches. Auch die Westgrenze des mittelalterlichen Deutschen Reiches war damit festgelegt.

Ein bedeutender Vorgang war im November 926 die Übergabe der Heiligen Lanze durch König Rudolf II. von Hochburgund. Diese unschätzbare Reliquie soll Nägel vom Kreuz Christi beinhalten und ist daher von überragendem Wert für die Christenheit. Sie war die Throninsignie des Regnum Italiae, die König Rudolf wenige Jahre zuvor selbst von oberitalienischen Großen mit der Aufforderung, das Königtum dort gegen einen Rivalen zu übernehmen, erhalten hatte. Da er selbst diese Ansprüche nicht hatte realisieren können, übergab er die Lanze nun König Heinrich, für den sie so kostbar war, dass er ihm dafür einen Teil Schwabens, vor allem Basel, überließ. Zugleich erhob Heinrich damit in der Tradition seines Vorgängers Arnulf von Kärnten (5) für

Heilige Lanze, (Vor-?)karolingisch, 11. und 14. Jahrhundert, Länge 50,7 cm Wien, Schatzkammer der Hofburg.
Die Heilige Lanze besteht aus einer (vor-?) karolingischen Flügellanzenspitze. An ihrer ausgebrochenen Mitte ist ein Eisenstift eingepasst, der später als Nagel vom Kreuz Christi galt. Den unteren Teil umgibt eine unter Heinrich IV. (15) zur Stabilisierung angefertigte silberne Manschette. 926 übergab sie König Rudolf II. von Hochburgund dem ostfränkisch-deutschen Herrscher Heinrich I. (8) Da sie als Lanze des Longinus, der mit ihr die Seite des gekreuzigten Christus geöffnet haben soll, galt, war sie auch eine Christusreliquie. Als Heinrich I. am Longinustag 933 bei Riade die Ungarn schlug, hatte er vermutlich die Heilige Lanze als Sieg verheißende Reliquie bei sich. Auch Otto der Große (9) führte sie 939 in der Schlacht von Birten und 955 in der Lechfeldschlacht gegen die Ungarn mit sich. Bei seinem Zug zur Kaiserkrönung in Rom 996 führte Otto III. (11) sie mit sich voran, ebenso 1001 im Kampf gegen das aufständische Rom. Nach Ottos III. Tod 1002 war die Heilige Lanze ein zentraler Bestandteil des königlichen Reliquienschatzes und ein wichtiges Herrschaftssymbol. Dies nutzte Bayernherzog Heinrich, der spätere Kaiser Heinrich II. (12), für den Erwerb des Königtums.

sich und seine Nachkommen Anspruch auf Italien, auch wenn er selbst ihn nicht sollte einlösen können. Die Heilige Lanze ging in den Thronschatz der deutschen Könige ein und befindet sich heute in der Wiener Schatzkammer.

Sie sollte Heinrich auch eine wichtige symbolische Hilfe in seinem Kampf gegen die Ungarn sein. Wie bereits seinen Vorgängern hatten diese schon in der Frühphase seiner Regierung auch ihm Probleme bereitet. 924 gelang ihm ein wichtiger taktischer Erfolg gegen sie, als einer ihrer Anführer in seine Hände fiel und er zwei Jahre später für dessen Freilassung und gegen hohe Tributzahlungen einen neunjährigen Waffenstillstand aushandeln konnte. Diese Ruhefrist in den Kampfhandlungen nutzte er zielstrebig zum Aufbau eines effektiven militärischen Abwehrsystems, bestehend aus Burgen und einer Neuordnung des Heerbanns mit Bauernkriegern und Panzerreitern. In Grenzkämpfen mit den slawischen Nachbarvölkern an der Elbe und der Saale konnte er diese neuen Formationen zunächst erfolgreich erproben.

Bevor es zu weiteren Entscheidungen mit den Ungarn kam, ordnete Heinrich im September 929 seine Nachfolge. Dabei wich er von dem Prinzip der Erbteilung, wie es die Karolinger praktiziert hatten, deutlich ab. Von seinen vier Söhnen sah er allein Otto (9), den ältesten aus seiner zweiten Ehe, der sich in den Kämpfen gegen die Slawen bereits bewährt hatte, für die Nachfolge vor. Die Übrigen bestimmte er für den Kirchendienst oder fand sie anderweitig ab. Oberstes Gebot war

Memleben, sog. Kaisertor, Rest der ehem. Klosterkirche. Memleben ist der Sterbeort König Heinrichs I. und Kaiser Ottos I.

aus politischer Räson somit nun die Einheit des Reiches, dem die Ansprüche der einzelnen Familienmitglieder sich unterzuordnen hatten.

932 forderte Heinrich durch die Verweigerung der jährlichen Tributzahlungen die Ungarn zum Kampf heraus. Im März des folgenden Jahres konnte er ihnen in einer Schlacht eine Niederlage beibringen. Seinem Aufgebot gehörten Krieger aus allen deutschen Stämmen an, sodass dieser Sieg über einen alten Feind das Bewusstsein der Einheit enorm verstärkte. Diesen Erfolg konnte er im Jahr darauf (934) auch in Kämpfen mit anderen kleinen Völkern wiederholen, so gegen den dänischen Kleinkönig Knuba, womit die Normannengefahr endgültig beseitigt wurde.

Angesichts solch hervorragender Resultate seiner Herrschaft wuchs Heinrichs Ansehen auf ein hohes Niveau. Auch im Westen wurde er als Autorität anerkannt, als er 935 sowohl in inneren Streitigkeiten im Westreich als auch im Konflikt zwischen dem französischen und dem hochburgundischen König um das Erbe Niederburgunds schlichtend eingriff.

Offenbar hatte Heinrich auch Pläne für einen Zug nach Rom, der ihm die Kaiserkrone hätte bringen können, doch erlitt er noch 935 einen Schlaganfall, der ihm zur Realisierung dieses Vorhabens keine Zeit mehr ließ. Es gelang ihm noch, eine Reichsversammlung nach Erfurt einzuberufen, auf der die von ihm angeordnete Nachfolgeregelung bekräftigt wurde, dann verstarb er am 2. Juli 937 in Memleben an der Unstrut.

Hatte er bei Antritt seiner Königsherrschaft ein von Verfall bedrohtes Reich vorgefunden, so war ihm durch kluges und entschiedenes Vorgehen dessen innere und äußere Stabilisierung glänzend gelungen. Für seine Nachkommen schuf er damit die Voraussetzungen, unter denen sie endgültig die Wende von der fränkisch-karolingischen zur spezifisch deutschen Geschichte vollziehen konnten.

(9) Ks. Otto I., der Große
(936–973)
* 23.11.912, Kg. 936, Ks. 962,
† Memleben 7.5.973, Grabstätte:
St. Mauritius-Dom in Magdeburg

Mit Otto I. betrat im Jahr 936 eine herausragende Herrscherfigur die Bühne der Geschichte. Bereits seine Königserhebung wurde als Akt mit hoher Symbolkraft ausgestaltet, die ihre Wirkung auf alle relevanten Kräfte im Reich nicht verfehlte. Von seinem Vater (8) frühzeitig für die Nachfolge als König designiert, hatte Otto sich nur wenige Wochen nach dessen Tod zur Einsetzung in das Amt nicht von ungefähr nach Aachen begeben, womit er ein allen erkennbares Bekenntnis zur Karlstradition ablegte, damit zugleich auch seine Ansprüche auf Lotharingien als festen Bestandteil seines Reiches untermauerte. Alle Großen der einzelnen Stämme, Herzöge und Grafen, reisten zu diesem Ereignis in die Karlsstadt. Die Erhebung Ottos zum König, die sie dort vornahmen, war de facto freilich mehr ein Akt der Huldigung und des Treueschwurs als einer der Wahl. Auch die Akklamation des Volkes, ein aus der byzantinischen Tradition des kaiserlichen Herrscherwechsels herrührender Brauch, fehlte nicht in dem gesamten Ablauf. Höhepunkt des glanzvollen Ereignisses aber war die vom Mainzer Erzbischof vollzogene geistliche Zeremonie in der Marienkirche mit Übergabe der Insignien, der Salbung, der Krönung und der anschließenden Setzung auf den Thron Karls des Großen, von wo aus Otto die Krönungsmesse verfolgte. Im Anschluss an die Feier fand ein festliches Krönungsmahl statt, bei dem die Herzöge der Lotharinger (als Kämmerer), der Franken (als Truchsess), der Schwaben (als Mundschenk) und der Bayern (als Marschall) symbolisch die Hofämter versahen und damit augenscheinlich dem neuen Herrscher „dienten". Nie zuvor hatte ein König in solch ausgiebigem und streng formalisiertem Zeremoniell sein Amt angetreten. Es war sichtbarer Ausdruck dessen, dass die königliche Macht nach dem langen Niedergang am Ende des Karolingerreiches glanzvoll wiedererstanden war, dass durch den geistlichen Ritus das Gottesgnadentum auf dem König ruhte und durch die Anwesenheit aller weltlichen und kirchlichen Großen die Einheit des Reiches wieder hergestellt war.

Otto versuchte von Anfang an, die Zentralgewalt seines Reiches zu stärken und die konkurrierende Macht des Adels einzudämmen. Als er im Sinne dieses Programms das von seinem Vater im Ausgleich mit Herzog Arnulf preisgegebene königliche Recht der Kirchenhoheit in Bayern wieder herstellen wollte, sah er sich schon zu Beginn seiner Herrschaft daher mit verschiedenen Erhebungen im Adel konfrontiert, in die der Reihe nach auch sein älterer Halbbruder Thankmar und sein jüngerer Bruder Heinrich verwickelt waren. Thankmar fand bei den ausbrechenden Kämpfen den Tod, während Heinrich im Bündnis mit den beiden Herzögen von Lotharingien und Franken den König 939 zeitweilig in äußerste Bedrängnis brachte. Am Ende blieb Otto in diesen Kämpfen aber doch siegreich, die beiden Herzöge kamen um, während er seinen Bruder unterwarf, ihm später aber verzieh. Aus diesen Erfahrungen zog er den Schluss, dass er auf die Adelsgruppierungen mehr Rücksicht zu nehmen habe. Bei der Neubesetzung der vakant gewordenen Herzogtümer suchte er sich der Treue der neuen Amtsträger durch Verheiratung mit engen Verwandten zu versichern: Konrad der Rote etwa, den er mit dem lotharingischen Herzogtum betraute, gab er seine Tochter

Liudgard zur Ehefrau; die späteren Nachkommen dieses Paares waren die Salierkaiser (13–16).

Über den Westen und Süden Europas gelang es Otto schon bald, eine hegemoniale Stellung aufzubauen. Bei inneren Kämpfen in Frankreich, dessen König, Ludwig IV., mit seiner Schwester Geberga verheiratet war, intervenierte er; Ludwig konnte seine Position gegen den mächtigen Herzog Hugo von Franzien nur mithilfe Ottos wahren. Auch über Burgund und seine Königsfamilie sowie über das Königreich Italien errichtete er eine Schutzherrschaft. Letzteres untermauerte er durch einen ersten Zug nach Oberitalien 951/52, bei dem er seine Gegner unterwarf, und seine (zweite) Verheiratung mit Adelheid, die eine Tochter des burgundischen Königs und die Witwe von König Lothar von Italien war. Weiterführende Pläne, nach Rom zu ziehen, um die Kaiserkrone zu erlangen, scheiterten vorerst am Widerstand des dortigen Stadtherrn Alberich. Die erneute, durch Heereszug und Heirat erlangte Sicherung des Königreiches Italien für das Reich darf aber als ein dauerhaftes und markantes Resultat dieses ersten Aufenthaltes Ottos im Süden gelten.

Wohl durch diese (seine zweite) Heirat mit Adelheid sah Ottos Sohn aus erster Ehe, Liudolf, den er damals bereits zu seinem Nachfolger bestimmt hatte, sich in seinen Rechten verletzt, indem er befürchtete, seine künftige Herrschaft durch die Geburt weiterer Söhne aus dieser Ehe zu verlieren. Liudolf wurde daher zum Anführer eines zweiten großen Aufstandes gegen Otto. Ihm

schloss sich auch Ottos Schwiegersohn, Herzog Konrad der Rote von
Lotharingien an, und selbst der
Mainzer Erzbischof unterstützte die
Revolte. Diese ernste Bedrohung
Ottos aus dem Inneren ließ erst
nach, als mit erneuten Einfällen der
Ungarn 954 eine noch ernstere Bedrohung von außen kam. Als seine
inneren Gegner, vor allem Konrad
der Rote, Kontakt zu den Ungarn
aufnahmen, waren sie schnell dis-
kreditiert, der Aufstand gegen Otto
brach damit zusammen. Mit den
Ungarn hingegen war, nachdem sie
dem Reich jahrzehntelang mit ihren
Attacken zugesetzt hatten, die Ent-
scheidungsschlacht nun unvermeid-
lich geworden. Dazu kam es am 10.
August 955 auf dem Lechfeld bei
Augsburg. Otto brachte dem Reiter-
volk hier eine vernichtende Niederlage bei, in deren Folge es keine Bedrohung mehr darstellte, sich in der
Donau-Theiß-Ebene sesshaft machte und sich bald der Christianisie-
rung öffnete. Mit diesem glanzvollen
Sieg vermochte Otto aber seinen
Machtbereich auch nach Osten aus-
zudehnen und an die Errichtung einer neuen Ostmark zu denken: das
spätere Österreich.

Der Triumph auf dem Lechfeld hatte Ottos Ansehen enorm gesteigert
und dank der gemeinsamen Anstrengung das Zusammengehörig-
keitsgefühl der deutschen Stämme
als Volk sehr befördert. Wieder kam
die Idee auf, Otto für die Kaiserkrönung vorzuschlagen. Ihre Realisierung sollte jedoch noch einige Jahre
dauern. Papst Johannes XII. kam
ihm entgegen, als er sich durch den
italienischen König Berengar II., der
unter Ottos Lehenshoheit stand, be-

*Ottonische Herrscherfamilie zu Füßen
Christi, Elfenbein, um 962, Castello Sfor-
zesco, Mailand. Maria und Mauritius ha-
ben Kaiser Otto d. Großen, Kaiserin
Adelheid und ihren Sohn Otto II. vor den
Thron des Heilands geführt.*

droht fühlte und Otto 960 daher um
Hilfe rief. Bevor Otto zum zweiten
Mal nach Italien zog, sicherte er im
Reich zuerst seine Nachfolge, indem
er seinen gleichnamigen Sohn (10)
in Worms zum Mitkönig wählen
und in Aachen krönen ließ. (Sein älterer Sohn Liudolf, der gegen ihn
aufbegehrt hatte, war zu diesem
Zeitpunkt bereits verstorben.) Daraufhin ging Otto nach Rom, wo er
am 2. Februar 962 unter Akklamation der Römer vom Papst zum Kaiser gesalbt und gekrönt wurde. Damit hatte Otto das Kaisertum erneuert, das seit dem Tod Arnulfs von
Kärnten 899 (5) nicht mehr vergeben gewesen war. Unklar ist, ob er
bei diesem Akt die bekannte Kaiserkrone des Reiches, die in einer ers-

ten Fassung zu dieser Zeit herge- stellt worden war (Kreuz und Bügel kamen später hinzu), schon trug. Die Schutzfunktion für die römische Kirche, die dem Kaiser oblag und ihn mit der Kirche innig verband, lebte damit wieder auf; ebenso der imperiale und hegemoniale Anspruch. Gleichwohl war die Entwicklung des ehemaligen karolingischen Reiches unterdessen so weit in West und Ost, in Frankreich und Deutschland auseinander gedriftet, dass die französischen Könige sich dem Kaisertum, das seit der Krönung Ottos auf dem deutschen Königtum basierte, nicht mehr länger unterstellt sahen. Im Pactum Ottonianum bestätigte Kaiser Otto dem Papst unter dem Vorbehalt des kaiserlichen Hoheitsrechtes den Besitz Roms und des Kirchenstaates mit allen verbrieften Rechten und Einkünften und sprach ihm seinen Schutz aus. Der Papst sicherte dem Kaiser Unterstützung bei seinen Plänen der Errichtung des Erzbistums Magdeburg und des Bistums Merseburg zu, die im deutschen Episkopat auf Widerstände gestoßen waren, die Otto jedoch als Ausgangspunkt für seine Politik der Ostmissionierung brauchte.

Bei Ottos weiteren Versuchen, die Verhältnisse in Italien zu ordnen, kam es freilich bald schon zum Bruch mit Papst Johannes XII., der sich in seinem Handlungsspielraum durch die Anwesenheit des Kaisers eingeschränkt fühlte und sich daher mit Ottos Gegnern in Italien einließ. Es folgte ein Verwirrspiel, in dessen Verlauf es zur Flucht des Papstes, der Unterwerfung der Römer durch Otto, der Einsetzung eines Gegen-

papstes, Leos VIII., erneuten Aufständen der Römer, der Einsetzung eines dritten Papstes und anderem mehr kam. Erst 965 war wieder Ruhe eingekehrt, sodass Otto nach Deutschland zurückkehren konnte. Hier begann er nun mit dem Aufbau des für die ottonische Epoche so charakteristischen Reichskirchensystems bzw. der Reichskirchenherrschaft. Ottos Bruder Brun hatte in seiner Doppelfunktion als Erzbischof von Köln und als Herzog von Lotharingien damit bereits Erfahrungen sammeln können. Die Kirche sollte dabei zu einem Regierungsinstrument werden, indem der hohe Klerus – ausgewiesen durch eine sorgfältige Ausbildung – mit Herrschaftsfunktionen betraut wurde und Bischöfe und Äbte durch Übergabe von Stab und Ring (Investitur) große Reichsgutskomplexe und Rechte wie Markt, Zoll und Münze übertragen bekamen, in der Folge dank der Privilegienübertragung dann aber auch selbst zu neuen Gründungen von Märkte und Münzen schreiten konnten. Der hohe Klerus trat in der Reichsverwaltung damit neben die Grafen und Herzöge, hatte vor diesen für den König aber den Vorteil, dass er aufgrund der Ehelosigkeit keine dynastischen Strukturen ausbilden konnte und das verwaltete Reichsgut beim Tod des Amtsinhabers daher stets wieder ans Reich zurückfiel. Ottos Nachfolger, insbesondere Heinrich II. (12), haben dieses System tatkräftig weiter ausgebaut.

Von 966 bis 972 weilte Otto zum dritten Mal in Italien. Hier hatte er Papst Johannes XIII. beizustehen, der von den Römern bedrängt wor-

Das Reich Ottos des Großen um 973

Magdeburg, Dom, Grab Kaiser Ottos des Großen. Ursprünglich war das Grab ein Erdgrab. Erst als im 13. Jahrhundert das Grabmal im neuen Domchor neu und glanzvoller wirken sollte, funktionierte man es zu einem Hochgrab um.

den war. Von ihm erhielt er endlich die päpstliche Verfügung zur Errichtung des Erzbistums Magdeburg, das für seine Ostpolitik von großer Bedeutung war. Ein Hauptmotiv seines Aufenthalts in Italien war die Klärung rivalisierender Machtansprüche mit Byzanz im Süden der Halbinsel. Nach längerer Verhandlung konnte er sie beilegen, indem er seinen Sohn Otto (10), den er in Rom zunächst zum Mitkaiser krönen ließ, mit Theophanu, der Nichte des byzantinischen Kaisers, verheiratete.

Zurück in Deutschland verlieh er seiner hegemonialen Stellung zu Ostern 973 auf einem Hoftag in Quedlinburg noch einmal deutlichen Ausdruck, als Gesandtschaften aus Dänemark, Polen, Böhmen, Russland, Ungarn, Bulgarien, Byzanz, Benevent, Rom, Italien, Frankreich und schließlich selbst der arabischen Welt ihm huldigten. Nur wenige Wochen später, am 7. Mai 973, verstarb er in seiner Pfalz Memleben und wurde in der Magdeburger Domkirche, deren Entstehen er so tatkräftig gefördert hatte, neben seiner ersten Gemahlin Edgith, Tochter aus dem englischen Königshaus, beigesetzt.

Den Beinamen magnus imperator hatte man ihm schon zur Zeit seines

überragenden Sieges über die Ungarn beigelegt. Unter den mittelalterlichen deutschen Herrschern ist er der einzige, dem der Beiname „der Große" dauerhaft erhalten blieb.

(10) Ks. Otto II. (973–983)
* Ende 955, (Mit-)Kg. 961,
(Mit-)Kaiser 967,
† Rom 7.12.983, Grabstätte: Vorhalle von St. Peter, seit 23.4.1618 in den Vatikanischen Grotten unter der Peterskirche in Rom

Mit 17 Jahren trat Otto II. 973 die Nachfolge seines Vaters Otto des Großen (9) an. Sogleich sah er sich konkurrierenden Machtansprüchen aus seinem engsten Umfeld ausgesetzt, als sein Vetter Heinrich der Zänker, Herzog von Bayern (siehe Tafel 2, S. 45), versuchte, die Situation des Übergangs für eigene Machtambitionen auszunutzen und damit begann, gegen Otto zu agitieren. Zunächst missachtete Heinrich das königliche Recht der Bischofsinvestitur, indem er auf dem vakanten Bischofsstuhl in Augsburg einen Kandidaten seiner Wahl installierte, worin er von seinem Schwager, dem Schwabenherzog Burchard III. unterstützt wurde. Als dieser jedoch

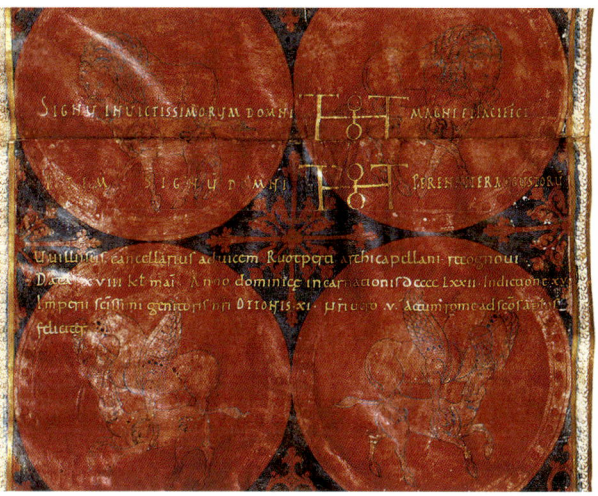

Ausschnitt aus der Heiratsurkunde Kaiserin Theophanus mit dem Monogramm Ottos des Großen und seines Sohnes Otto II., Rom, 14. April 972 Wolfenbüttel, Niedersächsisches Staatsarchiv, 6 Urk. 11

kurze Zeit später kinderlos verstarb, überging Otto seinen Vetter und Rivalen Heinrich bei der Neubesetzung des schwäbischen Herzogtums, worauf dieser zusätzlich zu Bayern ebenfalls Aspirationen gehabt hatte. Der König betraute einen gleichnamigen Neffen, Otto, mit Schwaben. Dieses und anderes nahm Heinrich zum Anlass, im Verein mit den Herzögen Boleslaw II. von Böhmen und Mieszko von Polen einen Komplott gegen König Otto zu planen. Diesem aber gelang es, diese Pläne zu durchkreuzen, seinen Vetter Heinrich im Sommer 974 in Ingelheim zu inhaftieren und sich in einer Strafexpedition gegen den Böhmenherzog zu wenden. Anfang 976 konnte Heinrich aus der Haft jedoch fliehen und mit seinen Anhängern, wenn auch erfolglos, Otto in Bayern erneut in Kämpfe verwickeln. Otto versuchte nun, Heinrichs Machtbasis dauerhaft zu schmälern, indem er dessen Herzogtum, Bayern, aufteilte – ein Schritt mit nachhaltigen Folgen für die Territorialentwicklung im deutschen Südosten: Kärnten wurde zum eigenständigen Herzogtum erhoben und zusammen mit dem übrig gebliebenen Rest von Bayern neu vergeben, die Ostmark (aus der sich das spätere Österreich entwickelte) wurde abgetrennt und die Babenberger damit belehnt. Heinrich gelang es mit Verbündeten dennoch, seinen Aufstand noch eine Weile aufrecht zu erhalten, bis er niedergerungen und 978 zum Exil verurteilt wurde.

Während dieser Auseinandersetzungen kündigten sich auch im Westen Schwierigkeiten an. Der König des Westreiches, Lothar IV., war mit seinem Bruder Karl in Streit geraten. Dieser aber war mit König Otto verbündet und wurde von ihm 977 mit dem Herzogtum Niederlotharingien belehnt. Über diesen Schritt erzürnt, fiel König Ludwig im Frühsommer 978 mit Besitzanspruch auf das Herzogtum blitzartig in Lotharingien ein und besetzte Aachen, wo es ihm beinahe gelungen wäre, den völlig überraschten Otto festzusetzen. Otto aber holte schnell zum Gegenschlag aus, rückte gegen ihn vor und kam bis nach Paris. Als Ludwig durch rivalisierende Machtansprüche seines mächtigen Herzogs Hugo Capet auch innenpolitisch in Schwierigkeiten geriet, gab er nach und suchte unter Preisgabe seiner Ansprüche auf Lotharingien 980 den Frieden mit Otto.

Nach der so erlangten Stabilisierung der Verhältnisse nördlich der Alpen konnte Otto sich 980 nach Italien wenden, wo der kaiserlichen Macht Nachdruck zu verleihen war. Nach Abhaltung einer bedeutenden Synode in Rom widmete Otto sich den unübersichtlichen Verhältnissen im Süden, wo die Sarazenen von Sizilien aus auf das Festland übergriffen und auch Byzanz Ansprüche geltend machte. Am 13. Juli 982 kam es zu einer Schlacht, bei der die Sarazenen zwar siegten, sich aber dennoch wieder nach Sizilien zurückzogen. Diese Niederlage bewog Otto schnell, die Verhältnisse in seinem Reich neu zu ordnen. Auf einem Reichstag in Verona im Frühjahr 983 ließ er seinen erst dreijährigen Sohn Otto (11) zum König wählen und vergab die durch Tod des Amtsinhabers verwaisten Herzogtümer Schwaben und Bayern unter Umgehung seines Vetters Heinrich neu. Der weitere Verlauf des Jahres war durch Erhebungen und Einfälle der Slawen und der Dänen gekennzeichnet, wodurch Brandenburg und Havelberg zerstört und Hamburg geplündert wurde. Bischöfe, Grafen und Markgrafen der Region vermochten die Situation jedoch militärisch unter Kontrolle zu bekommen.

Noch im gleichen Jahr, am 7. Dezember 983, ereilte Otto im Alter

Christus segnet Kaiser Otto II. und Kaiserin Theophanu, um 972 oder 982/83, Musée national du Moyen Age – Termes de Cluny, Paris, Inv. Nr. Cl. 392

von erst achtundzwanzig Jahren in Rom, wo er auch begraben wurde, infolge einer Malariainfektion der Tod. Die Nachricht traf in Deutschland just zu dem Zeitpunkt ein, als man an Weihnachten seinen Sohn Otto in Aachen zum König erheben wollte. Es brach ein Streit darüber aus, wer von den nächsten Verwandten zur Übernahme der Vormundschaft und der Regentschaft für den noch kindlichen König berechtigt war: ob der nächste Verwandte der väterlichen Seite – das war der Vetter und alte Gegner des Vaters, Heinrich der Zänker –, oder doch seine Mutter, Kaiserin Theophanu, die noch in Italien weilte, als Tochter aus byzantinischem Kaiserhaus zunächst aber wenig Aussicht hatte. Heinrich war im Vorteil und nahm den kindlichen König zu sich. Als er jedoch schon bald eigene Machtansprüche auf das Königtum erhob, gewann Theophanu doch eine breite Anhängerschaft im Reich. Mit dieser Unterstützung vermochte sie Heinrich zur Herausgabe ihres Sohnes und zur Aufgabe seiner Königsambitionen zu zwingen und selbst in die vormundschaftliche Regentschaft einzutreten. Heinrich erhielt später zur Befriedigung seiner Ansprüche sein Herzogtum Bayern wieder zurück, als Theophanu zur Abwehr erneuter französischer Ansprüche auf Lotharingien Frieden im Reich brauchte. In Frankreich ging mit dem Tod König Lothars und seines kinderlosen Sohnes Ludwig V. 987 die Herrschaft der Karolinger endgültig zu Ende, während mit der Erhebung Hugo Capets die Ära der Kapetinger ihren Anfang nahm. Damit entwand sich Frankreich der deutschen Hegemonialstellung.

Während Theophanu ihre Regierungsgeschäfte mit großem Geschick ausübte und ihr Einfluss selbst bis nach Italien reichte, wurde die Reichsgewalt geschwächt, als sie 991 starb und ihre Schwiegermutter Adelheid, die Großmutter Ottos III., für wenige Jahre (991–994) die Regentschaft übernahm. Der dynastische Charakter der von Otto dem Großen als Ämter angelegten Herzogtümer begann wieder aufzuleben, was für den 994 volljährig gewordenen König eine große Hypothek war.

(11) Ks. Otto III.
(983/994–1002)
* im Reichswald Ketil (bei Nimwegen) Ende Juni/Anfang Juli 980, Kg. 983, Ks. 996,
† Paterno (nördlich von Rom) 24. (23.)1.1002, Grabstätte: im Chor des Aachener Marienmünsters

Im September 994 wurde Otto III., dessen Vater (10) mehr als zehn Jahre zuvor bereits verstorben war, aus der zuerst von seiner Mutter Kaiserin Theophanu, dann von seiner Großmutter Kaiserin Adelheid wahrgenommenen Vormundschaft entlassen und im Alter von vierzehn Jahren als eigenverantwortlich handlungsfähig anerkannt. Sogleich ging der junge König mit Tatkraft ans Werk und fasste seine baldige Krönung zum Kaiser und den ambitionierten Plan der Verheiratung mit einer Kaisertochter aus Byzanz ins Auge. Bevor er sich auf seinen ersten Zug nach Rom begab, konsolidierte er das Reich, indem er die Ostgrenze durch einen Feldzug gegen die Elbslawen festigte und die Herzogtümer Bayern und Kärnten, die durch den Tod Heinrichs des Zänkers 995 vakant geworden waren, neu vergab; Bayern kam an den Sohn des Zänkers, ebenfalls Heinrich mit Namen – den späteren Kaiser Heinrich II. (12) –, Kärnten ging zum wiederholten Male an seinen Vetter, den Salier Otto (s. Tafel 2, S. 45).

Im Frühjahr 996 brach er erstmals nach Italien auf. Hier nominierte er für den gerade verstorbenen Papst mit Brun, dem Sohn seines eben genannten Vetters Otto, einen engen Verwandten als Nachfolger (siehe Tafel 2 und 3, S. 45 und 65). Brun,

Heinrich der Zänker, Regelbuch von Niedermünster in Regensburg, um 995, Staatsbibliothek Bamberg, Msc. Lit. 142, fol. 4v

der bislang sein Hofkaplan gewesen war, bestieg unter dem Namen Gregor V. (Reg. 996–999) als erster Deutscher den Stuhl Petri. Damit war jene denkbar enge Verbindung von regnum und sacerdotium (Königtum und Papsttum) angelegt, die Otto ein zentrales Anliegen war. Schon wenige Wochen später, am 21. Mai 996, wurde sie mit der Krönung des sechzehnjährigen Ottos zum Kaiser weiter konkretisiert. Rom und die ganze antike Kaisertradition, für die es stand, spielten für Otto III. Kaisertum eine entscheidende Rolle. Imperium Romanum und Ecclesia Romana sollten sich durchdringen. In dieser Auffassung wurde er in Rom bestätigt und zugleich tief geprägt durch die Begegnung mit einer Reihe führender Gelehrter der Zeit – darunter dem späteren Papst Silvester II.–, die das geistige und politische Erbe der Antike lebendig mit

einer konsequenten Christusnachfolge zu verbinden verstanden.

Noch im gleichen Jahr, da er erstmals nach Italien gekommen war, kehrte er wieder nach Deutschland zurück, wo er sich nach Aachen an den Schrein Karls des Großen (1) begab, um auch dessen geschichtsmächtige Traditionen für sich und sein Kaisertum wirksam werden zu lassen.

Bereits im Jahr darauf, 997, sah man ihn wieder in Rom, wo Papst Gregor unterdessen vom Stadtherrn, Crescentius II., verdrängt und von diesem durch Einsetzung eines Gegenpapstes ersetzt worden war. Otto griff hart durch und restituierte die Verhältnisse wieder in seinem Sinne. Er war nun vollauf bestimmt vom Streben nach einer echten Renovatio Imperii Romanorum, dem Bemühen um die Wiedererstehung des römischen Universalreiches unter christlichen Vorzeichen. Konsequenterweise sollte Rom dabei zum Zentrum seiner Herrschaft werden. Dem verlieh er für alle sichtbaren Ausdruck, als er mit dem Neubau einer Kaiserpfalz auf dem Palatin begann, dem Kaiserberg der Antike, der künftig seine Hauptresidenz werden sollte. Er betonte damit auch die Prärogative des kaiserlichen Rechtes gegenüber dem Papst und lehnte somit auch die anders lautenden Bestimmungen der konstantinischen Schenkung ab, die er (wie sich später zeigte zu Recht) als Fälschung ansah. In dieser Zeit setzte er mit Silvester II. als Nachfolger des verstorbenen Gregor erneut einen Papst seines Vertrauens ein.

Von großer Bedeutung war seine Wallfahrt nach Gnesen, zu der er im

Huldigungsbild Ottos III. aus dem Evangeliar Ottos III., fol. 23v–24r, Bayerische Staatsbibliothek München, Clm 4453

Jahr 999 aufbrach, und das er im folgenden Jahr zum Erzbistum erhob, dem Kolberg, Breslau und Krakau als Suffraganbistümer untergeordnet waren. Mit diesem Schritt löste Otto Polen aus dem deutschen Einflussbereich und verselbstständigte die polnische Kirchenorganisation; er leistete damit einen wesentlichen Beitrag zur Staatswerdung Polens, doch sollte dieses damit relativ autonom gewordene Gebilde ein fester Bestandteil seines römisch-christlichen Universalreiches sein. Kurze Zeit später, im Jahre 1001, ließ er für Ungarn mit Errichtung des Erzbistums Gran eine ähnliche Organisation vollziehen.

Von Gnesen kehrte er wieder nach Aachen zurück und ließ an Pfingsten des Jahres 1000 das Grab Karls des Großen öffnen. Mit gebeugtem Knie entnahm er ein Halskreuz und andere Reliquien, um sich damit selbst symbolisch zu stärken.

Nicht überall fand Ottos Idee einer Wiedergeburt des römischen Reiches unter christlichen Vorzeichen Unterstützung. Gerade unter den Bewohnern Roms, wohin er im Jahr 1000 noch zurückkehrte, gab es Widerstände. Er bekräftigte daher in einer Urkunde noch einmal seine Suprematie gegenüber dem Papsttum, indem er Rom als „unsere Königsstadt" bezeichnete, und schenkte dem Papst acht Grafschaften. Gleichwohl provozierte er mit diesem hohen Anspruch gerade unter den Römern nun einen Aufstand, sodass er gemeinsam mit Papst Silvester II. nach Ravenna ausweichen musste. Im Jahr darauf unternahm er mithilfe deutscher Truppen einen zweifachen Versuch, gegen die unbotmäßigen Römer vorzugehen. Inmitten dieser Unternehmungen starb Otto III. im Alter von erst einundzwanzigeinhalb Jahren im Januar 1002 an einer plötzlichen Fieber-

Widmungsbild mit der Krönung Ottos III. durch die Hand Gottes, Liuthar-Evangeliar Ottos III., Aachen, Domschatz, fol. 16r

erkrankung. Die Heiratspläne mit Byzanz hatten noch kein Ergebnis gezeigt, Otto hinterließ daher keine Nachkommen.

Das historische Urteil über Ottos kurze, aber intensive Herrschaft ist schwankend. Es wurde gefragt, ob seine universale Reichsidee sich nicht allzu sehr von seiner realen Basis, die einzig im deutschen Königtum lag, entfernt habe, und daher scheitern musste. Ihm wurde andererseits aber zugutegehalten, dass seine Vision vom länderübergreifenden Universalreich die Stammesegoismen im deutschen Reich weiter abgemildert und so zur weiteren Vereinheitlichung des deutschen Reiches beigetragen habe und dass

mit seiner Kirchenpolitik im Osten die Länder Ungarn und Polen dauerhaft für (West-)Europa gewonnen wurden.

(12) Ks. Heinrich II., der Heilige
(1002–1024)
* evtl. in Hildesheim 6.5.973 oder 978, Kg. 1002, Ks. 1014,
† Grone (bei Göttingen) 13.7.1024

Als Kaiser Otto III. (11) 1002 ohne eine Empfehlung für seine Nachfolge abgegeben zu haben in jungen Jahren plötzlich verstorben war, war eine große Unsicherheit darüber entstanden, auf wen das Königsamt fallen sollte. Der Bayernherzog Heinrich (Sohn Heinrich des Zänkers), der über den gemeinsamen Vorfahren Kaiser Heinrich I. (8) der nächste Verwandte des verstorbenen Kaisers nach dem reinen Mannesstammprinzip war, meldete sogleich seine Ansprüche an. Viele andere Große des Reiches aber hielten ihn als König nicht für geeignet und betrachteten ihn gar nicht als Angehörigen des ottonischen Hauses im engeren Sinne. Einige von ihnen verfolgten eigene Ambitionen auf das Königsamt, so vor allem Markgraf Ekkehard von Meißen und Herzog Hermann II. von Schwaben, die wohl ebenfalls, wenn auch weitläufige Verwandtschaft mit den Ottonen ins Feld führen konnten. Die Entscheidung schien durchaus offen. Heinrich aber verfocht seine Interessen mit großer Entschlossenheit. Als man den Leichnam Ottos von Italien nach Deutschland überführte und bayerisches Gebiet

Krönungsbild Heinrichs II. und Kunigundes im Perikopenbuch Heinrichs II., Reichenau, 1007/1012, München, Bayerische Staatsbibliothek, Clm 4452, fol. 2r, Ausschnitt

betrat, machte er gegenüber den begleitenden Adligen und Bischöfen mit Nachdruck seinen Thronanspruch geltend und veranlasste sie zur Herausgabe der Reichsinsignien. Erst danach ließ er den Trauerzug nach Aachen passieren, wo Otto in der Nähe Karls des Großen (1) bestattet wurde. Zugleich stellte sich der Mainzer Erzbischof hinter Heinrich und nahm mit Unterstützung der weltlichen und geistlichen Großen aus Franken, Oberlotharingien und Bayern am 7. Juli 1002 in Mainz durch Salbung und Krönung die Erhebung Heinrichs zum König vor. Durch Umritt konnte er in den folgenden Monaten sukzessive die Anerkennung und Huldigung der anderen, an seiner „Wahl" nicht beteiligten Stämme in Sachsen, Thüringen, Niederlotharingien und Schwaben sowie die der Bischöfe erreichen.

Da in Italien noch der von Otto III. heraufbeschworene Aufstand in Gang war und der Polenherzog Boleslaw Chorbry das plötzliche Machtvakuum zu Expansionen an der Ostgrenze des Reiches ausgenutzt hatte, war an der umfassenden Universalreichsidee des verstorbenen Kaisers nicht mehr festzuhalten. Heinrich konzentrierte sich fortan wieder stärker auf Deutschland und machte dies deutlich, indem er Ottos Programm einer Renovatio Imperii Romanorum durch die Renovatio Regni Francorum (die Erneuerung des Frankenreiches) ersetzte. Entsprechend lag der Schwerpunkt seiner Herrschaft im Gegensatz zu der seines Vorgängers wieder nördlich der Alpen.

Gegen die Großmachtpolitik von Polenherzog Boleslaw war schon kurz nach Antritt von Heinrichs Herrschaft ein Vorgehen notwendig.

Da Boleslaw unter einigen Großen im deutschen Reich Verbündete gewonnen hatte, darunter selbst den Bruder des Königs, Brun, sah Heinrich sich zu einem Bündnis mit den heidnischen Redariern und Liutizen, die man zuvor noch bekämpft hatte, veranlasst. Für diesen gegen einen christlichen Fürsten gerichteten Zusammenschluss mit Heiden, der nüchterner Zweckerwägung entsprungen war, sah Heinrich sich in der Kritik. Da er sich einem entschieden christlichen Herrschaftsverständnis verpflichtet fühlte, wurde ihm dieser unumgängliche Schritt auch durchaus selbst zur Gewissensqual, die er wenig später (1007) mit der Gründung des Bistums Bamberg zu sühnen versuchte. Die Kampfhandlungen gegen Boleslaw beschäftigten Heinrich mit Unterbrechung fast über seine ganze Regierungszeit hinweg. Dabei gelang es zwar, dessen Zugriff auf Böhmen abzuwehren. Mehrere Friedensschlüsse, bei denen auch die Mittel der Heiratspolitik zum Einsatz kamen – so ehelichte im Jahr 1013 Boleslaws Sohn, Miezko II., Ottos Nichte –, hatten aber keinen Bestand.

Im Südwesten seines Herrschaftsgebietes war Heinrich bestrebt, Burgund für sein Reich zu gewinnen. Seine Mutter Gisela war Tochter des früheren Burgunderkönigs und Halbschwester des jetzt dort amtierenden Rudolf III. Da dieser keine Nachkommen hatte, konnte Heinrich Erbansprüche geltend machen, hatte dabei jedoch konkurrierende Ambitionen von Odo II. von Blois /Champagne abzuwehren, der ebenfalls mit den Burgundern verwandt war. Heinrich ließ sich in verschie-

denen Akten von seinem Onkel die Nachfolge für Burgund sichern. Da dieser den Neffen überlebte, kam es zu dessen Lebzeiten zwar nicht mehr zum Erbfall, doch der Nachfolger Heinrichs, der Salier Konrad II. (13), konnte 1033 dann dank dieser Vorbereitung zum König von Burgund gekrönt werden.

In Italien schien sich mit der sogleich nach dem Tod Ottos III. vorgenommenen Erhebung des Markgrafen Arduin von Ivrea eine Gegenbewegung festzusetzen, die jedoch in die Defensive geriet, als König Heinrich 1004 in Oberitalien erschien und, wenn auch nicht ohne Widerstände, in Pavia zum König der Langobarden erhoben wurde. In Rom, wo die Adelsgeschlechter der Crescentiner und der Tuskulaner-Grafen miteinander in Rivalität lagen und Päpste ihres Vertrauens einsetzten, mischte er sich zunächst nicht ein. Erst bei seinem zweiten Italienzug zehn Jahre später kam er nach Rom, wo er am 14. Februar 1014 von Papst Benedikt VIII. die Kaiserkrone empfing. Mit diesem Papst blieb Heinrich auch weiterhin verbunden. Als Benedikt sich von den Byzantinern in Süditalien bedroht fühlte, begab er sich 1020 nach Bamberg, wo er den Kaiser um Hilfe bat, der daraufhin 1021/22 zum dritten Mal nach Italien ging, um den Einfluss der Byzantiner einzudämmen.

Im Inneren seines Reiches bemühte Heinrich sich um ausgleichende Politik. Zwar betonte er wie seine Vorgänger den Amtscharakter der herzoglichen Gewalt, musste aber doch Rücksicht auf dynastisches Denken und damit auf die Vater-Sohn-Sukzession nehmen. Bei der Besetzung von Ämtern und Pfründen kam es dabei ausgerechnet mit der Familie seiner Frau Kunigunde, den Luxemburgern, zu Konflikten, die den König über mehrere Jahre beschäftigten. Hier wie auch später bei Maßnahmen gegen die salische Familie ging es Heinrich stets darum, die Reichsgewalt vor etwaigen Machtzusammenballungen großer Adelsfamilien zu schützen und handlungsfähig zu erhalten.

Von besonderem Interesse ist Heinrichs Kirchenpolitik in Deutschland. Hier befestigte er das von Otto dem Großen (9) in Gang gebrachte System der Reichskirchenherrschaft. Die kanonische Wahl, nach der die Bestimmung der Bischöfe und Äbte vom Klerus der Bischofskirche bzw. der Mönche vorzunehmen war, wurde zu einer reinen Formsache herabgestuft und die Einsetzung der Kirchenführer direkt vom König vorgenommen. In den führenden Positionen der Kirche vermochte Heinrich so überall Personen seines Vertrauens zu installieren. Zugleich stattete er die Bistümer und Klöster reichhaltig aus, bestand im Gegenzug aber auch auf deren Unterstützung bei seinen Kriegszügen und seinen Aufenthalten in den Königspfalzen der Bischofsstädte. Reichsgut und Reichskirchengut sollten beide gleichermaßen dem König unterstellt sein, Staat und Kirche eine Einheit bilden. Auch auf das klösterliche Leben versuchte Heinrich erneuernd einzuwirken, indem er auf eine strengere Befolgung der Regel des hl. Benedikt hinwirkte. Den teilweise gleichgerichteten Reformbestrebungen von Cluny wollte er sich in-

Herrscherbild (wohl mit der Darstellung Kaiser Heinrichs II.), Bamberger Apokalypse, vor 1010, Staatsbibliothek Bamberg, Msc. Bibl. 140, fol. 60r, Ausschnitt

sofern aber nicht anschließen, als sie mit einer stärkeren Trennung der Klöster von der weltlichen Macht seinen Bestrebungen widersprachen. Dagegen propagierte er gemeinsam mit Papst Benedikt VIII. auf einer Reformsynode in Ravenna 1022 die Ehelosigkeit der Priester, wodurch das Kirchengut vor Erbansprüchen eventuell vorhandener Kinder von Klerikern gesichert werden sollte und womit er zugleich eine der Zentralforderungen der späteren Kirchenreform vorwegnahm.

Am 13. Februar 1024 verstarb Heinrich II. in der Pfalz Grone bei Göttingen. Bestattet wurde er in der von ihm gestifteten Domkirche von Bamberg, wo später auch seine Gemahlin Kunigunde ihre letzte Ruhestätte fand. Beide wurden 1146 bzw. 1200 heiliggesprochen.

Heinrich II. hinterließ ein im Inneren und Äußeren gefestigtes Reich, jedoch keine Nachkommen. Mit ihm starb das liudolfingisch-ottonische Geschlecht daher aus; die Herrschaft ging an die Salier über.

DIE SALIER (1024–1125)

Die Salier, ein aus dem Mosel-
raum stammendes fränkisches
Geschlecht, traten mit Konrad dem
Roten († 955) ins Licht der Geschichte. Konrad wurde von Otto
dem Großen zeitweise mit dem Herzogtum Lotharingien belehnt und
mit dessen Tochter Liudgard verheiratet. Diese Verbindung hob das
Geschlecht in den Kreis der führenden Familien des Reiches, sodass
auch der Sohn Konrads und Liud-
gards, Otto, als Herzog von Kärnten
zu Ehren kam. Dessen Sohn Brun
wiederum wurde von Kaiser Otto
III. (11) 996 zum Papst gemacht,
und regierte als Gregor V. drei Jahre lang bis 999. Durch geschickte
Erwerbungs- und Heiratspolitik vermochten die Salier, die ihren ehr-
würdigen Namen erst Anfang des
12. Jahrhunderts in der historischen
Rückschau erhielten, ihren Hausbesitz zu mehren und ihre politische
Stellung zu festigen. Zu den Ottonen war das Verhältnis ansonsten
aber wechselhaft und spannungs-
reich. Dennoch konnten die Salier
nach deren Aussterben sich in einer
„freien" Wahl unter den Fürsten behaupten und mit Konrad dem Älteren (13) 1024 erstmals die Königs-
und Kaiserwürde erlangen. Hundert
Jahre lang währte ihre Herrschaft,
die vor allem durch den schweren
Kampf mit dem Papsttum um die
Vorherrschaft gekennzeichnet war,
der unter der Bezeichnung „Investiturstreit" in die Geschichte eingegangen ist.

(13) Ks. Konrad II.
(1024–1039)
* um 990, Kg. 1024, Ks. 1027,
† Utrecht 4.6.1039, Grabstätte:
Dom zu Speyer

Als Konrad um 990 geboren wurde,
war noch nicht absehbar, dass er
und seine Nachkommen in den
Rang von Königen und Kaisern erhoben werden sollten. Seine Familie
war eben erst im Begriff, aus vergleichsweise einfacher adliger Schicht
aufzusteigen. Konrad, dessen Vater
früh gestorben war, wurde zeitweilig
von Bischof Burchard von Worms
erzogen. Zu den damals regierenden
Ottonen, insbesondere zum Letzten
dieses Geschlechts, Kaiser Heinrich
II. (12), waren die Beziehungen gespannt. Unter anderem empfand der
Kaiser es als anstößig, dass Konrad
1016 mit der aus schwäbischer Herzogsfamilie stammenden Gisela (einer Nachfahrin Karls des Großen
(1)) eine Frau heiratete, zu der nach
damals geltendem kanonischem
Recht eine zu enge Verwandtschaft
bestand.
Nachdem die Ottonen 1024 ausgestorben waren, war die Stellung der
Salier durch Heiratsverbindungen
und daraus folgender Akkumulation
von Ländern und Gütern so weit
avanciert, dass nur zwei Persönlichkeiten dieser Familie – Konrad und
ein gleichnamiger jüngerer Vetter –
ernsthaft als Kandidaten für die
Nachfolge in Frage kamen. In Kam-
ba, am rechten Rheinufer südlich
von Mainz gelegen, wurde Konrad

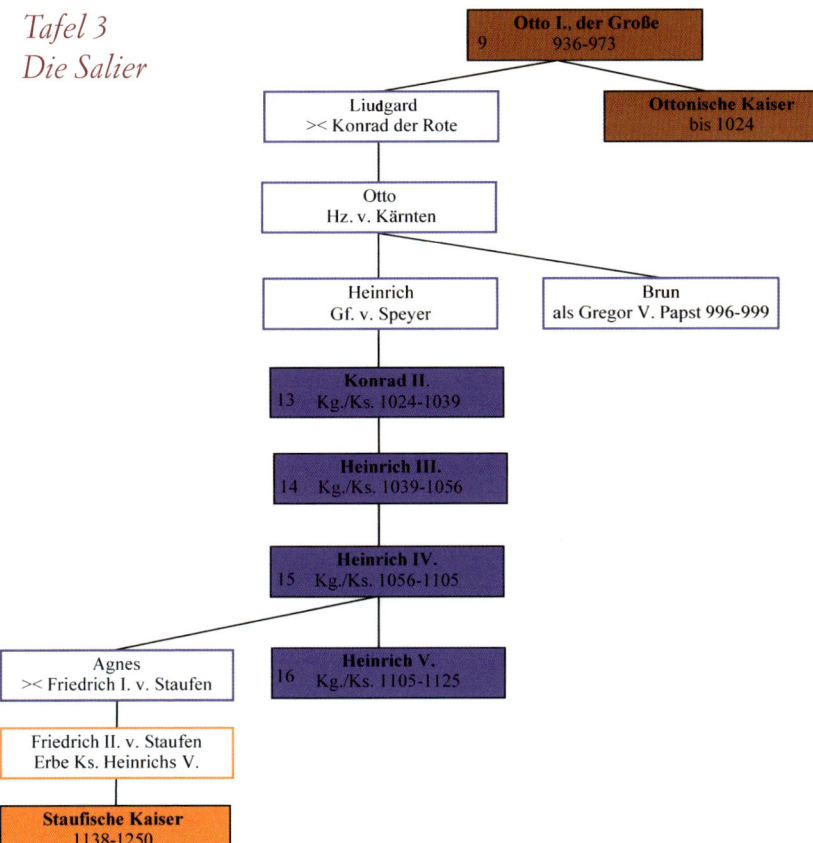

Tafel 3
Die Salier

auf Betreiben des Mainzer Erzbischofs Aribo so zum deutschen König gewählt. Die Witwe des verstorbenen Kaisers Heinrich, Kunigunde, verlieh dieser Bestimmung Konrads durch Überbringen der Reichsinsignien Nachdruck. Nach der Krönung durch den Mainzer Erzbischof erlangte Konrad II. durch Umritt im gesamten Reich die Anerkennung der Magnaten der einzelnen Länder. Seine Frau, Gisela, deren Krönung der Mainzer Erzbischof wegen der zu nahen Verwandtschaft verweigert hatte, ließ er während seines Umritts in Köln vom dortigen Erzbischof Pilgrim krönen.

Dieses Ereignis trug dazu bei, den Kölner Oberhirten für Jahrhunderte das Krönungsrecht zu sichern.

In den Jahren 1026 und 1027 unternahm Konrad seinen ersten Italienzug, wo er seine Herrschaftsrechte gegen eine Opposition unter dem Adel durchsetzen musste. In der lombardischen Hauptstadt Pavia hatten die Bewohner nach dem Tod Heinrichs II. den königlichen Palast niedergerissen. Ihrer Begründung, sie hätten zu diesem Zeitpunkt keinen König gehabt, setzte Konrad das Diktum entgegen, dass das Königtum nicht allein an der Person hinge, sondern eine überpersonale

Konrad II. und seine Gemahlin Gisela, „Goldenes Evangeliar" Heinrichs III. für den Speyerer Dom – Codex Aureus Escorialensis, Real Biblioteca de San Lorenzo El Escorial, Cod. Vitrinas 17, fol. 2v

Institution sei; er beförderte dadurch den dem Mittelalter noch nicht geläufigen Gedanken der „Transpersonalisierung" des Reiches. Vom Mailänder Erzbischof Aribert wurde Konrad gegen rivalisierende Kandidaten zum König von Italien gekrönt. Es folgte der Zug nach Rom, wo er 1027 unter Anwesenheit von König Rudolf III. von Burgund und König Knut von Dänemark und England von Papst Johannes XIX. die Kaiserkrone empfing.

Wieder zurück in Deutschland hatte der Kaiser mit der Sicherung seiner eigenen Herrschaft zu tun. Hier sah er sich mit einer Rebellion von Herzog Ernst II. von Schwaben konfrontiert, der als Sohn seiner

Frau aus einer früheren Ehe sein Stiefsohn war; auch in Kärnten erhob sich der dortige Herzog Adalbero. In beiden Konflikten konnte Konrad sich behaupten. Auch im Norden und Osten des Reiches war Konrad mit der Sicherung des Reiches beschäftigt. Mit Dänemark verband er sich durch Verheiratung seines Sohnes mit der dänischen Prinzessin, während er den Aufbau einer slawischen Großmacht durch Bündnisse und militärische Auseinandersetzungen zu hintertreiben verstand. Böhmen und Mähren brachte er wieder stärker unter die Oberherrschaft des Reiches. Von besonderem Interesse für ihn aber war Burgund. Hier gelang es ihm, seine noch von seinem Vorgänger, Kaiser Heinrich II. (12) herrührenden Ansprüche auf das Erbe des Landes durchzusetzen und sich 1033 zum König wählen zu lassen. Damit war er der erste mittelalterliche Kaiser, der mit Burgund, Italien und Deutschland die Kronen dreier Reiche trug. – In der Reichskirche nahm Konrad in ottonischer Tradition die Besetzung der Bistümer ganz nach eigenem Ermessen vor und war ein Förderer bestimmter Strömungen der monastischen Reform.

In den Jahren 1037 und 1038 begab Konrad sich auf seinen zweiten Italienzug. Hier hatte er in den Streit zwischen den großen Feudalbischöfen und den kleinen aufsteigenden Lehensleuten (den Valvassoren) einzugreifen. Er gewann letztere für sich, indem er ihnen Erblichkeit ihrer Lehen zusicherte und machte sie damit zu Stützen der Reichsherrschaft in Italien. Wie bereits bei seinem ersten Italienzug arrangierte

Konrad sich im Süden mit den Normannen, die sich dort seit etwa 1016 zu etablieren begannen, indem er Reinulf als Herrn der Grafschaft Aversa anerkannte. Er konnte nicht ahnen, welch schwierige Folgen die so von ihm unterstützte Verfestigung der Normannenherrschaft für seine Nachfolger bringen sollten.

Bald nach seiner Rückkehr in den Norden starb Konrad im Alter von etwa fünfzig Jahren in Utrecht. Seine letzte Ruhestätte fand er in der Krypta des Doms zu Speyer. Mit dem Bau dieses herausragenden Monuments romanischer Baukunst, das inmitten der Region lag, der seine Familie entstammte, hatte er schon bald nach seinem Regierungsantritt beginnen lassen. Seine Nachfolger führten das architekturgeschichtlich hoch bedeutende Werk fort und machten es zur Grablege für die Salierkaiser. – Der berühmte Ausspruch „An Konrads Sattel hängen Karls (des Großen) Steigbügel" spricht für Popularität und Anerkennung des ersten Kaisers der Salier.

Heinrich III. und seine Gemahlin Agnes, „Goldenes Evangeliar" Heinrichs III. für den Speyerer Dom – Codex Aureus Escorialensis, Real Biblioteca de San Lorenzo El Escorial, Cod. Vitrinas 17, fol. 3r

(14) Ks. Heinrich III.
(1039–1056)
* 28.10.1017, Kg. 1028, Ks. 1046,
† Bodfeld/Harz 5.10.1056,
Grabstätte: Dom zu Speyer

Heinrich III. erhielt als Knabe eine sehr sorgfältige Erziehung und war daher an der Theologie und den Wissenschaften sehr interessiert. Seine Haltung war von einer tiefen Frömmigkeit und großem Ernst in religiösen Dingen geprägt. Heinrich wurde in dem Bewusstsein erzogen, als Kaiser die Rolle eines Stellvertreters Gottes auf Erden auszuüben. Entsprechend hochgesteckt waren seine Ideale als Friedensstiftender und Gerechtigkeit übender Herrscher.

Schon im Alter von zehn Jahren hatte sein Vater, Kaiser Konrad II. (13), ihn zum König wählen lassen und ihm damit die Thronfolge gesichert. Als der Vater 1039 starb, trat Heinrich unverzüglich in die Herrschaftsrechte ein. Um seinen hohen christlichen Ansprüchen zu genügen, vollzog er als eine seiner ersten Amtshandlungen 1040 die Aussöhnung mit Erzbischof Aribert von Mailand, mit dem sein Vater zuletzt im Streit gelegen war. Die Sicherung der Reichsterritorien im Inneren und Äußeren verlangte auch ihm wie verschiedentlich seinen Vorgängern Umsicht und Aufmerksamkeit ab. Während er in den Herzogtümern Schwaben, Bayern und Kärnten die Lehensrechte neu vergeben konnte, gab es insbesondere in Lothringen und anderweitig größere Probleme: Gottfried der Bärtige, Sohn des verstorbenen Lothringerherzogs Gozelo, zeigte sich unzufrieden, als Heinrich III. eine Teilung seines Landes vornahm, und erhob sich gegen den König. Diese Rebellion war Auftakt für langwierige Auseinandersetzungen im Westen. Zur Westpolitik gehörte auch Heinrichs (zweite) Heirat mit Agnes von Poitou im Jahr 1043, die vor allem der Sicherung Burgunds diente; Burgund, zu dessen König er, Heinrich,

Krönung des Kaiserpaares Heinrich III.
und Agnes durch Christus, Evangeliar aus
Goslar (Codex Caesareus Upsaliensis), ge-
malt in Echternach, um 1050, heute Upp-
sala, Universitätsbibliothek

in der Nachfolge seines Vaters schon 1038 erhoben worden war, erhielt darüber hinaus auch eine eigene Kanzlei, womit dem eigenständigen Herkommen des Königreiches Rechnung getragen wurde. Auch im Osten des Reiches sah Heinrich III. sich damit konfrontiert, die Hegemonialstellung des Reiches gegenüber den Nachbarn zu sichern und insbesondere die Integration Böhmens in das Reich weitervoranzutreiben.

Im Jahr 1046 brach Heinrich zu seinem ersten Italienzug auf. Gerade hier im Süden konnte er ein Anliegen betreiben, das ihm besonders am Herzen lag, nämlich die Reform der Kirche. Tief beeindruckt war Heinrich von dem Reformethos von Cluny, während in Rom die kirchlichen Verhältnisse in große Unordnung geraten waren. Der Kauf von kirchlichen Ämtern und Würden, die Simonie, war weit verbreitet. Vor allem aber herrschte durch die Rivalität dreier Päpste – Benedikt IX., Silvester III. und Gregor VI. – eine große Unübersichtlichkeit. Auf einer Kirchenversammlung in Sutri griff Heinrich im Dezember 1046 durch und bereinigte die Verhältnisse, indem er alle Päpste absetzte und einen Vertrauten, Bischof Suidger von Bamberg, als Clemens II. auf den Stuhl Petri berief. Clemens war der erste in einer Reihe von Päpsten aus Deutschland, die gewillt waren, im Einklang mit dem Kaiser die Kirche zu reformieren. Zum Programm gehörte es unter anderem, den Heiligen Stuhl aus der Abhängigkeit der römischen Adelsfamilien zu befreien; Heinrich erhielt daher auch die Würde eines römischen „Patricius", die ihm Mitspracherechte bei der Papstwahl einräumte. Davon sollte er schon bald Gebrauch machen müssen, da Clemens nur eine kurze Amtszeit vergönnt war. Zuvor aber hatte dieser Heinrich III. an Weihnachten 1046 noch zum Kaiser krönen können. Auch dem von Heinrich installierten Nachfolger im Papstamt, Damasus II., war nur ein kurzes Pontifikat beschieden, sodass der Kaiser erst mit der Einsetzung eines entfernten Verwandten, der von 1048 bis 1055 als Leo IX. hervortrat, die Reformen vorantreiben konnte. Leo wandte sich tatkräftig gegen die Simonie und die Priesterehe und schuf Grundlagen für ein Kardinalskollegium. Auch in Deutschland betätigte sich Heinrich III. mithilfe des Papstes als Reformer der Kirche. Er pflegte Kontakte nach Cluny (Hugo v. Cluny wurde Taufpate seines Sohnes, des Thronfolgers) und bemühte sich, die Klöster aus dem Einflussbereich der Bischöfe und des Adels zu bringen und sie als reichsunmittelbare Anstalten direkt seiner Protektion zu unterstellen. Die Bestellung der Bischöfe sah Heinrich III. dabei allerdings nach wie vor noch selbstverständlich als sein Recht an. In seiner Regierungszeit herrschte so über weite Strecken eine große Harmonie zwischen Imperium und Sacerdotium, der weltlichen Macht und der Kirche. Die Bischöfe blieben in der Traditionslinie der Ottonen auch unter ihm eine wichtige Stütze für die Reichsgewalt.

Auf der anderen Seite sah Heinrich sich in seiner späten Regierungszeit verstärkten Widerständen der Großen im deutschen Reich ausgesetzt, die wohl aus einer Reihe von innen-

Speyerer Dom, Ostfassade

und außenpolitischen Misserfolgen Heinrichs resultierten. Auch zeichneten sich in Süditalien erste Probleme mit den Normannen ab. Hatte Heinrich III. auf seinem ersten Italienzug deren Führer Rainulf und Drogo den von ihnen in Süditalien eroberten Landbesitz anerkannt, indem er sie 1047 von Reiches wegen damit belehnte, so zeigten diese sich schon wenige Jahre später expansionsfreudig und bedrohten Papst Leo IX. Schließlich ließen sich noch zu Heinrichs Regierungszeiten aus Kirchenkreisen erste Stimmen vernehmen, die das Einvernehmen zwischen Kaiser und Papst insofern trübten, als sie einen Primat des Papsttums gegenüber dem Kaiser forderten. In solchen Äußerungen kündigte sich der spätere Investiturstreit an, der Heinrichs Sohn und Nachfolger (15) schwer belasten sollte.

Dessen ungeachtet wird die Epoche Heinrichs III., der 1056 im Alter von 39 Jahren starb, oft als Höhepunkt und Vollendung des mittelalterlichen Kaisertums beschrieben. Mit Heinrichs III. Namen sind auch der Ausbau der Kaiserpfalz in Goslar und die weitere Gestaltung des Speyerer Doms verbunden, wo er neben seinen Eltern seine letzte Ruhestätte fand.

(15) Ks. Heinrich IV.
(1056–1105)

* wohl in Goslar 11.11.1050,
Kg. 1053, Ks. 1084, abgesetzt 1105
† Lüttich 7.8.1106, Grabstätte:
Dom zu Speyer

Das sehr bewegte Leben Heinrichs IV. war besonders durch drei Motivlinien gekennzeichnet: durch eine starke Opposition unter den Fürsten in Deutschland, den epochalen Kampf mit dem Papsttum um die Vormachtstellung und durch selbstzerstörerische Zwistigkeiten innerhalb der kaiserlichen Familie. Heinrichs Jugend war bereits stark belastet. Sein Vater (14), der ihn mit drei Jahren schon zum (Mit-)König hatte wählen lassen, starb, als der Sohn noch nicht das sechste Jahr vollendet hatte, woraufhin seine Mutter, die Kaiserinwitwe Agnes, für mehrere Jahre die Regentschaft übernahm. Diese Phase der Schwächung und des Übergangs nützten sowohl das Papsttum als auch die Fürsten des Reiches, um ihre Macht gegenüber der kaiserlichen Gewalt bedeutend auszuweiten. Hatte Agnes die Fürsten zunächst begünstigt, indem sie das Herzogtum Schwaben an Rudolf von Rheinfelden, Bayern an Otto von Northeim und Kärnten an den Zähringer Berthold verlehnte, so fanden diese Führer sich bald schon im Lager der Opposition gegen die königliche Gewalt wieder.

Bedeutend aber war vor allem die Entwicklung, die sich bereits während der Regentschaft in Rom abzeichnete. Dort waren die reformerischen Kräfte in der Kirche endgültig auf dem Vormarsch. Sofern sie ein Verbot der Simonie und der Priesterehe anmahnten, fanden sie auch im salischen Kaiserhaus Rückhalt. Strittig aber war in ihren Konsequenzen die Forderung nach kirchlicher Freiheit und Autonomie; die Kirche wollte sich auf ihre spirituellen Aufgaben und Quellen besinnen; daraus folgte der Anspruch, die Laiengewalt, also auch die des Kaisers, bei der Papstwahl und bei der Einsetzung der Bischöfe auszuschalten. Die Reformpäpste gingen schließlich so weit, dass sie sogar ein Recht beanspruchten, den Kaiser abzusetzen. Die Kaiser hingegen, die die Kirche seit den Ottonen als Verwaltungsapparat für ihr Reich aufgebaut und materiell entsprechend ausgestattet hatten, machten dagegen politische, administrative und materielle Interessen an der universalen Institution geltend und bestanden daher auf ihrem daraus begründeten und seit langem geübten Recht der Bischofseinsetzung. Diese unterschiedlichen Interessen an und um die Kirche – Spiritualität gegen Administration – mussten früher oder später in Konflikt miteinander geraten. Eine dahingehende Tendenz zeichnete sich bereits ab, als Heinrich noch ein Knabe war; in sei-

Krone Heinrichs IV., bei der Öffnung der Kaisergräber im Speyer Dom (1900) geborgen. Sie trägt die Reste einer Vergoldung.

ner langen Regierungszeit sollte er über die ganze Reihe der verschiedenen Pontifikate hinweg, denen er sich gegenüber sah, aufs Heftigste mit den daraus erwachsenen Problemen konfrontiert sein.

Bereits Heinrichs Jugend war von Schicksalsschlägen überschattet. Früh zum Halbwaisen geworden, wurde er in seinem zwölften. Lebensjahr Opfer einer Entführung, die einem Staatsstreich gleichkam. Der einflussreiche Erzbischof Anno von Köln war ihr Urheber. Anno, der politisch den Reformern in Rom zuneigte, versuchte mit dieser dramatischen Aktion, bei der Heinrich fast zu Tode gekommen wäre, den noch unmündigen König unter seinen Einfluss zu bringen, um ihn nach seinen Vorstellungen zu erziehen und zu beeinflussen. Auch Erzbischof Adelbert von Hamburg-Bremen, zu dem sich Heinrich mehr hingezogen fühlte, nahm sich seiner an. Dass beide die Gunst der Stunde auch nutzten, um Erwerbungspolitik für die Kirche zu betreiben, musste Heinrich stark befremden.

Als Heinrich IV. im Jahr 1065 für volljährig erklärt wurde und selbst die Regierungsgeschäfte antrat, wurde er von den Fürsten bald gezwungen, Erzbischof Adalbert zu entlassen, was er als weitere Demütigung empfand. Gefährlich wurde die Opposition der Fürsten, von denen seine Mutter einige während der Regentschaft durch Neubelehnungen erst stark gemacht hatte, als Heinrich versuchte, seinen Einflussbereich im Harzgebiet zu sichern und die dortigen Königspositionen auszubauen. Dies führte zu jahrelangen, zum Teil kriegerischen Auseinandersetzungen insbesondere mit den Großen in Sachsen. In deren Verlauf fand Heinrich zeitweise Schutz bei den Bürgern von Worms – eine Geste der Hilfsbereitschaft, in der sich eine generelle Affinität Heinrichs zum Bürgertum sowie zum niederen Adel und den Ministerialen (Dienstleuten des Königs) ankündigte. Erst 1075 gelangen ihm fürs Erste die Unterwerfung der opponierenden Fürsten und damit die Befestigung seiner Position im Harzgebiet.

Heinrich IV. vor Abt Hugo von Cluny und der Markgräfin Mathilde von Tuszien, um Fürsprache bei Papst Gregor VII. in Canossa bittend Vita Mathildis, um 1115, fol. 49r

Der Triumph währte jedoch nicht lange. Mit Gregor VII. (Regierung 1073– 1085) positionierte sich im Reformpapsttum diejenige Figur, die zum mächtigsten und schicksalsträchtigen Gegenspieler Heinrichs werden sollte. Auseinandersetzungen um die Besetzung des Bischofsstuhls in Mailand, die Suspensionen deutscher Bischöfe und in der Folge die Bannung königlicher Räte waren vorausgegangen, als Gregor 1075 mit dem „Dictatus papae" eine Reihe von Lehrsätzen erließ, mit der er das reformerische Programm systematisierte und insbesondere die Einschränkung der kaiserlichen Macht vorsah. Kurze Zeit danach, in den Jahren 1076 und 1077, folgte durch verschiedene Schreiben und Beschlüsse dann ein schneller und harter Schlagabtausch zwischen König und Papst, der seinen Gipfel in der Exkommunikation Heinrichs IV. und damit in der Entbindung seiner Untertanen vom Treueid fand. Dies war ein Vorgang von unerhörter weltgeschichtlicher Dramatik: Indem der Papst denjenigen, der in der Tradition Karls des Großen (1) zu seinem Schutzpatron bestellt war, mit dem Kirchenbann belegte, war etwas bis dahin schlechterdings Unvorstellbares und nie Dagewesenes geschehen.

Konnte Heinrich dieser Entwicklung anfänglich politisch noch gegensteuern, so sah er im weiteren Verlauf seinen Rückhalt unter den deutschen Bischöfen und Herzögen immer mehr schwinden und seine Gegner sich mit dem Papst verbünden. Schließlich lag für ihn der einzige Ausweg aus der äußerst schwierigen Situation in dem Entschluss, sich im Januar 1077 zu dem legendären Bußgang nach Canossa (nahe Reggio) aufzumachen, wo er vor Gregor VII. öffentlich Abbitte tat. Der Papst lenkte ein und erteilte ihm zunächst die Absolution. Mit diesem Ereignis, das als einer der Höhepunkte des Investiturstreits in die Geschichte einging, war eine Wende von welthistorischem Ausmaß eingeleitet, nämlich die Unterordnung des König- und Kaisertums in kirchlichen Angelegenheiten unter die Vorherrschaft des Papsttums. Heinrichs Gegner in Deutschland nutzten seinen Aufenthalt in Italien, um 1077 in der Person des mit Heinrich verschwägerten Herzogs von Schwaben, Rudolf von Rheinfelden einen Gegenkönig zu wählen, der den Reformgedanken des Papstes nahestand. Heinrich, der sich immer mehr auf den kleinen Adel, das Bürgertum und die Bauern stützte, reagierte darauf mit der Absetzung Rudolfs als Herzog und vergab Schwaben an die Staufer. Verhielt Papst Gregor sich zunächst neutral, stellte er sich bald auf die Seite Rudolfs und bannte Heinrich erneut. Rudolf aber fiel im Kampf mit Heinrichs Streitmacht 1080.

Das Machtgebaren Papst Gregors erzeugte freilich bald einen Stimmungsumschwung zu seinen Ungunsten, sodass Heinrich 1081 mit einem Heer nach Italien ziehen konnte. Zwar wurde in Deutschland mit der Benennung Hermanns von Salm als Gegenkönig (1081–1088) noch einmal ein Störmanöver in die Wege geleitet, das aber keine große Wirkung entfalten konnte. Die Macht Papst Gregors war im Verfall begriffen, sodass Heinrich 1084 endlich in Rom einziehen konnte, wo er von dem Gegenpapst seines Vertrauens, Clemens III., zum Kaiser gekrönt wurde.

Nach einigen vergleichsweise ruhigen Jahren in Deutschland, in denen er seinen Sohn Konrad zum Mitkönig erhob, sah Heinrich IV. sich 1090 zu einem zweiten Italienzug veranlasst. Dort war ihm mit dem Nachfolger Papst Gregors, Urban II., der das Reformwerk seines Vorgängers fortzusetzen beabsichtigte, ein neuer Gegenspieler entstanden. Nach diversen Händeln gelang es Heinrichs Gegnern aus der kirchlichen Partei, den Zwist sogar bis in seine eigene Familie hineinzutragen und sowohl seinen Sohn Konrad als auch seine zweite Ehefrau Praxedis auf ihre Seite zu ziehen und gegen

Grabmal des Gegenkönigs Rudolf von Schwaben (Rheinfelden), bald nach 1080, Bronze, Merseburg, Dom

ihn aufzubringen. Nach langen Jahren politischer Unsicherheit wieder nach Deutschland zurückgekehrt, ließ Heinrich seinen Sohn Konrad absetzen und an seiner Stelle seinen jüngeren Bruder, Heinrich V. (16), als Nachfolger installieren.

Versuche Heinrichs IV., mit dem Nachfolger Papst Urbans I, Paschalis II. (1099–1118), zu einer Einigung zu kommen und die Harmonie zwischen Reich und Kirche wieder herzustellen, schlugen fehl. Heinrich wurde zum wiederholten Male mit dem Bann belegt. Sein Sohn und Erbe, Heinrich V., wurde die rechtlich und politisch äußerst angreifbare Situation, in der sich sein Vater damit wieder befand, zum Anlass, sich um seine eigene Zukunft Sorgen zu machen. Unter Solidarisierung mit unzufriedenen Magnaten sagte der Sohn sich Ende des Jahres 1104 vom Vater los. Auch stand Heinrich V. dem kirchlichen Reformstreben näher als sein Vater. Der Konflikt zwischen beiden eskalierte in kriegerischen Handlungen. Schließlich gelang es dem Sohn 1105, den Vater festzunehmen, ihn in Ingelheim zu inhaftieren und zum Thronverzicht zu zwingen. So konnte er selbst die Regierung übernehmen. Heinrich IV. gelang es jedoch, aus der Haft zu entfliehen und eine neue Anhängerschaft um sich zu versammeln. Kämpfe zwischen den Heeren der beiden familiären Kontrahenten bahnten sich an, doch bevor es zur Entscheidung kam, starb Heinrich IV. am 7. August 1106 überraschend. Schwert und Ring und damit die Symbole für die Nachfolge ließ er seinem Sohn überbringen.

Seinem Wunsch, im Dom zu Speyer bei seinen Vorfahren beerdigt zu werden, konnte erst fünf Jahre nach seinem Tod entsprochen werden, als der Bann, in dem der Kaiser verstorben war, gelöst wurde. Den Speyerer Dom hatte Heinrich schon wenige Jahre nach seiner ersten Fertigstellung 1061 teilweise wieder einreißen und völlig neu gestalten lassen, sodass mitunter er als der eigentliche Erbauer dieses herausragenden Kirchengebäudes bezeichnet worden ist. Im Volk war Heinrich IV. beliebt, da er wegen mangelndem Rückhalt bei den Großen sich oft auf niedrige Adlige und Bürger gestützt hatte. Sein mächtigster Gegner, das Reformpapsttum, ging aus der jahrzehntelangen Auseinandersetzung aber als Sieger hervor.

(16) Ks. Heinrich V. (1105–1125)

* 1086, Kg. wohl 1098, Ks. 1111, † Utrecht 23.5.1125, Grabstätte: Dom zu Speyer

Heinrich V. war im Alter von etwa 12 Jahren zum Mitkönig seines Vaters, Heinrich IV. (15) gemacht worden, sollte aber bis zu dessen Tod von der Herrschaft ausgeschlossen sein. Als Heranwachsender erkannte er jedoch die Bedrohungen, denen seine Dynastie durch die spannungsreiche Politik des Vaters gegen das Papsttum ausgesetzt war. Er suchte daher den Ausgleich mit der Kirche, fand Bündnispartner unter den führenden Adligen des Reiches und den Bischöfen und erhob sich mit Rückendeckung selbst des Papstes 1105 gegen seinen Vater. Nachdem er diesen hatte gefangen setzen lassen, nahm er zu Beginn des Jahres 1106 die Regierungsgeschäfte auf. Obwohl er den reformerischen Kräften der Kirche zuneigte, blieb auch unter seiner Herrschaft die Frage der Laieninvestitur der Hauptstreitpunkt mit den Päpsten seiner Ägide. Von Seiten der kirchenrechtlichen Wissenschaft waren seit Ende des 11. Jahrhunderts jedoch Gedanken entwickelt worden, die Grundlage für einen Kompromiss sein konnten: Die Gelehrten begannen in der Frage der Bischofsinvestitur zu unterscheiden zwischen den Spiritualien – dem geistlichen Amt – und den Temporalien – dem materiellen Besitz, der den Kirchen von der Königsgewalt überlassen wurde und wo die weltliche Herrschaft daher legitimerweise Interessen geltend machen konnte. Hier deuteten sich Auswege aus der schwierigen reichs- und kirchenpolitischen Situation an, die das mittelalterliche Kaisertum nunmehr seit Jahrzehnten lähmte. Während in England schon 1105 eine dahingehende Übereinkunft gefunden wurde, blieben Verhandlungen der Deutschen mit dem Papst zunächst ohne Ergebnis.

Neben dem Zentralproblem der Investitur war Heinrich V. aber auch mit innerdeutschen Machtfragen befasst. Als 1106 das sächsische Geschlecht der Billunger im Mannesstamm ausstarb, hoffte er das „sächsische Problem" lösen zu können, indem er unter Umgehung der Schwiegersöhne des letzten Billungers die Herzogswürde an Lothar von Supplinburg (17) verlieh. So glaubte er eine Machtbalance unter den großen Familien des Nordens herstellen zu können. Tatsächlich brachte er mit Lothar aber einen äußerst machtbewussten Mann ins Spiel, der zu einem der Hauptak-

Heinrich V. empfängt von Bischof Ruthart von Mainz die Herrscherinsignien, anonyme Kaiserchronik für Heinrich V., geschrieben im Kloster Urach, 1112/14, heute in Cambridge, The Parker Library

teure der sich gegen ihn formierenden Fürstenopposition avancieren und ihn später als Kaiser beerben sollte. Während Heinrich im Osten die Interessen des Reiches mit unterschiedlichem Erfolg zu sichern versuchte – die Lehensoberhoheit über Böhmen konnte befestigt werden –, schloss er 1110 mit England ein Bündnis ab und besiegelte es, indem er sich mit der englischen Königstochter Mathilde verlobte.

Im Jahr 1110 begab Heinrich V. sich mit einem großen Reiterheer auf seinen ersten Italienzug. Angesichts seiner Übermacht regte sich kein Widerstand. Auch Papst Paschalis II. (reg. 1099–1118) war dadurch so eingeschüchtert, dass er Heinrich in der Frage der Investitur mit einem radikalen Kompromissvorschlag entgegenkam. Er bot nun eine klare Trennung zwischen den geistlichen und den weltlichen Aspekten der Bischofsmacht an: Heinrich sollte auf die geistliche Investitur verzichten und dafür die materiellen Besitztümer, die die Kirche von der weltlichen Macht beansprucht hatte, zurückerhalten. Darüber hinaus erklärte sich der Papst bereit, Heinrich zum Kaiser zu krönen. Der geheim ausgehandelte Vertrag sollte bei den Krönungsfeierlichkeiten am 12. Februar 1111 in der Peterskirche bekannt gegeben werden.

Diese Feierlichkeiten endeten jedoch in einem Tumult. Als das Ergebnis der Verhandlungen zwischen Papst und König bekannt gemacht wurde, das auf eine Preisgabe der weltlichen Machtposition der Geistlichen hinauslief, kam es zu lautstarken Protesten insbesondere auch unter den deutschen Bischöfen. Es zeigte sich, dass der Papst seine Zusagen aus dem ausgehandelten Vertrag nicht einhalten konnte. Heinrich reagierte darauf, indem er ihn in Haft nahm und mit einigen Kardinälen aus Rom entführte. Unter dem Druck der Gefangenschaft konnte er dem Papst hinsichtlich der Investitur weitgehende Zugeständnisse abringen, deren Gültigkeit später aber bestritten wurde, und ihn veranlassen, dass er ihn am 13. April 1111 in Rom schließlich doch noch zum Kaiser krönte.

Nach Deutschland zurückgekehrt, sah Heinrich V. sich mit einer Opposition der Fürsten konfrontiert, die er nicht zuletzt durch eigene unkluge Härte provoziert hatte. Unter Anführung von Lothar von Supplin-

burg (17) und Erzbischof Adalbertus von Mainz, der einst sein Vertrauter gewesen war, musste er im Kampf gegen sie 1115 eine schwere militärische Niederlage hinnehmen. Kirchliche Kreise im Umfeld des Papstes nutzten diese Schwächung der kaiserlichen Gewalt aus, um den Bann über Heinrich zu verhängen. Mithilfe verbliebener Parteigänger im Süden Deutschlands konnte er 1116 jedoch zu seinem zweiten Italienzug aufbrechen.

Hier trat er das zuvor vertraglich schon zugesicherte reiche Erbe der Mathilde von Tuszien (Toskana) an, wandte sich dann aber wieder nach Rom, wo er erneut, wenn auch wiederum erfolglos, Verhandlungen in Sachen Investitur aufnahm. Als Heinrich daraufhin einen Gegenpapst einsetzte, wurde er vom neuen Papst Gelasius II. (1118–1119) mit dem Bann belegt. Diese Schwächung nutzte wiederum die Fürstenopposition in Deutschland für ihre Zwecke, sodass Heinrich schnell in die Heimat zurückkehren musste, um dort seine Position zu sichern.

1119 wurde mit Calixtus II. (reg. 1119–1124) zwar ein unerbittlicher Gegner Heinrichs zum Papst gewählt. Da man unterdessen den Auseinandersetzungen allgemein jedoch überdrüssig geworden war, war der Druck auf die Parteien, sich zu einigen, erhöht. In ersten Verhandlungen wurde schon 1119 eine Annäherung der Standpunkte erreicht, ein definitiver Abschluss aber noch über mehrere Jahre verzögert. Erst am 23. September 1122, als auch innerhalb der deutschen Fürsten ein Konsens erzielt war, wurde in Gestalt des Wormser Konkordats

Relief in der Kaisergruft des Speyer Doms mit den Darstellungen der hier bestatteten Herrscher des Salierhauses Konrad II., Heinrich III., Heinrich IV. und Heinrich V.

eine Einigung für Deutschland erzielt. In diesem verfassungsgeschichtlich bedeutenden Vertrag wurden Kirchenamt und Kirchengut getrennt und sollten künftig je gesondert von der Kirche und vom König verliehen werden. Die Kirche erhielt für Bischöfe und Äbte kanonische und freie Wahl; zugleich wurden diese in der Folgezeit aber ganz in das Lehenssystem des Reiches hineingenommen. Heinrich V. wurde angesichts dieser Übereinkunft vom Bann gelöst. Der Investiturstreit, der ein halbes Jahrhundert Papsttum und Reich zentral beschäftigt hatte, war damit endlich beigelegt.

In seinen späten Regierungsjahren sah Heinrich V. sich mit dem anhaltenden Widerstand der Fürsten vor allem im Norden des Reiches konfrontiert, wo er seine Rechte nicht mehr durchzusetzen vermochte. Ein ungenügend vorbereiteter Feldzug nach Frankreich, den er im Jahr 1124 zur Unterstützung seines Schwiegervaters, König Heinrich I. von England, unternommen hatte, scheiterte kläglich.

Durch schwere Krankheit aufs Sterbelager geworfen, setzte Heinrich V., dem eigene Nachkommen versagt geblieben waren und mit dem die Salier daher ausstarben, 1125 seinen Neffen Friedrich II. von Staufen, Herzog von Schwaben, als seinen Erben ein. Ob sich das Erbe nur auf die ihm gehörenden Länder, den Allodialbesitz, beschränken, oder ob es auch den Königsthron umfassen sollte, das zu entscheiden, blieb den Königswählern vorbehalten. Im Dom zu Speyer fand Heinrich bei seinen drei kaiserlichen Vorvätern seine letzte Ruhestätte.

Grab Kaiser Heinrichs V. in der Kaisergruft im Speyer Dom

DAS HAUS SUPPLINBURG (1125–1137)

(17) Ks. Lothar III. von Supplinburg (1125–1137)

* Anfang Juni 1075, Kg. 1125, Ks. 1133,
† Breitenwang in Tirol 4.12.1137,
Grabstätte: Benediktinerabtei Königslutter

siehe Tafel 4, S. 82/83

Lothar entstammte einem seit langem in Sachsen verwurzelten Adelsgeschlecht. Die sächsischen Großen standen vielfach in Opposition zu den salischen Kaisern und erschwerten ihnen die Etablierung der kaiserlichen Zentralgewalt in Sachsen. Ludwigs Vater war 1075 wenige Tage nach der Geburt des Sohnes in der gegen Kaiser Heinrich IV. (15) geführten Schlacht an der Unstrut gefallen. Mehr als dreißig Jahre später war es dennoch ein Salier, der Lothar in eine entscheidende Machtposition brachte: Als das sächsische Geschlecht der Billunger ausstarb, glaubte Kaiser Heinrich V. (16) die Verhältnisse in Sachsen in seinem Sinne regeln zu können, indem er unter Umgehung der Schwiegersöhne des letzten Billungers die sächsische Herzogswürde an Lothar verlieh. Trotz dieser bedeutenden Rangerhöhung, die er dem Kaiser zu verdanken hatte, blieb Lothars Verhältnis zu Heinrich V. ambivalent und wechselte zwischen Aussöhnung und Gegnerschaft. Zeitweilig war Lothar einer der führenden Köpfe der gegen Heinrich gerichteten Adelsopposition. Durch verschiedene Erbschaf-

ten bedeutend gestärkt, gelang es ihm, seine Machtstellung in Sachsen so auszubauen, dass das Herzogtum dem salischen Kaisertum weitgehend entzogen war und er aus eigener Machtvollkommenheit Reichslehen an die Askanier und die Wettiner verlieh.

Als die Salier 1125 mit Heinrich V. ausstarben, gab es unter den Fürsten eine bedeutende Gegnerschaft gegen die Verleihung der Königswürde an den Stauferherzog Friedrich II. von Schwaben, den Heinrich zum Erben seines Hausgutes eingesetzt hatte. Entscheidenden Einfluss auf die Königswahl nahm Erzbischof Adalbert von Mainz (reg. 1109–1137), der zunächst Kanzler Kaiser Heinrichs V. gewesen war, bevor er zu einem der schärfsten Gegner des Saliers wurde. So wählten die Fürsten 1125 Lothar, der mit dem salischen Haus in keiner Verwandtschaft stand, zum deutschen König. Dass seine Herrschaft ein Zwischenstadium sein würde, war von vornherein erwartet worden, da man bei dem damals fünfzig Jahre alten Herrscher nicht mehr mit der Geburt eines männlichen Thronfolgers zu rechnen hatte. Mit der Vermählung seiner Tochter Gertrud 1127 mit dem Bayernherzog Heinrich dem Schwarzen gewann Lothar zwar das mächtige Geschlecht der Welfen für sich, doch führte seine Königswahl selbstredend zu Spannungen mit den Staufern, die sich weigerten, das Reichsgut herauszugeben. Auch kriegerische Mittel versagten zunächst, im Ge-

Lothar III. von Supplinburg mit Gemahlin Richenza oder Heinrich der Löwe und seine Gemahlin, Krönungsbild im Evangeliar Heinrichs des Löwen, 12. Jh., Wolfenbüttel, Herzog August-Bibliothek, fol. 171v

genteil, die Staufer riefen 1127 den jüngeren Bruder von Herzog Friedrich, Konrad (18), sogar zum Gegenkönig aus. Erst 1130 begann sich das Blatt zugunsten Lothars zu wenden.

In diesem Jahr kam es bei der Papstwahl in Rom zur Doppelwahl: Innozenz II. und Anaklet II. standen sich entgegen. Während Anaklet sich bei den Normannen im Süden Italiens Rückhalt verschaffte, musste Innozenz nach Norditalien und Frankreich ausweichen, wo er in Bernhard von Clairvaux einen mächtigen Fürsprecher fand. Auch Lothar stellte sich gemeinsam mit den deutschen Bischöfen hinter Innozenz und traf sich mit ihm 1131 in Lüttich, wo er

ihm als Gegenleistung für die Kaiserkrönung die Rückführung nach Rom versprach. Seine Bemühungen, bei dieser Gelegenheit auch die Regelungen des Wormser Edikts von 1122 (vgl. oben Nr. 16) hinsichtlich des königlichen Investiturrechts zu revidieren, schlugen fehl.

Im Jahr 1132 begab Lothar sich auf seinen ersten Italienzug. Da er nur mit einem relativ kleinen Heer kam, war schon der Durchzug durch Norditalien schwierig. In Rom hatte sich Gegenpapst Anaklet festgesetzt; es gelang nicht, ihn aus der Peterskirche zu entfernen, sodass Lothars Krönung zum Kaiser am 4. Juni 1133 in der Laterankirche vorgenommen werden musste.

Kaisergrab Lothars von Supplinburg, Königslutter, Dom, an seiner Seite ruhen seine Gemahlin Richenza und Heinrich der Stolze

Nach Deutschland zurückgekehrt gelang ihm hier endgültig die Niederschlagung der staufischen Rebellion; Gegenkönig Konrad verzichtete 1135 auf seinen Titel. Auch im Nordosten gelang eine Stabilisierung der Herrschaft, indem Lothar u.a. Albrecht den Bären († 1170) mit der Nordmark belehnte. Gegenüber Dänemark, den Slawenstämmen, Polen und Böhmen vermochte er die Interessen des Reiches zu sichern. Auch gilt die Integration Sachsens, in dem sich die Reichsgewalt unter den Saliern nur schwer hatte behaupten können, als eine der größten Leistungen Lothars.

1136 brach er mit großem Heer zu seinem zweiten Italienzug auf, wo er im Verein mit Papst Innozenz II. bis nach Süditalien gegen die Normannen vorstieß. Dauerhafte Erfolge gegen die Normannen konnte er aber nicht erzielen. Auf der Rückreise nach Deutschland starb Lothar überraschend bei der Überquerung der Alpen 1137. Seinen Schwiegersohn, den Welfen Heinrich den Stolzen, hatte er in Italien in die mathildischen Güter in Tuszien eingesetzt, ihm das Herzogtum Sachsen übertragen und schließlich die Reichsinsignien anvertraut. Die damit offenbar beabsichtige Nachfolge auf dem Kaiserthron vermochte er ihm allerdings nicht zu sichern.

Stiftskirche Königslutter, benannt nach Lothar III.

DIE STAUFER UND DIE WELFEN (1138–1254/68)

Die Staufer waren ein aus Schwaben stammendes Adelsgeschlecht, dessen Anfänge bis in die erste Hälfte des 11. Jahrhunderts zurückreichen. Büren (heute Wäschenbeuren im Kreis Göppingen) war zunächst sein Stammsitz. Die entscheidende Rangerhöhung erfuhr das Geschlecht im Jahr 1079, als der schwäbische Herzog Rudolf von Rheinfelden sich gegen Kaiser Heinrich IV. (15) erhob und dieser die Herzogswürde daher auf die Staufer übertrug. Diese Aufwertung des Adelshauses unterstrich der Kaiser durch die Verheiratung seiner Tochter Agnes mit Friedrich von Staufen, dem Erbauer der Burg Hohenstaufen. Als die Salier 1125 ausstarben, erbte ein Sohn dieses Paares, der Kaiserneffe Friedrich II. das salische Hausgut. Bei der Nachfolge auf dem Kaiserthron wurden die Staufer zunächst jedoch übergangen und konnten sich erst nach dem Tod Kaiser Lothars III. von Supplinburg (17) durchsetzen. Lothar hatte jedoch die Welfen zu seinen Erben eingesetzt, sodass diese nun ebenfalls Ansprüche auf den Kaiserthron erhoben. Dies war der Ursprung des schweren Machtkonflikts zwischen den Staufern und den Welfen, der über weite Strecken zu einem Signum der Stauferherrschaft wurde. Mit Kaiser Friedrich I. Barbarossa (19) erlebte die staufische Macht ihren Höhepunkt. Mit dem Erbfall

Siziliens 1189 verlagerte sich ihr Schwerpunkt in den unteritalienischen Normannenstaat. Die Epoche Friedrichs II. (23) war ebenso glanzvoll wie von großen Konflikten insbesondere mit dem Papsttum überschattet. Die Gegner der Staufer, an ihrer Spitze der Papst, betrieben schließlich die Vernichtung der Dynastie. Mit der Enthauptung des letzten legitimen Sprosses der Familie, Konradin (24), 1268 in Neapel erreichten sie ihr Ziel.

(18) Kg. Konrad III.
(1138–1152)
* 1093, Kg. 1138,
† Bamberg 15.2.1152, Grabstätte: Dom zu Bamberg (Ostkrypta)

Die beiden Staufer Herzog Friedrich II. von Schwaben und sein jüngerer Bruder Konrad waren enge

Konrad III., Miniatur aus der Brüsseler Königschronik, um 1240

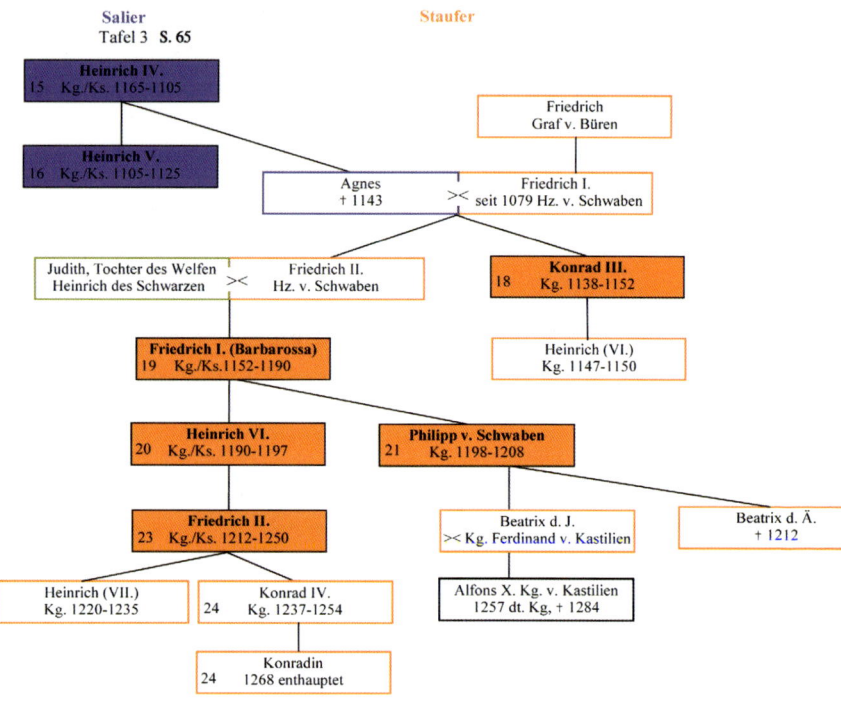

Salier
Tafel 3 **S. 65**

Staufer

Heinrich IV. 15 Kg./Ks. 1165–1105	
Heinrich V. 16 Kg./Ks. 1105–1125	Friedrich Graf v. Büren

Agnes † 1143 >< Friedrich I. seit 1079 Hz. v. Schwaben

Judith, Tochter des Welfen Heinrich des Schwarzen >< Friedrich II. Hz. v. Schwaben

Konrad III. 18 Kg. 1138–1152

Friedrich I. (Barbarossa) 19 Kg./Ks.1152–1190

Heinrich (VI.) Kg. 1147–1150

Heinrich VI. 20 Kg./Ks. 1190–1197

Philipp v. Schwaben 21 Kg. 1198–1208

Friedrich II. 23 Kg./Ks. 1212–1250

Beatrix d. J. >< Kg. Ferdinand v. Kastilien

Beatrix d. Ä. † 1212

Heinrich (VII.) Kg. 1220–1235

Konrad IV. 24 Kg. 1237–1254

Alfons X. Kg. v. Kastilien 1257 dt. Kg, † 1284

Konradin 24 1268 enthauptet

Gefolgsleute der Salier und nahmen für ihren Onkel Kaiser Heinrich V. (16), den Bruder ihrer Mutter Agnes, während seines Aufenthaltes in Italien seine Interessen in Deutschland wahr. Als Heinrich 1125 ohne Nachkommen starb, erbten die Staufer das salische Hausgut, wurden bei der Königswahl aber zugunsten Lothars von Supplinburg (17) übergangen. Im Laufe des daraufhin einsetzenden Thronstreits wurde Konrad von der staufischen Partei 1127 zum Gegenkönig erhoben. Konnten er und sein Bruder König Lothar, der unterdessen von den Welfen Unterstützung erfuhr, zunächst standhalten, so mussten sie bald schon nachgeben und Konrad war 1135 gezwungen, den Titel eines Königs abzulegen. Mit dem Tod Lothars zwei Jahre später ergab sich eine neue Chance. Erz-

bischof Albero von Trier, zu dem Konrad gute Beziehungen unterhielt, wurde zum Königsmacher. Er nutzte die Vakanz auf dem Mainzer Bischofsstuhl und bewog mit Billigung von Papst Innozenz II. unter Ausschaltung der Welfen Anfang 1138 einen Kreis einschlägig interessierter Fürsten, Konrad zum König zu wählen. Heinrich der Stolze, der welfische Schwiegersohn Kaiser Lothars, dem dieser die Reichsinsignien übergeben hatte, konnte sich um seine Option auf den Kaiserthron betrogen fühlen. Dennoch gelang es, Konrad die allgemeine Anerkennung zu verschaffen. Heinrich der Stolze wurde unter ungeklärten Umständen zur Herausgabe der Reichsinsignien bewogen, doch verweigerte er dem neuen König Treueid und Mannschaft. Vor allem verlangte man von Hein-

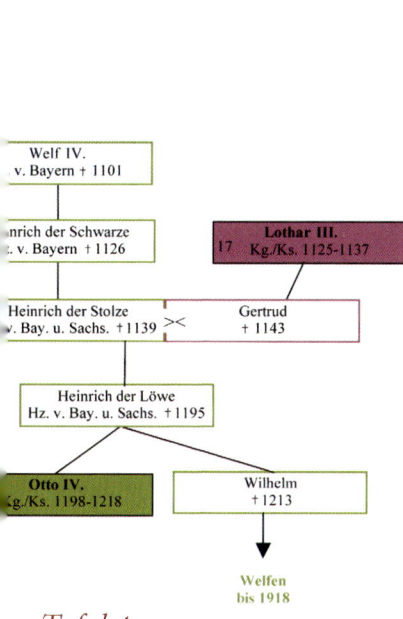

Welfen (Este)   Supplinburg

Welf IV.
v. Bayern † 1101

nrich der Schwarze
. v. Bayern † 1126

17 **Lothar III.**
Kg./Ks. 1125-1137

Heinrich der Stolze
v. Bay. u. Sachs. †1139   Gertrud
+ 1143

Heinrich der Löwe
Hz. v. Bay. u. Sachs. †1195

Otto IV.
g./Ks. 1198-1218   Wilhelm
† 1213

Welfen
bis 1918

Tafel 4
Die Staufer und die Welfen

rich, eines der beiden Herzogtümer, Sachsen oder Bayern, die ihm unterstanden, herauszugeben. Seine Weigerung, dies zu tun, brachte ihm Reichsacht ein. Auch die Markgrafschaft Tuszien wurde ihm aberkannt. Der staufisch-welfische Gegensatz war damit unübersehbar. Die Ansprüche der Welfen gleichermaßen auf Bayern wie auf Sachsen wurden von der Familie in den folgenden Jahren auch über den Tod Heinrichs des Stolzen hinaus mit Macht und manch kriegerischem Händel gegen König Konrad und seine Partei verteidigt. Der Sohn Heinrichs, Heinrich der Löwe, erhielt später Sachsen zugesprochen.

Von besonderer außenpolitischer Bedeutung war Byzanz, das Konrad als Bündnispartner gegen die Normannen im Süden Italiens zu gewinnen versuchte. 1146 festigte er diese Beziehung durch die Ehe seiner Schwägerin Bertha von Sulzbach mit Kaiser Manuel I. Komnenos; Bertha erhielt in Konstantinopel den Namen Irene. Die 1140er-Jahre standen unter dem Zeichen neuer Bedrohungen für die Kreuzfahrerstaaten. Es erschallte daher der Ruf nach einem zweiten Kreuzzug – auch in Deutschland machtvoll propagiert durch Bernhard von Clairvaux, den Konrad III. am Weihnachtstag 1146 im Dom zu Speyer predigen hörte. Vor seinem Aufbruch ins heilige Land versuchte Konrad die Angelegenheiten im Reich zu regeln, indem er 1147 seinen zehnjährigen Sohn Heinrich zum Nachfolger wählen, einen allgemeinen Reichsfrieden verkünden und die welfische Frage vertragen ließ. Danach brach Konrad III. zum Kreuzzug auf, dem sich auch König Ludwig VII. von Frankreich anschloss. Bereits auf dem Marsch durch Kleinasien kam das Unternehmen ins Stocken. Konrad erreichte zwar das Heilige Land, konnte aber wegen zu großer Uneinigkeit in den Kreuzfahrerheeren nichts ausrichten. 1149 nach Deutschland zurückgekehrt, hatte Konrad III. sich wieder der Auseinandersetzung mit den Welfen um ihre Ansprüche auf Bayern zu stellen. Den geplanten Italienzug, der ihm die Kaiserkrone hätte bringen sollen, konnte er nicht mehr realisieren. Konrad III. starb 1152 in Bamberg, wo er auch begraben wurde. Da sein zum König erhobener Sohn Heinrich ebenfalls schon gestorben war, bestimmte er seinen Neffen, Herzog Friedrich III. (Barbarossa) (19) zu seinem Nachfolger.

(19) Ks. Friedrich I. (Barbarossa) (1152–1190)

* 20.–23.12 (?) 1122, Kg. 1152,
Ks. 1155,
† ertrunken im Fluss Saleph in Kleinasien 10.6.1190; Grabstätte: Fleisch in der Kathedrale St. Peter in Antiochia, Herz und Eingeweide in Tarsus, Gebeine in der Kathedrale in Tyrus, ihre Beisetzung in Jerusalem war vorgesehen.

Da Konrads III. (18) jüngster Sohn bei seinem Tod noch minderjährig war, designierte der sterbende König seinen Neffen Herzog Friedrich III. von Schwaben, der sich als junger Fürst schon verschiedentlich bewährt hatte, zu seinem Nachfolger. Friedrich galt als scharfsinnig, durchsetzungsfähig, politisch sehr begabt, auch als leutselig, großzügig und gerechtigkeitsliebend. Sein rötlicher Bart trug ihm später bei den Italienern den Namen ein, unter dem er allgemein bekannt geworden ist: „Barbarossa". Da er dank seiner Mutter Judith, Tochter Heinrichs des Schwarzen, zur Hälfte auch welfischer Herkunft und damit ein Vetter des später sehr mächtig gewordenen Heinrich des Löwen (ca. 1129–1195) war, bestand Aussicht, dass ihm ein Ausgleich des staufisch-welfischen Gegensatzes gelingen könnte. Nach seiner einmütigen Wahl zum König 1152 lässt sich zunächst eine Begünstigung der welfischen Verwandten feststellen; im Nordosten und im Herzogtum Sachsen ließ er Heinrich dem Löwen freie Hand, sodass dieser dort eine machtvolle Stellung entfalten konnte und sich für mehr als zwanzig Jahre loyal gegenüber Friedrich verhielt.

Um die Kaiserkrönung zu erlangen, versprach Friedrich Papst Eugen III. im Vertrag von Konstanz Unterstützung gegen die Normannen und die stadtrömische Bewegung, die dem Kirchenoberhaupt beide zusetzten. Als Friedrich zu diesem Zweck 1154 erstmals nach Italien aufbrach, sah er sich zunächst mit den oberitalienischen Städten, insbesondere Mailand, konfrontiert, die zu einem größeren Maß an Selbstständigkeit gefunden hatten. Die lombardische Städtebewegung sollte dauerhaft ein ernst zu nehmender Machtfaktor in seiner Italienpolitik bleiben. Auf dem Weg nach Rom besuchte er im Mai 1155 in Bologna die berühmte Rechtsschule, in der das Römische Recht gelehrt wurde, und erließ wahrscheinlich bei dieser Gelegenheit jenes älteste Universitätsprivileg, das die Professoren unter besonderen Schutz stellte. Die Kaiserkrönung durch den Papst in Rom am 18. Juni 1155 war nur dank militärischer Sicherung gegen den Widerstand der stadtrömischen Bewegung zu erlangen. Auch die Austarierung des Verhältnisses von Kaiser und Papst blieb prekär. Der dem Papst versprochene Feldzug gegen die Normannen ließ sich nicht realisieren. Schon kurze Zeit später begann sich in Süditalien das Blatt zu wenden, als der Papst 1156 mit dem den Kirchenstaat bedrohenden Normannenkönig Wilhelm I. dauerhaft Frieden schloss.
Zurück in Deutschland vollzog Friedrich 1156 eine Teilung Bayerns, indem er den östlichen Teil, Österreich, abtrennte, zum Herzogtum erhob und mit besonderen Privilegi-

Das Reich der Staufer 1125–1254

en ausstattete. Damit fand er die Babenberger ab, die zwischenzeitlich (1139–1156) mit Bayern belehnt waren, während es schon zuvor beschlossen war, dieses wieder an die Welfen und damit zusätzlich zu seinem Besitz in Sachsen an Heinrich den Löwen zu übergeben. Der Einflussbereich dieses mächtigen Vasallen des Kaisers wurde damit eminent vergrößert. 1158 wurde Heinrich zum Gründer von München.

Durch Heirat mit Beatrix von Burgund 1156 konnte Friedrich Burgund und die Provence als Familiengut sichern. Beatrix schenkte ihm darüber hinaus zwölf Kinder. Auch Friedrichs zweiter Italienzug 1158 bis 1162 galt der Festigung seiner Macht vor allem in Reichsitalien: der Kaiser wollte die Reichsgewalt insbesondere hinsichtlich alter Regalien gegenüber den lombardischen Städten, so vor allem gegenüber Mailand, das er militärisch einnahm und später zerstören ließ, durchsetzen. Der bedeutende Zuwachs an Einnahmen, der mit diesem Vorgehen für ihn verbunden war, kollidierte jedoch mit den Autonomiebestrebungen der Städte.

Dieser schwierige Konflikt tangierte auch das fragile Verhältnis Friedrichs zum Papsttum, mit dem es wegen Rang- und Machtfragen ohnehin immer wieder zu Auseinandersetzungen gekommen war. So

Grabmal Heinrichs des Löwen und seiner Gemahlin Mathilde im Braunschweiger Dom, vor 1250

erhoben die Kardinäle 1159 mit Alexander III. (Regierung bis 1181) einen Mann zum Papst, der sich hinter die mit Friedrich verfeindeten lombardischen Städte stellte, während eine deutschfreundliche Partei mit Viktor IV. einen Gegenpapst benannte. Damit war ein Schisma entstanden, das achtzehn Jahre lang währen sollte und in das in wechselnden Bündnissen auch Frankreich und England hineingezogen wurden. Paschalis III., der 1164 dem verstorbenen Viktor IV. als deutschfreundlicher Gegenpapst nachfolgte, sprach im Jahr 1165 in Aachen Kaiser Karl den Großen, in dessen Herrschaftradition Barbarossa sich stellte, heilig. 1166 suchte Friedrich die Entscheidung in der Papstfrage in Italien und marschierte mit großem Aufgebot nach Rom, wo es zunächst gelang, Alexander III. zu vertreiben und Paschalis III. zu inthronisieren. Dieser glänzende Erfolg wurde jäh zunichtegemacht, als eine katastrophale Malariaepidemie die kaiserlichen Truppen befiel und Friedrich zum schnellen Rückzug nach Norditalien zwang. Hier erhoben sich – unterdessen zum Bund vereint – die lombardischen Städte mit dem Ziel, ihre alten kommunalen Freiheiten wieder herzustellen, gegen den Kaiser. Friedrichs dritter Italienzug endete damit im Fiasko.

In Deutschland hingegen konnte er seine Stellung zielstrebig ausbauen, ließ seinen Sohn Heinrich (20) 1169 zum König wählen und bemühte sich, durch Städtegründungen und den Einsatz von Reichsministerialen in der Verwaltung eine geschlossene Königslandschaft herzustellen. Ein erneuter Versuch, in den Jahren 1174/75 die Situation in Italien, insbesondere das Papstschisma militärisch zu entscheiden, misslang. Als Friedrich infolge dieser Bemühungen 1176 in Chiavenna seinen Vetter Heinrich den Löwen um Waffenhilfe bat, verweigerte sich dieser ihm; Heinrich hatte als Gegenleistung für einen solchen Dienst das wegen seines Silberreichtums bedeutende Goslar verlangt, was Friedrich trotz seiner aktuellen militärischen Notlage nicht zu geben bereit gewesen war. Dieses erpresserische Ansinnen Heinrichs war der Beginn des Bruchs zwischen dem Staufer und dem Welfen, der in der Folge die Deutschlandpolitik noch schwer belasten sollte. Wegen der ausgebliebenen militärischen Unterstützung scheiterte die kaiserliche Rekuperationspolitik in Italien endgültig; Friedrich war gezwungen, die Machtfragen auf dem Verhandlungswege zu lösen: Er musste Alexander III. als Papst anerkennen und auf verschiedene Besitzungen verzichten. Immerhin gelang es ihm, die lombardischen Städte, mit denen ein Waffenstillstand vereinbart wurde, zu isolieren. Auf dem Rückzug nach Deutschland empfing er 1178 in Arles die burgundische Königskrone.

Kopfreliquiar Friedrichs I., sog. Cappenberger Barbarossa-Kopf, um 1160

Die Jahre 1080/81 brachten den Fall Heinrichs des Löwen. Als Herzog von Bayern und Sachsen hatte er mit Unterstützung Kaiser Friedrichs eine außergewöhnlich mächtige, fast königsgleiche Stellung erworben und seinen Herrschaftsbereich nach Norden hin arrondiert (Gründung Lübecks 1159 und Schwerins 1160). Hatte Friedrich ihn bislang gehalten, so milderte er unter dem Eindruck der Waffenverweigerung in Chiavenna neuerliche Klagen seiner Gegner wegen Landfriedensbruchs

Sog. Barbarossapfalz in Gelnhausen, ab 1170

Kaiser Friedrich I. Barbarossa mit seinen Söhnen König Heinrich VI. und Herzog Friedrich V. von Schwaben, Miniatur aus der Welfenchronik des Klosters Weingarten, um 1185, fol. 14r, Fulda, Hochschul- und Landesbibliothek

jetzt nicht mehr ab. Dies leitete sukzessive Heinrichs Niedergang ein, der am Ende zum Verlust seiner Lehen führte. Bayern und Sachsen wurden in kleinere Territorien geteilt und an andere Fürsten vergeben (so u.a. Bayern an die Wittelsbacher). Heinrich blieb nur sein Allodialbesitz in Lüneburg und Braunschweig, das er zur Residenz ausgebaut hatte. 1182 war er gezwungen, sich ins Exil zum König von England zu begeben, mit dessen Tochter er verheiratet war.

1183 gelang im Frieden von Piacenza und Konstanz die Aussöhnung mit den lombardischen Städten. Diese konnten ihre innere Autonomie und ihren Bund behaupten, der Kaiser die formelle Oberhoheit. Die Regalien blieben den Städten erhal-

ten, sie mussten sie zum Teil jedoch durch hohe Summen ablösen. Grundlegend verändert wurden auch die politischen Verhältnisse im Süden Italien, als Barbarossas Sohn, König Heinrich VI. (20) sich 1184 mit der elf Jahre älteren Konstanze aus der Normannendynastie verlobte. Konstanze war die Tante des sizilianischen Königs Wilhelm II. Dass diese so erlangte Beilegung des staufisch-sizilianischen Konflikts dereinst sogar in die politische Vereinigung der beiden Reiche münden würde, war damals noch nicht absehbar.

Als im Jahr 1187 Sultan Saladin Jerusalem einnahm, brach in Europa eine neue Kreuzzugsbegeisterung aus. Während Kaisersohn Heinrich in Deutschland die Regentschaft übernahm, brach 1189 unter Führung Barbarossas ein großes Herr zum dritten Kreuzzug in den Orient auf. Friedrich mag darin die Erfüllung seines Lebens erblickt haben. Nach mancherlei Schwierigkeiten, insbesondere mit Byzanz, durchschritten die Truppen Kleinasien. Hier fand Kaiser Barbarossa am 10. Juni 1190, als er in dem Fluss Saleph ein erfrischendes Bad nehmen wollte, unerwartet den Tod.

Mit Friedrich Barbarossa, dessen lange Regierungszeit von Pragmatismus und vielen klug errungenen Erfolgen gekennzeichnet war, hatte das mittelalterliche Kaisertum einen Höhepunkt erreicht. Nicht von ungefähr konnte sich um ihn später die Sage ranken, er schlafe im Kyffhäuser in Thüringen, werde eines Tages erwachen und die alte entschwundene Kaiserherrlichkeit wieder erneuern.

(20) Ks. Heinrich VI.
(1190–1197)
* Nimwegen Ende 1165, Kg. 1169,
Ks. 1191,
† 28.9.1197 in Messina, Grabstätte:
Dom zu Palermo

*Kaiser Heinrich VI., Miniatur aus der
Großen Heidelberger Liederhandschrift
(Codex Manesse), um 1310–1340*

Heinrich VI. war von seinem Vater Friedrich Barbarossa (19) unter Umgehung eines kränklichen älteren Bruders im vierten Lebensjahr als König inthronisiert worden und stand damit schon in früher Kindheit als Nachfolger fest. 1186 heiratete er die elf Jahre ältere Konstanze, Tochter von König Roger II. von Sizilien. Schon früh wurde er mit Regierungsaufgaben betraut und übernahm daher auch die Regentschaft über Deutschland, als sein Vater 1189 zu jenem Kreuzzug aufbrach, von dem er nicht mehr wiederkehren sollte. In dieser Zeit sah Heinrich sich mit dem Auftreten Heinrichs des Löwen (siehe Nr. 19) konfrontiert, der entgegen seinem Versprechen aus dem Exil in England zurückgekehrt war und versuchte, seine alte überragende Machtposition im Reich wieder zu restituieren. Heinrichs militärisches Vorgehen gegen den großen welfischen Rivalen führte zunächst nicht zum Erfolg. Er musste sich schließlich mit ihm vergleichen als er Nachricht erhielt, dass durch den Tod König Wilhelms II. von Sizilien 1189 im Süden der Erbfall für ihn und seine aus der Normannendynastie abstammende Frau eingetreten war, und er daher nach Italien aufbrechen musste. Da seine Abreise durch den plötzlichen Tod seines Vaters 1190 noch verzögert wurde, veränderte sich die Lage in Süditali-

en immer mehr zu seinen Ungunsten. Eine sizilianische Nationalpartei hatte den unehelich geborenen Halbbruder des verstorbenen Königs, Graf Tankred von Lecce, zum König erhoben und darin auch Unterstützung durch Papst Clemens III. erfahren. Entsprechend schwierig gestaltete sich der Italienzug König Heinrichs. Auch der Nachfolger auf dem Stuhl Petri, Cölestin III. (reg. 1191–1198), betrachtete die sich abzeichnende Vereinigung Siziliens mit dem Reich, die den Kirchenstaat umschließen würde, mit Argwohn und zögerte die bevorstehende Krönung Heinrichs zum Kaiser hinaus. Sie fand am 14. April 1191 in Rom statt. Ein sich anschließender Feldzug weiter nach Süden blieb ohne Erfolg; Heinrich konnte seine Erbansprüche auf Sizilien zunächst nicht realisieren. Stattdessen wurde seine Ehefrau Konstanze von der sizilianischen Gegenpartei gefangen genommen, und der Papst wertete König Tankred auf, indem er ihn mit Sizilien belehnte, obwohl der Kaiser die Lehenshoheit für sich beanspruchte. Heinrich musste unverrichteter Dinge den Rückzug nach Deutschland antreten.

Hier sah er sich erneut mit der welfischen Opposition konfrontiert, die sich auch auf andere Fürsten ausweitete, als er bei der Besetzung des Bistums Lüttich unglücklich agierte. Diese mächtige inländische Gegnerschaft klang ab, als durch einen Zufall der englische König Richard Löwenherz gefangen genommen werden konnte, der auf dem Rückweg vom Kreuzzug Schiffbruch erlitten hatte und daher versuchen musste, heimlich auf dem Landweg in seine Heimat zu gelangen. Heinrich konnte für seine Freilassung ein hohes Lösegeld, das ihm einen neuen Italienzug ermöglichte, und Lehensleistungen erwirken. Die Auflösung der Fürstenopposition führte 1194 schließlich zur Aussöhnung mit Heinrich dem Löwen.

So konnte Heinrich im Mai 1194 erneut nach Italien aufbrechen. Da der sizilianische Gegenkönig, Tankred, kurz zuvor verstorben war, gelang die Eroberung Siziliens jetzt ohne Mühe. Heinrich zog in Palermo ein, wo er am Weihnachtstag 1194 die Königskrone empfing. Am Tag danach gebar ihm Konstanze den ersehnten Thronfolger, den späteren Kaiser Friedrich II. (23) Seine Frau setzte er als Abkömmling der Normannendynastie als Regentin über Sizilien ein und beließ den gemeinsamen Sohn bei ihr. Dann kehr-

Reste der Pfalz in Nimwegen (Geburtsort Kaiser Heinrichs VI.) mit Doppelkapelle St. Martin, um 1160

te er nach Deutschland zurück, wohin er den großen Normannenschatz und aus Sicherheitsgründen den unmündigen Sohn König Tankreds mitnahm.

In Deutschland gelang ihm die Stabilisierung der Haus- und Reichsgüter. Auch außenpolitisch hatte er Erfolge zu verzeichnen, etwa indem er Byzanz zu Tributzahlungen zu nötigen verstand. Als er den Plan für einen neuen Kreuzzug fasste, begann er sich vorab um die Sicherung seiner Nachfolge zu bemühen. Zu diesem Zweck versuchte er, das Reich analog der westlichen Monarchien in ein Erbreich umzuformen, an dem sein Haus das Erbrecht hätte. Den weltlichen Fürsten, die dafür ihr Wahlrecht zu opfern hatten, stellte er dafür die Erblichkeit ihrer Lehen in Aussicht, den geistlichen Fürsten den Verzicht auf sein Spolienrecht (Heimfall des persönlichen Nachlasses). Waren die Fürsten diesem Plan gegenüber zunächst aufgeschlossen, so verweigerten sie 1196 schließlich die Zustimmung, nachdem es Heinrich nicht gelungen war, auch den Papst dafür zu gewinnen. Allerdings waren sie bereit, den damals zweijährigen Sohn Heinrichs, Friedrich II., zum römischen König zu wählen.

1197 musste Heinrich eine Verschwörung in Sizilien niederwerfen. Mitten in den Vorbereitungen für den geplanten Kreuzzug erkrankte er an Malaria und starb knapp zweiunddreißigjährig am 28. September 1197 in Messina. In der Kathedrale von Palermo fand er seine letzte Ruhestätte.

Mit dem frühen Tod Kaiser Heinrichs VI. war eine Phase der inneren Stabilisierung Deutschlands und seiner Behauptung nach außen jäh abgebrochen. Das staufische Großreich zerfiel.

(21) Kg. Philipp von Schwaben (1198–1208)
* 1176/77, Kg. 1198,
† (ermordet) Bamberg 21.6.1208,
Grabstätte: Dom zu Speyer

(22) Ks. Otto IV. von Braunschweig (1198–1218)
* in Sachsen (?) 1175/77, Kg. 1198 und 1208, Ks. 1209,
† auf der Harzburg 19.5.1218,
Grabstätte: Dom zu Braunschweig

Der plötzliche Tod Heinrichs VI. (20) führte zu einem erbitterten Kampf zwischen Staufern und Welfen um seine Nachfolge auf dem Kaiserthron. Der 1196 in Frankfurt zum Thronfolger gewählte Sohn Heinrichs, Friedrich (23), war als dreijähriger Knabe noch nicht regierungsfähig. Wohl versuchte sein Onkel Philipp, Herzog von Schwaben, ihn aus dem unruhigen Süditalien, wo er sich zuletzt aufhielt, nach Deutschland zu holen, um hier das staufische Königtum zu sichern. Friedrichs Mutter aber, Kaiserin Konstanze, verweigerte sich diesem Interesse. Sie war bestrebt, Friedrich deutschem Einfluss zu entziehen, ließ ihn nach Sizilien bringen, das sie als Erbtochter der Normannendynastie den Staufern eingebracht hatte, und wollte ihm dort die Herrschaft sichern. Philipp, der ursprünglich für die geistliche Laufbahn bestimmt war, musste so ersatzweise für seinen Neffen in Deutschland in die Herrschaftsfunktionen eintreten und wurde von Parteigängern der Staufer 1198 daher zum König erhoben.

Angesichts dieser inneren Widersprüche der staufischen Herrscherfamilie sahen nun auch die Welfen ihre Stunde gekommen. Unter Führung des Erzbischofs Adolf von Köln und unter Mithilfe des englischen Königs Richard Löwenherz – einem mächtigen Gegner der Staufer – wählte nur wenige Wochen später eine Minderheit der Fürsten den Sohn Heinrichs des Löwen (und Urenkel Kaiser Lothars, (17) Otto von Braunschweig, zum Gegenkönig.

Ein wesentlicher Anteil am Ausgang des Kräfteringens zwischen den beiden Königen kam dem Papst, Innozenz III. (reg. 1198–1216), zu. Die Schwächung der Staufer nutzte er, seinen territorialen Einfluss in Italien wieder auszuweiten und einen Keil zwischen Reichsitalien im Norden und dem Königreich Sizilien zu treiben. Während Otto sich dieser päpstlichen Politik nicht entgegenstellte, sahen die Staufer sich in ihren Interessen in Italien verletzt. Zudem stellten sich Frankreich hinter Philipp, Richard Löwenherz von England, der seinem Vater schon Asyl geboten hatte, hinter Otto. Papst Innozenz erkannte 1200/1201 zunächst Otto an, wofür dieser ihm durch eidliche Versicherung (Neußer Eide) eine Reihe politischer Zugeständnisse machte, die auf die Mehrung des päpstlichen Einflusses in Italien und in Sizilien hinausliefen. Der Anhang Philipps von Schwaben wurde mit dem Kirchenbann belegt.

Doch die Kräfteverhältnisse zwischen Staufern und Welfen in Deutschland blieben sehr wechselhaft; Unterstützer der beiden Könige liefen verschiedentlich von einer zur anderen Seite über, so unter anderem Erzbischof Adolf von Köln, der zunächst auf der Seite Ottos gestanden hatte, sich 1205 dann aber bereit erklärte, Philipp in der alten Königsstadt Aachen ein zweites Mal zu krönen (die erste Krönung hatte in Mainz stattgefunden) und so seine

Legitimität zu erhöhen. So änderten sich die Verhältnisse wenige Jahre später wieder zugunsten Philipps. Selbst mit Papst Innozenz, dem der Staufer diverse Zugeständnisse machte, kam es zur Annäherung, sodass dieser bereit war, seinen bisherigen Favoriten, Otto, zum Einlenken zu bewegen. Der Papst löste Philipp vom Kirchenbann und bereitete schließlich seine Anerkennung vor. 1207 kam es zu einem Waffenstillstand zwischen Staufern und Welfen, der durch die Verlobung Ottos mit der Tochter Philipps, Beatrix, bestärkt wurde. Zum Thronverzicht wollte Otto sich aber trotz verschiedentlich angebotener Kompensationen nicht bewegen lassen.

Kurz bevor sich die Waage endgültig zugunsten Philipps neigte, kam es zu einer überraschenden Wende. Philipp wurde am 21. Juni 1208 in Bamberg Opfer eines Privatracheaktes des Wittelsbacher Pfalzgrafen Otto.

Außer dem unterdessen dreizehnjährigen Friedrich in Sizilien war damit kein Staufer mehr vorhanden.

Kaisergruft im Dom zu Speyer

Ihre Parteigänger entschieden sich daher überraschend schnell für Otto, der wenige Monate nach dem Mord an Philipp bei einer (Nach-) Wahl in Frankfurt einmütig bestätigt wurde. Zusätzliche Legitimation verschaffte ihm die Heirat mit seiner Verlobten Beatrix, der Tochter des umgekommenen Rivalen, im Jahr darauf. Der Unterstützung durch Papst Innozenz versicherte Otto sich durch eine Reihe weitreichender Versprechungen, zu der neben speziell kirchenpolitischen Zugeständnissen unter anderem auch die Anerkennung der päpstlichen Lehensherrschaft über Sizilien gehörte.

Ließ der Papst sich so am 4. Oktober 1209 für die Krönung Ottos zum Kaiser gewinnen, so hielt dieser sich im Folgenden nicht an die von ihm gegebenen politischen Zusagen. Otto wandte sich 1210 nach Süditalien, um in Sizilien einzumarschieren. Da diese Aktion den Interessen des Papstes und Absprachen mit ihm widersprach, verhängte Innozenz III. den Bann nun über Otto und vermochte mit Unterstützung des französischen Königs eine Reihe deutscher Fürsten dazu zu bewegen, im September 1211 eine Gegenmacht gegen Otto aufzubauen, indem diese auf einer Versammlung in Nürnberg den in Sizilien weilenden Staufer Friedrich (23) als künftigen Kaiser wählten.

Otto war damit gezwungen, seinen Feldzug im Süden abzubrechen und nach Deutschland zurückzukehren, wohin auch Friedrich bald aufbrach. Während dieser sich in Frankfurt am 5. Dezember 1212 noch einmal formell zum König wählen und anschließend in Mainz krönen ließ,

Reichsschwert mit Reichsadler und dem Wappen Kaiser Ottos IV. auf dem Knauf, Klinge aus Stahl, Knauf und Parierstange schwach vergoldet, Griff mit Silberdraht umwickelt, zwischen 1198 und 1218, Wien, Kunsthistorisches Museum, Weltliche Schatzkammer

bahnten sich in der europäischen Politik militärische Konflikte an, die den Thronstreit in Deutschland entschieden. England, das die Welfen unterstützte, unterlag in einem Krieg mit Frankreich, das mit Friedrich verbündet war. Durch dieses Ereignis zerfiel Ottos Machtbasis im Kampf gegen Friedrich. Im Folgenden war er ganz auf seine braunschweigischen Besitzungen eingeschränkt, wo er 1218 in Isolation verstarb.

Seine unberechenbare Haltung gegenüber dem Papst und sein maßloses Abenteuer in Sizilien hatten die Welfen um ihre Chancen als Kaiserdynastie gebracht.

(23) Ks. Friedrich II.

(1212–1250)

* Jesi (Provinz Ancona)
26.12.1194, Kg. 1196 und 1212,
Ks. 1220,
† Castel Fiorentino bei Lucera
(Provinz Foggia) 13.12.1250, Grab-
stätte: Dom zu Palermo, Herz im
Dom zu Foggia

Kaiser Friedrich II. ist unter den Herrscherfiguren des Mittelalters die rätselhafteste und widersprüchlichste. Bereits zu Lebzeiten entzündeten sich an seiner Person extrem polarisierte Ansichten. Vor dem Hintergrund der seinerzeit allgemein verbreiteten Vorstellung, in einer welt- und heilsgeschichtlichen Endzeit zu leben, war er für seine Gegner, vor allem die Päpste, die Personifizierung des Antichristen und der apokalyptischen Bestien, während seine Anhänger in seinem außerordentlichen Charisma messianische und christusähnliche Züge erblickten. Wie kaum ein anderer Herrscher hatte er hohe intellektuelle Begabungen, pflegte die Künste und die Wissenschaften und verfasste selbst ein Buch über die Vogelkunde. Sein Reich erstreckte sich von Sizilien bis nach Norddeutschland – Nietzsche beizeichnete ihn als „ersten Europäer". Unvoreingenommen pflegte er aber auch Kontakte zu Arabern und Juden und machte als König von Jerusalem Ambitionen auch im Orient geltend. Schon die Umstände der Geburt Friedrichs waren ungewöhnlich. Seine Mutter Konstanze empfing ihn nach neun kinderlosen Ehejahren im Alter von annähernd 40 Jahren, was – in der Rückschau nicht zuletzt

von Friedrich selbst – als Wunder gedeutet wurde. War er väterlicherseits Erbe des staufischen Hausgutes und durch die Wahl zum deutschen König bereits 1196 Aspirant auf den Kaiserthron, so hatte er über seine Mutter, Erbtochter der Normannendynastie, Anrecht auf das Königreich Sizilien. Als sein Vater, Heinrich VI. (20) im September 1197, als Friedrich noch keine drei Jahre alt war, in Messina überraschend starb, wurden die Aussichten auf das große Erbe allerdings fraglich, als seine Mutter Konstanze sich sofort auf ihr eigenes Erbteil, Sizilien, konzentrierte, und das Erbe ihres Mannes, das römische Reich, für ihren Sohn faktisch ausschlug. Sie ließ Friedrich nach Sizilien bringen und am Pfingsttag 1198 in Palermo im vierten Lebensjahr zum König von Sizilien krönen. Deutschem Einfluss versuchte sie ihn zu entziehen. Friedrich wuchs als Sizilianer heran.

Friedrich hatte sein viertes Lebensjahr noch nicht vollendet, als auch seine Mutter verstarb. Zum Vormund über ihren Sohn setzte sie mit Papst Innozenz III. (reg. 1198–1216) eine überaus tatkräftige Persönlichkeit ein. Ihm war vor allem daran gelegen, die Vorherrschaft der Kirche durchzusetzen und eine Umklammerung des Kirchenstaates durch die Staufer zu verhindern. Der Kaiserthron in Deutschland, der für den jungen Friedrich trotz seiner frühen Wahl zum deutschen König zunächst nicht erreichbar war, wurde unterdessen zum hart umkämpften Streitobjekt zwischen seinem Onkel, Philipp von Schwaben (21), und dessen welfischem Rivalen Otto von Braunschweig (22). Auch in Sizilien wurde Friedrich schutzlos zum Spielball verschiedener miteinander im Streit liegender Gruppierungen, was zu einer Verschleuderung des Krongutes führte. Misstrauen, Skrupellosigkeit und irrationale Leidenschaft, die sich als markante Persönlichkeitszüge Friedrichs formierten, dürften in diesen Erfahrungen ihre Wurzeln haben. Ebenso war er aber auch großzügig, liebenswürdig und gerechtigkeitsliebend. Vor allem aber weckte der kulturelle Schmelztiegel Siziliens, in dem sich italienische, griechische, arabische, jüdische und deutsche Einflüsse auf einzigartige Weise miteinander vermischten, jene große Neugierde, die ihn zu ungewöhnlicher Gelehrsamkeit führte.

Nach Abschluss des 14. Lebensjahres 1208 wurde Friedrich in die Volljährigkeit entlassen, heiratete auf Veranlassung des Papstes die Tochter König Alfons' II. von Aragón und war zunächst vollauf damit beschäftigt, die staatlichen Grundlagen seines Königtums in Sizilien, die sich während der lang anhaltenden Vormundschaftsregierung aufgelöst hatten, wieder herzustellen. Dass Friedrich seine Blicke schon bald nach Deutschland richtete, war dem welfischen Gegner des Stauferhauses, Otto IV. (22), zu verdanken. Otto hatte 1209 die Kaiserkrone erlangt und schickte sich nun überraschend an, Süditalien und Sizilien zu erobern und damit auch Friedrich existenziell zu bedrohen. Papst Innozenz, der – auch in eigenen Territorialinteressen verletzt – Otto bannte, vermochte daraufhin deutsche Fürsten zu veran-

Goldbulle Kaiser Friedrichs II., 1232

lassen, sich erneut für Friedrich als „zukünftigen Kaiser" auszusprechen. So war Otto gezwungen, seine Abenteuer in Süditalien abzubrechen und nach Deutschland zurückzukehren. Um sich um seine neu belebten Ansprüche in Deutschland kümmern zu können, ordnete Friedrich die Verhältnisse in seiner Heimat, indem er seinen kleinen Sohn Heinrich zum Nachfolger in Sizilien krönen ließ und dem päpstlichen Interesse, von territorialer Umklammerung frei zu bleiben, durch die staatsrechtliche Trennung Siziliens und des Reiches entgegenkam. 1212 begab er sich erstmals nach Deutschland, wo er mit Unterstützung des

Papstes und Frankreichs sowie staufischer Parteigänger schnell eine Machtbasis gegen Kaiser Otto aufbauen konnte. Am 5. Dezember 1212 wurde er in Frankfurt noch einmal zum König gewählt. Kriegerische Auseinandersetzungen zwischen Frankreich und England hatten 1214 Auswirkungen auf die Entscheidung des deutschen Thronstreites zugunsten Friedrichs; auch das berühmte Laterankonzil von 1215 erklärte Otto für abgesetzt, der 1218 politisch isoliert verstarb. Friedrich holte schließlich seinen Sohn Heinrich von Sizilien nach Deutschland und ließ ihn hier 1220 zum römischen König wählen. Damit brach er ein noch Papst Innozenz III. (gestorben 1216) gegebenes Versprechen, nach seiner Kaiserkrönung dem Sohn zur Wahrung der Kräfteverhältnisse Sizilien zu überlassen. Gegen das Gelübde für einen neuen Kreuzzuges ließ Innozenz' Nachfolger, Papst Honorius III. (1216–1227), Friedrich gewähren.

Glaubte er so in Deutschland die Nachfolge gesichert zu haben, wandte er sich 1220 wieder nach Süden. Fast sein ganzes weiteres Leben sollte sich dort abspielen, während er Deutschland nur zu zwei kurzen Aufenthalten zwischen 1235 und 1237 wieder betreten sollte. In Rom empfing er am 22. November 1220 die Kaiserkrone. Eine Reihe gegenseitiger Zugeständnisse führten für einige Jahre zu einer Kooperation zwischen Kaiser und Papst.

Daraufhin wandte Friedrich sich wieder nach Sizilien, wo er die während seiner langen Abwesenheit entstandene Anarchie zügig bekämpfte und zielstrebig neue, straff organisierte zentralstaatliche Strukturen von hohem Vorbildcharakter aufbaute.

1225 heiratete er Isabella von Brienne, Tochter Johanns von Brienne, des Königs von Jerusalem. Dadurch wurde sein bereits 1215 am Grab Karls des Großen (1) in Aachen gegebenes, dann aber immer wieder ausgesetztes Versprechen, einen Kreuzzug zu unternehmen, sehr viel dringlicher. 1127 brach er endlich ins Heilige Land auf, musste wegen des Ausbruchs einer verheerenden Seuche, von der er auch selbst befallen wurde, das Unternehmen jedoch abbrechen.

Unterdessen war mit Gregor IX. (reg. 1227–1241) – einem Neffen von Innozenz III. – ein neuer Papst gewählt worden, der in den groß angelegten Ambitionen Friedrichs II. eine Gefahr für die Kirche sah und der zur Konfrontation mit ihm bereit war. Gregor verübelte dem Kaiser den Abbruch des Kreuzzuges und belegte ihn mit dem Bann. Trotz dieser harten kirchlichen Strafe unternahm Friedrich 1228 einen erneuten Versuch, im Heiligen Land die Ordnung wiederherzustellen. Hier gelang ihm etwas Außerordentliches, als er auf dem Verhandlungsweg Sultan Al-Kamil zur Abtretung Jerusalems zu bewegen vermochte und er sich in der Folge eigenhändig zum König von Jerusalem krönte. Friedrich sah sich nun als Nachfolger König Davids und damit als Angehöriger des gleichen Hauses, dem auch Jesus entstammte. Den kirchlichen Autoritäten aber missfielen seine gerne gepflegten Kontakte zu den Arabern, denen er diesen außerordentlichen Erfolg

Kaiser Friedrich II. mit einem Falkner, Umzeichnung einer Miniatur aus dem Falkenbuch des Kaisers „De arte venandi cum avibus" („Über die Kunst, mit Vögeln zu jagen")

verdankte, darüber hinaus die heidnisch-antiken Anleihen, die er seiner Herrschervorstellung einverleibte, aber auch sein sonstiger freigeistiger und freizügiger Lebenswandel. Nur mühsam konnte er nach seiner Rückkehr nach Italien 1230 endlich die Aufhebung seiner Exkommunikation erreichen.

1231 trat Friedrich mit der Publikation der Konstitutionen von Melfi auch als bedeutender Gesetzgeber in der Tradition Justinians hervor. Hier lassen sich Züge eines „aufgeklärten Absolutismus" erkennen.

In die erste Hälfte der 1230er-Jahre fiel auch der Konflikt Friedrichs mit seinem Sohn, König Heinrich. Als Vertreter des Kaisers in Deutschland hatte dieser wohl aus Unerfahrenheit insbesondere gegenüber den Fürsten unglücklich agiert und damit politische Interessen seines Vaters verletzt. Die daraus resultierenden Spannungen wuchsen sich zu einer offenen Rebellion Heinrichs

aus, sodass Friedrich gezwungen war, sich persönlich nach Deutschland zu begeben. 1235 unterwarf er seinen Sohn, erkannte ihm die Königswürde ab und belegte ihn mit lebenslänglicher Haft, in der er sieben Jahre später umkam. Schon 1237 ließ Friedrich zur Sicherung seiner Nachfolge in Deutschland seinen Sohn Konrad als König wählen, der aber eingedenk seiner Erfahrungen mit Heinrich erst nach seinem Tod gekrönt werden sollte. Der Aufenthalt in Deutschland zeitigte noch weitere Ergebnisse: Friedrich verheiratete sich hier 1235 in vierter Ehe mit Isabella, der Schwester des englischen Königs. Diese Ehe war Grundlage für die nun endlich erreichte Aussöhnung mit den mit den Engländern verbündeten Welfen: Der Enkel Heinrichs des Löwen, Otto das Kind, wurde mit dem neu geschaffenen Herzogtum Braunschweig-Lüneburg belehnt. Schließlich trat Friedrich auch in Deutschland als Gesetzgeber hervor, indem er ein Landfriedensgesetz verkündete, das nach dem Muster seiner staatlichen Reformen in Sizilien insbesondere die Funktion des königlichen Gerichts neu strukturierte.

Probleme machten Friedrich – wie bereits seinem Großvater Barbarossa (19) – die Städte in Oberitalien. Seine Konzeption einer straffen Staatlichkeit war mit deren Streben nach kommunaler Selbstständigkeit als Grundlage für ihre große wirtschaftliche und kulturelle Blüte nicht vereinbar. Von Deutschland aus unternahm er in den Jahren 1236 und 1237 Reichsexekutionen gegen sie und besiegte sie schließlich mit auftrumpfender Geste. Friedrich stand auf dem Höhepunkt seiner Herrschaft. Doch machte er sich damit den Papst, der als Verbündeter der lombardischen Städte einmal mehr die Umklammerung fürchtete, nun unerbittlich zum Feind; 1239 belegte Gregor IX. ihn daher endgültig mit dem Bann.

Dieser Schritt leitete einen dramatischen Endkampf zwischen Papst und Kaiser ein, der von beiden Seiten mit allen Mitteln, propagandistischen sowohl wie politischen, militärischen, gewaltsamen, verschwörerischen und diplomatischen, betrieben wurde. Ein unerbittlich harter und wechselvoller Kampf zwischen den beiden Gewalten nahm seinen Lauf, der einen Höhepunkt erreichte, als der ins französische Exil geflohene Nachfolger Gregors, Papst Innozenz IV., 1245 unter dem Vorwurf des Meineids, des Friedensbruchs, der Gotteslästerung und der Ketzerei die Absetzung Friedrichs verkündete. 1246 und

1247 versuchte die päpstliche Partei in Deutschland mit Heinrich Raspe und Wilhelm von Holland zweimal, wenn auch ohne nennenswerten Erfolg, einen Gegenkönig gegen Friedrich zu installieren. Friedrich aber konnte sich in diesem mehr als zehn Jahre dauernden existentiellen Ringen allen Anfeindungen und wechselnden militärischen Konstellationen zum Trotz souverän behaupten. Inmitten dieses Kampfes starb Friedrich am 13. Dezember 1250 im Castel Fiorentino bei Lucera (Apulien). Sein Leichnam fand im Dom von Palermo, wo auch seine Eltern bestattet sind, seine letzte Ruhestätte. Die staufische Herrschaft, die mit Friedrich einen glanzvollen Höhepunkt erreicht hatte, stand damit vor ihrem Zusammenbruch.

(24) Die letzten Staufer

Mit dem Tod Kaiser Friedrichs II. (23) 1250 war eine tiefe Zäsur erreicht. Aus drei rechtmäßigen und einer morganatischen Ehe sowie aus mehreren freien Verbindungen hatte er eine beträchtliche Zahl legitimer und illegitimer Nachkommen. War sein Sohn Konrad aus seiner Ehe mit Isabella von Brienne bereits 1237 zum römischen König und damit zum künftigen Nachfolger für das Reich gewählt, so vermochte dieser nach dem Tod des Vaters gleichwohl nicht die Königskrönung und damit auch nicht die Erhebung zum Kaiser zu erlangen. Obwohl Konrad sich als tatkräftiger Politiker erwies, der nach Friedrichs Tod nicht ohne militärische Erfolge nach Italien zog, um das väterliche Erbe zu sichern, war es ihm nicht möglich, seine Ansprüche durchzusetzen. Der Papst, der auch ihn mit Exkommunikation belegte, erwies sich weiterhin als unversöhnlicher Gegner der Staufer. Bereits 1254 verstarb Konrad im Feldlager bei Lavello.

In Konkurrenz zu ihm war in Süditalien bereits sein Halbbruder Manfred – Sohn Friedrichs aus morganatischer Ehe – auf den Plan getreten. Er konnte sich zunächst in Sizilien etablieren, dessen Königskrone er 1258 annahm, und versuchte von dort aus einen italienischen Gesamtstaat zu begründen. Die Päpste, Urban IV. (reg. 1261–1264) und Clemens IV. (reg. 1264–1268), bauten jedoch eine Gegenmacht auf und belehnten 1265 Karl von Anjou, Bruder des französischen Königs, mit Sizilien. In der Schlacht von Benevent 1266 besiegte Karl seinen Rivalen, Manfred, der in den Kämpfen fiel. Der Tod Manfreds bedeutete das endgültige Ende der Stauferherrschaft in Italien.

Es folgten noch diverse Nachspiele. Der noch jugendliche Sohn König Konrads, der den gleichen Namen trug, von den Italienen aber Konradin genannt wurde, zog – von den Ghibellinen (den italienischen Parteigängern der Staufer) nach Italien gerufen – von Deutschland aus nach Süden und gelangte bis nach Rom. Kurze Zeit später, am 29. Oktober 1268, ereilte ihn das Schicksal, als er, in der Schlacht von Tagliacozzo von Karl von Anjou besiegt, in Neapel im Alter von sechzehn Jahren enthauptet wurde. Mit ihm starb der letzte legitime Erbe Friedrichs II. Andere Nachkommen aus illegiti-

König Konradin mit Friedrich von Baden auf der Falkenjagd. Miniatur aus der Großen Heidelberger Liederhandschrift (Codex Manesse), um 1310–1340

men Verbindungen endeten in Gefangenschaft oder wurden ebenfalls hingerichtet. Die Auslöschung des staufischen Hauses war total.

Während sich das französischstämmige Haus Anjou für fast zwei Jahrhunderte in Süditalien und das spanische Haus Aragón seit 1282 in Sizilien etablieren konnte, gerieten die Verhältnisse in Deutschland nach dem Ende der Staufer auf Jahre hinaus in einen Zustand der Unentschiedenheit, in dem schwache auswärtige Könige gegeneinander rivalisierten, bis im Jahre 1273 erstmals die Stunde der Habsburger schlug.

DIE HERRSCHER DES SPÄTMITTELALTERS (1273–1437)

Das Interregnum (1254–1273)

Nach dem Ende der Staufer blieben die Verhältnisse in Deutschland auf Jahre hinaus unübersichtlich. Konnte der noch gegen Kaiser Friedrich II. (23) im Jahre 1247 aufgestellte Gegenkönig, Wilhelm von Holland, seine Position nach dem Tod des Kaisers 1250 ver-

bessern, so kam er bereits 1256 bei einem Feldzug gegen die Friesen ums Leben. Bei der Bestimmung seines Nachfolgers kam es zur Doppelwahl und damit zur Lähmung. Mit Richard von Cromwell, einem Schwager Friedrichs II., und König Alfons X. von Kastilien, dem „Wei-

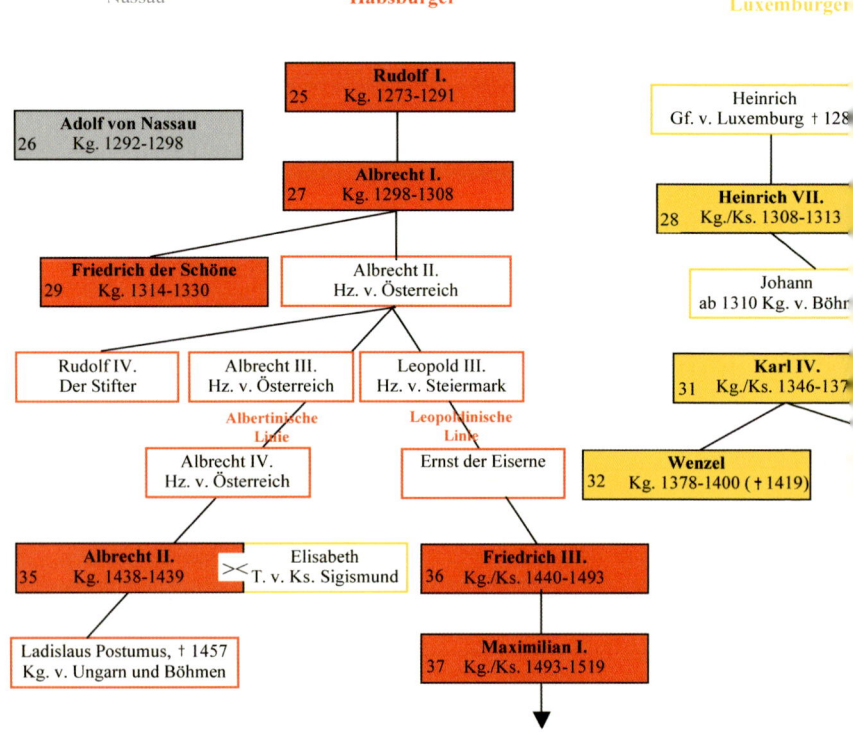

Fortsetzung Tafel 6 S. 134 f.

sen", einem Enkel König Philipps von Schwaben (21), hatten die Fürsten zwei Ausländer gewählt, die aber immerhin Verwandtschaft mit dem untergegangenen Kaiserhaus ins Feld führen konnten. Der erste, Richard, kam für vier Jahre ins linksrheinische Deutschland und wurde 1257 in Aachen auch gekrönt, letzterer, Alfons, hat Deutschland hingegen nie betreten. Wegen mangelnder Anwesenheit der Könige und aufgrund des Schismas blieb die königliche Macht in Deutschland inaktiv, sodass man für fast 20 Jahre de fakto ein Interregnum hatte, das

Friedrich Schiller später als „die schreckliche, die kaiserlose Zeit" charakterisierte. Dieses Vakuum nutzten vor allem die Fürsten und die Ritter zum Aus- und Aufbau ihrer Territorialmacht. Aber auch die Städte und ihre Bünde (etwa die Hanse) nutzten die Gunst der Stunde und entwickelten sich in Form der Reichsstädte zu jenen für Deutschland spezifischen urbanen Territorialgebilden, die bei hoher Autonomie im Inneren der königlichen Gewalt direkt unterstellt waren. In der Folge hatten die erstarkten Territorialfürsten, aber auch die

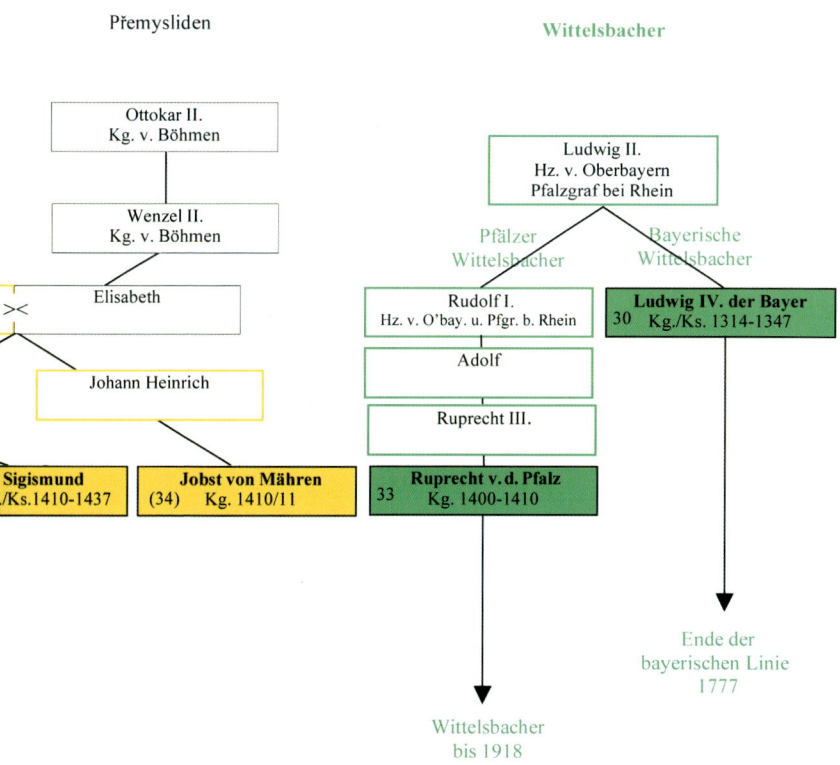

Tafel 5 Die Herrscher des Spätmittelalters

Städte einen großen Anteil an der inneren Machtverteilung im Reich und hemmten in Deutschland die Herausbildung einer starken königlichen Zentralmacht wie wir sie vor allem in Frankreich sehen. Durch stete „Verdichtung" (Peter Moraw) der Landesherrschaft erlangten sie in relativer Autonomie Landeshoheit und bildeten neben und mit dem König ein unverzichtbares Element und Fundament des alten deutschen Reiches.

Das Erstarken des Territorialfürstentums verschaffte sich ab 1273 vor allem auch in einer mehr als 150 Jahre dauernden Epoche Ausdruck, in der die königliche Macht mehrfach zwischen verschiedenen Dynastien, so vor allem zwischen den Habsburgern, den Wittelsbachern und den Luxemburgern, hin- und herwanderte. Mit diesen Herrschergeschlechtern verlagerte sich das Machtzentrum von der Rheinschiene, an der die Karolinger, Salier und Staufer angesiedelt waren, nach Österreich, Böhmen und Bayern und damit mehr nach Osten. Mit diesen „springenden" Wahlen haben die (kur-)fürstlichen Wähler die Ausbildung eines starken Erbkönig- und kaisertums verhindert. Auch war es nur vieren der zehn Könige dieser Epoche möglich, ihre Macht und ihr Ansehen durch Erlangen der Kaiserkrone zu erhöhen.

(25) Kg. Rudolf I.
(1273–1291)

* Schloss Limburg i. Breisgau
1.5.1218, Kg. 1273,
† Speyer 15.7.1291, Grabstätte:
Dom zu Speyer

Durch das lange Interregnum fehlte dem Reich seit Mitte des 13. Jahrhunderts eine starke Ordnungsmacht, sodass seine inneren Strukturen immer mehr verfielen. Von diesem Erosionsprozess war auch die Kirche betroffen, der aufgrund des vakanten Kaiserthrons ihr starker Schutzherr fehlte. Es war daher nicht zuletzt der Papst, der mit der eigenmächtigen Ernennung eines Kaisers drohte, wenn die deutschen Fürsten sich nicht bald zur Wahl eines Königs bereitfinden sollten. Als wahlberechtigt wurde mit den drei geistlichen Herren von Mainz, Köln und Trier und den vier weltlichen von Böhmen, der Pfalz, von Sachsen und von Brandenburg unterdessen ein Kreis von sieben Kurfürsten angesehen. Einstimmig (für den suspendierten König von Böhmen wählte ausnahmsweise der Herzog von Niederbayern) benannten diese am 1. Oktober 1273 in Frankfurt am Main den Grafen Rudolf IV. von Habsburg zum deutschen König und beendeten damit den lähmenden Zustand des Interregnums. Dass man mit Rudolf erstmals den Vertreter eines Geschlechts inthronisierte, das dereinst zum mächtigsten Herrscherhaus Europas aufsteigen sollte, ließ sich zu diesem Zeitpunkt nicht erahnen. Rudolf hatte damals nur den nichtfürstlichen Status eines Grafen, war aber doch im Elsass, woher seine Vorfahren stammten, in den mittelschweizer Gebieten, wo die Namen gebende Habichtsburg stand, sowie im Südschwarzwald und im Breisgau mit reichem Allodialbesitz ausgestattet. Von seinen Fähigkeiten zeugt eine spontane Äußerung des Bischofs von Basel, mit dem er damals in einer Fehde lag und der bei der Nachricht von der bevorstehenden Wahl Rudolfs ausgerufen haben soll: „Bleibe fest sitzen, Herrgott, sonst wird Rudolf deinen Platz einnehmen." Noch im Jahr seiner Wahl begann Rudolf bereits damit, seine Stellung durch Verheiratung seiner Kinder mit Angehörigen der weltlichen Kurfürstenhäuser gezielt aufzuwerten und abzusichern, sodass gegen Ende seiner Herrschaft zu allen vier Häusern verwandtschaftliche Beziehungen bestanden.

Schwierig war zu Beginn seines Königtums freilich das Verhältnis zu Böhmen und dessen König Ottokar II. Dieser hatte in den zurückliegenden zwanzig Jahren im Osten ein Großreich geschaffen und daher selbst Ansprüche auf das deutsche Königtum erhoben. Folgerichtig verweigerte er Rudolf deshalb auch die Anerkennung. Noch problematischer war freilich, dass er seine Herrschaftssphäre über Böhmen und Mähren hinaus auf die Länder Österreich, Steiermark, Kärnten und Krain ausgedehnt hatte. In deren Besitz hatte er sich während des Interregnums gebracht, nachdem die in Österreich regierenden Babenberger 1246 ausgestorben waren und er so – notdürftig abgesichert durch die Heirat mit einer Babenbergerin – in ein Machtvakuum hat-

Grabmal König Rudolfs I., Krypta im Dom zu Speyer

te vorstoßen können. Rudolfs Auftrag als König aber war es, die während des Interregnums vielfach entfremdeten Reiches- und Königsgüter wieder zurückzuerwerben. Er wollte somit auch die von Ottokar erworbenen Länder im Südosten wieder für das Reich vereinnahmen, wobei Ottokar zugutezuhalten ist, dass er diese Gebiete wie auch sein sonstiges Reich vorbildlich verwaltet hatte. Da Ottokar entsprechenden Aufforderungen der Fürsten des Reiches, die Gebiete wieder herauszugeben, nicht nachkam, wurde zunächst die Reichsacht über ihn verhängt und unter der Führung Rudolfs 1276 und 1278 zweimal militärisch gegen ihn vorgegangen. In der zweiten Schlacht, die bei Dürnkrut nordöstlich von Wien stattfand, wurde Ottokar endgültig geschlagen und er selbst Opfer eines Mordanschlags. Das von ihm errichtete Großreich zerfiel, Rudolf konnte Österreich und die anderen Gebiete als König wieder an sich nehmen und hielt sich daraufhin für mehrere Jahre selbst im Südosten des Reiches auf. Im Jahr 1282 belehnte er schließlich seine beiden Söhne Albrecht und Rudolf zunächst gemeinschaftlich mit Österreich, der Steiermark, Krain und der Windischen Mark (ein Jahr später auf Albrecht allein eingeschränkt); das Herzogtum Kärnten hatte zuvor bereits Meinhard II. von Tirol erhalten. Mit diesem folgenreichen Schritt fassten die Habsburger im deutschen Südosten Fuß und errichteten hier ihre eigentliche Hausmacht (ihre Herkunftsgebiete im Südwesten wurden später daraufhin mit dem bezeichnenden Namen „Vorderösterreich" belegt). Dies war der Beginn ihrer mehr als 600 Jahre (bis zum Jahr 1918) dauernden Herrschaft in Österreich und der territoriale Ausgangspunkt ihrer später ganz Europa umspannenden Ambitionen.

Zu Rudolfs Westpolitik gehörte es, dass er in zweiter Ehe Agnes von Burgund zur Frau nahm, um seine Ansprüche als König auf dieses Reich zu sichern; dennoch musste er dort 1289 militärisch intervenieren, um zu verhindern, dass es an Frankreich kam. Zu einem zu Beginn seiner Herrschaft ins Auge gefassten Romzug und der Krönung zum Kaiser kam es nicht.

König Rudolf erfreute sich ob seines schlichten Auftretens großer Beliebtheit im Volk. Frömmigkeit, Klugheit und Zielstrebigkeit zeichneten ihn aus. Als er sein Ende kommen sah, ritt er nach Speyer, wo die Salier (13–16) eine königliche Grablege errichtet hatten. Dort starb er am 15. Juli 1291 und wurde in der Krypta des Domes bestattet. Ein dort aufbewahrtes Epitaph trägt sein Portrait.

(26) Kg. Adolf von Nassau (1292–1298)

* um 1250, Kg. 1292, abgesetzt 1298,
† Hasenbühel bei Göllheim (Rheinpfalz) 2.7.1298, Grabstätte: Dom zu Speyer

Adolf entstammte einem Geschlecht, das seit mehreren Generationen in Nassau ansässig war und über dieses Gebiet – in mehrere Linien aufgeteilt – bis ins 19. Jahrhundert herrschte. Er war ein Mann von ungewöhnlicher Bildung für seinen Stand, verstand aber auch mit der Waffe umzugehen. Seinem Vater folgte er 1276 in seinen Herrschaftsgebieten in Wiesbaden, Idstein, Weilburg und anderswo nach. Zur Verbesserung seiner Einnahmesituation stellte Adolf sich militärisch in den Dienst anderer Herren und kämpfte so etwa an der Seite des mit ihm verwandten Kölner Erzbischofs Siegfried von Westerburg in der für die Entstehungsgeschichte des deutschen Reiches und der freien Städte bedeutenden Schlacht von Worringen 1288, in der die Kölner Bürger sich von ihrem bischöflichen Stadtherrn erfolgreich befreiten.

Da Bischof Westerburg im Verein mit den beiden anderen geistlichen Kurfürsten von Mainz und Trier sich von den Habsburgern territorial bedroht sah, setzte er 1292 nach dem Tod König Rudolfs I. (25) unter Umgehung von dessen Sohn Albrecht (27) seinen Kampfgefährten Adolf von Nassau als neuen König durch. Von diesem schien ob seiner geringen Hausmacht keine Gefahr für die Interessen der Kurfürsten auszugehen, zumal Adolf aufgrund von Wahlzusagen politisch von ihnen abhängig war. Durch verschiedene Maßnahmen, so die Verheiratung seiner Kinder mit Angehörigen der weltlichen Kurfürstenhäuser, die Suche von Bündnispartnern beim weltlichen Adel, dem Versuch, durch Kauf und durch Einziehung von Lehen in Thüringen und Meißen eine königliche Territorialmacht aufzubauen, und schließlich durch ein gegen französische Expansionsbestrebungen gerichtetes Bündnis mit dem englischen König Edward I. versuchte er sich dieser Situation aber schon bald zu entwinden und Eigenständigkeit zu erlangen. In all diesen Unternehmungen blieb er freilich ohne Glück. In Mitteldeutschland verletzte er Interessen des böhmischen und des mainzischen Kurfürsten, sodass sich unter diesen die Stimmung bald gegen ihn kehrte. Dieser Gegenbewegung der Fürsten schloss sich vor allem auch der Habsburger Albrecht von Österreich, der Sohn König Rudolfs I. an. In einem rechtlich nicht unproblematischen Verfahren hielt ein Teil der Kurfürsten bzw. ihre Delegierten in Mainz über den nicht anwesenden König Gericht, bezichtigten ihn diverser Verbrechen wie etwa Landfriedensbruch in Thüringen und erklärten ihn am 23. Juni 1298 für abgesetzt. Auch wählten sie bereits am folgenden Tag Albrecht von Österreich (27) zu seinem Nachfolger. Der Papst, der das Recht der Absetzung für sich reklamierte, monierte dieses insbesondere vom Mainzer Erzbischof betriebene Vorgehen. Auch Adolf akzeptierte es nicht und suchte wenige Tage später, am 7. Juli 1298, in einer Schlacht mit den Truppen Albrechts in Hasenbühel bei Göllheim (Rheinpfalz) schnell die Entscheidung. Darin erlitt er nicht nur eine Niederlage, sondern fand selbst den Tod. Nachdem er zunächst im Zisterzienserkloster Rosenthal beigesetzt wurde, wurde er mehr als zehn Jahre später 1309 von Kaiser Heinrich VII. (28) in den Speyerer Dom überführt, wo er bei den Salierkaisern, aber auch bei seinem Rivalen Albrecht von Österreich seine letzte Ruhestätte fand.

Adolf blieb der einzige deutsche König, den die Nassauer hervorbrachten. Aus seinem Geschlecht gingen insbesondere im 14. Jahrhundert aber mehrere Bischöfe hervor, darunter mit denen von Mainz und Trier auch Kurfürsten. Ab 1572 stellten die Nassauer aus einer Seitenlinie zu Adolf die Statthalter und späteren Könige der Niederlande, darunter mit Wilhelm III. von 1689–1702 auch den König von England.

Erklärung über die Wahl Albrechts zum König mit den Siegeln der sieben Kurfürsten, Frankfurt a. Main, 28. Juli 1298. Die älteste, von allen sieben Kurfürsten gemeinsam ausgestellte Urkunde, Wien, Haus-, Hof- und Staatsarchiv

(27) Kg. Albrecht I.
(1298–1308)

* Rheinfelden nach 1255, Kg. 1298, † (ermordet) Königsfelden bei Brugg a. d. Aare 1.5.1308, Grabstätte: Dom zu Speyer

Albrecht war von seinem Vater, dem ersten Habsburgerkönig Rudolf I. (25), schon früh mit Herrschaftsaufgaben betraut worden. Wohl noch nicht zwanzigjährig erhielt er 1274 die Verwaltung der Oberen Lande der Habsburger übertragen, wo er sich schon früh zu bewähren vermochte. 1282 gab der Vater ihm und seinem jüngeren Bruder Rudolf II. die ehemals babenbergischen Herzogtümer Österreich und Steiermark zu gemeinschaftlicher Verwaltung. Da eine solch brüderliche Doppelherrschaft bei den Großen vor Ort aber nicht durchsetzbar war, bekam Albrecht im Vertrag von Rheinfelden 1283 die genannten Gebiete allein zugesprochen, während seinem Bruder eine anderweitige Entschädigung in Aussicht gestellt wurde. Doch eine Kompensation für diesen unterblieb, womit eine Konstellation geschaffen wurde, die sich für Albrecht später bitter rächen sollte.

In Österreich und der Steiermark sah Albrecht sich bei seiner zielstrebigen Politik des Aufbaus einer starken Landesherrschaft mehrfach mit Aufständen und Oppositionsbewegungen konfrontiert, so unter anderem mit einer Erhebung der Bürger von Wien 1287. Durch schnelles und überlegtes Handeln gelang es ihm jedoch immer, diese Bewegungen niederzuschlagen und durch geeignete Maßnahmen einen Ausgleich mit seinen inneren Gegnern zu suchen. Wien verlor dabei freilich seine Stellung als freie Reichsstadt und wurde wieder dem Landesfürsten unterstellt.

Der rasante Aufstieg, der sich bei den Habsburgern abzeichnete, ließ die Kurfürsten gegenüber diesem Geschlecht vorsichtig werden. Sie versagten es Rudolf I. daher, seinen tatkräftigen Sohn Albrecht rechtzeitig als Nachfolger auf dem deutschen Königsthron zu installieren. Statt seiner wählten sie 1292 mit Adolf von Nassau (26) einen rheinischen Grafen ohne nennenswerte Hausmacht zum König. Da Albrecht sich zu diesem Zeitpunkt durch Aufstände in seinen schweizer Gebieten gebunden sah, blieb ihm zunächst nichts anderes, als Adolf anzuerkennen. Doch das Verhältnis zum König wurde nicht zuletzt durch dessen eigenes ungeschicktes Verhalten bald belastet. Darüber hinaus hatte dessen Politik in Mitteldeutschland auch die Interessen der Kurfürsten von Böhmen und Mainz verletzt. So bildete sich bald eine mächtige Koalition gegen ihn, in die auch Albrecht einbezogen wurde. Dieses mächtige Bündnis betrieb 1298 mit rechtlich womöglich nicht ganz korrekten Methoden die Absetzung Adolfs von Nassau, der kurze Zeit später beim Versuch, seine Position militärisch zu behaupten, in einer Schlacht mit den Truppen Albrechts das Leben verlor. Die Kurfürsten hatten sich in ihrer Mehrheit jetzt aber schnell auf Albrecht als neuen König geeinigt.

Da der Papst, Bonifaz VIII., sich bei diesen Vorgängen in seinem Recht, den König abzusetzen und einen neuen zu approbieren, von den deutschen Kurfürsten übergangen fühlte, verweigerte er Albrecht freilich über mehrere Jahre die Anerkennung und setzte ihn unter Druck. Diese feindselige Haltung änderte er erst, als er sich 1303 von Frankreich, wohin Albrecht durch Verheiratung seines Sohnes Rudolf III. mit der französischen Königstochter Blanche unterdessen Kontakte aufgebaut hatte, bedroht fühlte und daher seinen Beistand suchen musste.

Auch im Inneren des Reiches war Albrecht insbesondere unter den rheinischen Kurfürsten, die seine Wahl betrieben hatten, unterdessen eine Opposition erwachsen. Verschiedene Interessenskonflikte, darunter Albrechts Übertragung der Rheinzölle auf die Städte am Fluss, trug ihm die Gegnerschaft der Fürsten ein. In den nachfolgenden gewaltsamen Auseinandersetzungen behielt er jedoch einmal mehr die Oberhand und konnte seine Gegner beugen.

Im eigenen Herrschaftsgebiet, in Österreich und der Steiermark hatte er die Herrschaft zur gesamten Hand unterdessen bereits an seine Söhne übergeben. Mit dem Aussterben der Přemyslidendynastie in Böhmen 1306 sah er die Möglichkeit einer Expansion nach Norden, zog das böhmische Land als erledigtes Reichslehen ein und setzte seinen Sohn Rudolf, den er in zweiter Ehe mit der Witwe des letzten Přemyslidenkönigs verheiratete, gegen Widerstände des örtlichen Adels als König von Böhmen ein. Diese ersten Ansätze einer Habsburgerherrschaft auch über Böhmen wurden durch den baldigen Tod Rudolfs bereits 1307 jedoch wieder zunichtegemacht.

Ein weiteres Engagement in Böhmen durch einen Feldzug war bereits geplant. Doch wurde Albrecht I. bei einem Aufenthalt in seinen Schweizer Gebieten am 1. Mai 1308 Opfer eines Mordanschlags durch seinen Neffen Johann Parricida. (Der Beiname bedeutet Verwandtenmörder). Dieser hatte sich durch das Nichteinlösen der Entschädigungsansprüche, die seinem Vater nach dessen Ausscheiden aus der gemeinschaftlichen brüderlichen Verwaltung von Österreich und der Steiermark 1283 zugestanden hatten, in seinen eigenen Erbansprüchen verletzt gefühlt.

Albrechts zielstrebige Politik, in der Ansätze zum Aufbau einer Habsburger Erbmonarchie erkennbar wurden, war so an innerfamiliärer Rivalität vorerst gescheitert. Er hinterließ jedoch eine reiche Nachkommenschaft, unter der sich später Persönlichkeiten fanden, die diese Ansätze in großem Ausmaß zur Entfaltung bringen sollten.

(28) Ks. Heinrich VII.
(1308–1313)

* Valenciennes 12.7.1274 oder 1275, Kg. 1308, Ks. 1312,
† Buonconvento bei Siena 24.8.1313, Grabstätte: Dom zu Pisa

Nach dem plötzlichen Tod König Albrechts I. (27) war die Nachfolgefrage völlig offen. Aufgrund der reichsinternen Konflikte, die Albrecht mit den Kurfürsten auszufechten gehabt hatte, zeigten diese wenig Neigung, Albrechts ältesten überlebenden Sohn, Friedrich den Schönen (29), auf den Thron zu bringen und damit der Tendenz zu einer Habsburger Erbmonarchie Vorschub zu leisten. Mehrere Kandidaten gingen in Stellung; der französische Kapetingerkönig Philipp IV. der Schöne etwa brachte seinen Bruder Karl von Valois ins Spiel. Ein anderer Prätendent, der im weiteren Sinne zunächst ebenfalls französischen Einflüssen unterworfen war, war Graf Heinrich VII. von Luxemburg. Da Heinrich seine Kindheit und Jugend weitgehend am Hofe Philipps des Schönen verbracht hatte, war Französisch seine Muttersprache. In seinem Bruder Balduin hatte Heinrich einen wichtigen Bündnispartner, der ihm den entscheidenden Vorsprung vor dem französischen Königsbruder verschaffte: Balduin war 1307 zum Erzbischof von Trier und damit zu einem der Kurfürsten geworden. Mit seiner Hilfe gelang Heinrich am 27. November 1308 in Frankfurt seine Wahl zum deutschen König und am 13. Januar 1309 seine Krönung in Aachen. Auf einem sich daran anschließenden Umritt in Süd- und Westdeutschland fand er Anerkennung, indem er das Reichsgut neu ordnete und bei verschiedenen Konflikten im Reich befriedend wirkte. Den entscheidenden Schritt zum Aufstieg seines Geschlechts zu einer der führenden europäischen Dynastien des späten Mittelalters aber tat Heinrich, als er in den unsicheren Verhältnissen in Böhmen intervenierte. Nach dem Aussterben des dortigen Herrschergeschlechtes der Přemysliden im Mannesstamm 1306 hatten sich weder die Habsburger, die mit dem bald schon verstorbenen Rudolf zunächst einen Vertreter aus ihren Reihen zum König erhoben hatten, noch deren Konkurrent Heinrich von Kärnten als Nachfolger fest etablieren können. Heinrich zog Böhmen daher als erledigtes Reichslehen ein und konnte sich 1310 mit den Fürsten des Reiches und den böhmischen Ständen auf seinen Sohn Johann, der mit der Schwester des letzten Přemyslidenkönigs verheiratet wurde, als neuen König von Böhmen einigen. Damit verschaffte er seinen Nachkommen ein großes Territorium und eine starke Hausmacht, die die Luxemburger zu einem Machtfaktor von europäischem Rang aufsteigen ließen. Im gleichen Jahr (1310) brach Heinrich auch zu seinem Italienzug auf, um die von Papst Clemens V. bereits versprochene Kaiserkrone zu empfangen. Seit dem Ende der Stauferzeit, also seit einem halben Jahrhundert, kam damit erstmals wieder ein deutscher König nach Italien. Hier hatten sich die Verhältnisse unterdessen allerdings geändert: Die reichen Städte im Norden und in der Mitte hatten beträchtlich an Autonomie gewonnen, waren zugleich aber auch starken inneren Parteikämpfen zwischen den eher kaisertreuen Ghibellinen und ihren Gegnern, den Guelfen, ausgesetzt; in Neapel hatte sich das französische Haus Anjou festgesetzt und auf Sizilien die mit ihnen verfeindeten Aragonesen aus Spanien; schließlich hatten sich auch beim Papsttum insofern grundlegende Veränderungen ergeben, als das Kirchenoberhaupt zu diesem Zeitpunkt nicht mehr in Rom weilte. Bedrängt durch mächtige römische Adelsfamilien und starkem Einfluss des französi-

Königswahl und Krönung Heinrichs VII., Kolorierte Federzeichnung, Codex Balduini Trevirensis, Trier, vor 1354, heute Koblenz, Landeshauptarchiv, LHA Ko Best. 1 C Nr. 1 fol. 4

schen Königs ausgesetzt, residierten die Päpste seit 1309 im Exil in Avignon, das über mehrer Pontifikate hinweg bis ins Jahr 1378 Sitz des Papsttums bleiben sollte.

Angesichts dieser komplizierten Verhältnisse war es für Heinrich schwer, das Ziel seiner Reise zu erreichen. Zwar empfing er schon am 6. Januar 1311 gleich nach seiner Ankunft in Oberitalien die lombardische Königskrone. Doch der Weg nach Rom war aufgrund der unübersichtlichen Situation so mühsam, dass er die Stadt erst mehr als ein Jahr später erreichen konnte. Und da er die Peterskirche dort wegen des militärischen Widerstandes seiner Gegner nicht einzunehmen vermochte, musste seine Krönung zum Kaiser am 29. Juni 1312, die im Übrigen von drei Kardinälen, die der in Avignon verbliebene Papst benannt hatte, vorgenommen wurde, in der Lateranbasilika erfolgen. All diesen Schwierigkeiten zum Trotz war es so zweiundneunzig Jahre nach der Krönung Friedrichs II. (23) endlich wieder zur Erhebung eines deutschen Königs zum Kaiser gekommen.

In der Folge widmete sich Heinrich dem Kampf mit seinen Gegnern in Italien, darunter vor allem der Stadt Florenz, die er längere Zeit, wenn dann auch vergeblich belagerte, und König Robert von Neapel aus dem Haus Anjou. Mitten in diesen Kämpfen ereilte ihn eine Malaria-erkrankung, der er am 24. August 1313 erlag. Sein Leichnam wurde in das kaiserfreundliche Pisa überführt und im dortigen Dom begraben.

War Heinrich VII. damit nur eine kurze Herrschaftszeit vergönnt, so hatte er mit der Erlangung der böhmischen Königskrone seinem Geschlecht, den Luxemburgern, aber eine hervorragende Ausgangsposition für weitergehende Ambitionen geschaffen.

(29) Kg. Friedrich der Schöne (1314–1330)

* Wien um 1289, Kg. 1314,
† in Gutenstein/Niederösterreich 13.1.1330, Grabstätte: Stephansdom in Wien – Herzogsgruft

(30) Ks. Ludwig IV., der Bayer (1314–1347)

* München Febr./März 1282, Kg. 1314, Ks. 1328,
† bei Kloster Fürstenfeld 11.10.1347, Grabstätte: Dom in München

Nach dem Tod Kaiser Heinrichs VII. (28) kam es in Frankfurt am Main bei der Bestimmung seines Nachfolgers zur Doppelwahl: Köln und die Pfalz stellten sich am 19. Oktober 1314 in Frankfurt-Sachsenhausen hinter den Habsburger Friedrich den Schönen, Sohn des letzten Habsburger Königs Albrecht I. (27); Mainz, Trier und Brandenburg erhoben einen Tag später im rechtsmainischen Stadtzentrum jedoch den Wittelsbacher Herzog von Bayern, Ludwig. Da in Sachsen und Böhmen jeweils zwei Linien bzw. Parteien um die Herrschaft rangen, die in der Frage der Königswahl darüber hinaus gespalten waren, fielen deren Voten uneinheitlich aus; beide Kandidaten hatten Stimmen von ihnen bekommen. Einen Monat später, am 25. November 1314 wurden die beiden so Gewählten zum römischen König gekrönt: Friedrich im Münster zu Bonn mit der Reichskrone, Ludwig in der alten Kaiserstadt Aachen mit einer Ersatzkrone. Während Friedrich durch das Königtum seines Vaters Albrecht I. (27) und seines Großvaters Rudolf I. (25) bereits eine entsprechende dynastische Herkunft für sich beanspruchen konnte, kam mit Ludwig erstmals ein Angehöriger seiner Familie, der Wittelsbacher, zur Königswürde. Die Wittelsbacher waren seit der Belehnung durch Kaiser Friedrich Barbarossa (19) im Jahr 1180 Herzöge von Bayern und seit 1214 zusätzlich auch die Herrscher der Rheinpfalz. Sie gehörten somit zu den ersten Familien des Reiches. Das drückte sich auch in entsprechendem Heiratsverhalten aus: Die eben selbst erst aufgestiegenen

Habsburger hatten sie als ebenbürtig angesehen. Rudolf I. hatte seine älteste Tochter dem Wittelsbacher Herzog gegeben. Aus dieser Ehe war der jetzt gewählte Ludwig hervorgegangen. Ludwig war somit ein Vetter seines Rivalen Friedrich dem Schönen. Mehr noch, beide hatten einen Teil ihrer Kindheit zusammen in Wien verbracht.

Durch die Zustimmung ihrer Wähler und die Krönung fühlten sich beide zum König legitimiert. Die Entscheidung konnte daher nur in einem militärischen Ringen gefunden werden, das sich über mehrere Jahre hinzog. Beide Seiten waren dabei auch in Machtkämpfe und Rivalitäten in ihren eigenen Territorien verstrickt, so vor allem die Habsburger in der Schweiz, wo sie 1315 gegen die nach Unabhängigkeit strebenden Kantone eine schwere Niederlage erlitten. Erst im Jahr 1322 kam es zwischen den beiden königlichen Kontrahenten zur finalen Schlacht. Friedrich verlor sie aufgrund überstürzten Vorgehens und geriet dabei in Ludwigs Gefangenschaft. Darin hatte er drei Jahre zu verbringen, während derer sein Bruder, Herzog Leopold von Österreich, vergeblich versuchte, ihn durch Krieg gegen Ludwig zu befreien.

In dieser Situation schaltete sich der in Avignon residierende Papst, Johannes XXII., ein. Mit ihm hatte Ludwig in Italien eine starke Interessenkollision, und so nutzte er den unklaren Ausgang der Königswahl von 1314 und die daraus noch immer nicht geklärte Lage im Streit um den Thron jetzt, Ludwig seine Legitimation als König abzusprechen. Dieser Konflikt spitzte sich schnell

Deckplatte des ehemaligen Hochgrabes Kaiser Ludwigs des Bayern, Erasmus Grasser (um 1450–1518), um 1490, München, Liebfrauenkirche

zu, sodass Ludwig 1324 mit dem päpstlichen Bann belegt und über seine Gefolgsleute das Interdikt (Verbot, die Sakramente zu spenden) verhängt wurde. Der Papst hatte sich damit erneut in die Reichspolitik eingemischt und einen schweren Konflikt zwischen weltlicher und kirchlicher Macht heraufbeschworen, der die nächsten Jahre zu weitreichenden verfassungsrechtlichen Änderungen führen sollte.

Angesichts dieser Lage sah Ludwig sich gezwungen, einen Ausgleich mit den Habsburgern und anderen Gegnern im Reich zu suchen. Er söhnte sich daher mit Friedrich dem Schönen aus, entließ ihn aus seiner Gefangenschaft und machte ihn zum Mitkönig im Reich. Für kurze Zeit hatte man damit die einmalige Konstellation eines quasi legalisierten Doppelkönigtums; beide Herrscher führten gemeinsam den Königtitel. Friedrich sah sich mit dieser Einigung aber in seiner eigenen Familie Schwierigkeiten ausgesetzt, da seine Brüder mit der gefundenen Lösung nicht einverstanden waren. Im Übrigen verhielt er sich recht passiv und zog sich nach Österreich zurück. Schon 1330 starb er, womit das Doppelkönigtum bereits an sein Ende kam. In die offizielle Zählung der deutschen Könige, in der ihm unter den Herrschern des Namens Friedrich die Position des Dritten zugestanden hätte, ist er nicht eingegangen. (Zu Friedrich III. siehe Nr. 36)

Die Aussöhnung mit Friedrich verschaffte Ludwig Rückenfreiheit und Stärkung seiner Position gegenüber dem Papst, sodass er sich 1327 zu einem Zug nach Italien aufmachen konnte. Hier wurde er in Mailand zunächst zum König von Italien gekrönt und wandte sich dann nach Rom, wo er unter Umgehung des Papstes in Avignon von städtischen Beamten die Kaiserkrone empfing und von einem Bischof geweiht wurde.

In Italien regelte Ludwig auch die inneren Verhältnisse seines Hauses neu, indem er mit dem Vertrag von Pavia 1329 den Söhnen seines Bruders Rudolf, der bei seiner Wahl zum König 15 Jahre zuvor noch gegen ihn gestimmt hatte, nun die Pfalz am Rhein und die Oberpfalz

einräumte. Damit war die Trennung der Wittelsbacher zwischen den Pfälzer und den bayerischen Linien besiegelt, die fast 450 Jahre lang bis zum Aussterben der bayerischen Linie 1777 Bestand haben sollte.

Nach Deutschland zurückgekehrt bemühte Ludwig sich ernsthaft als Friedenswahrer und als Förderer von Wirtschaft und Recht zu betätigen. Insbesondere die Städte erfuhren durch zahlreiche Privilegien seine Unterstützung (z. B. Förderung der Frankfurter Messe).

Einen Ausgleich suchte er auch mit dem Papst, da er den Kirchenbann für ungerechtfertigt hielt und davon befreit werden wollte, zumal er seinen Gegnern damit immer eine Flanke bot. Diesbezügliche Verhandlungen in den 30er-Jahren scheiterten jedoch mehrfach, was nicht immer an den Päpsten – zunächst dem unversöhnlichen Johannes XXII., ab 1334 an dem konzilianteren Benedikt XII. – lag, sondern am Einfluss Frankreichs. Frankreich stand am Vorabend des Hundertjährigen Krieges mit England und wollte Kaiser Ludwig geschwächt sehen, damit er sich nicht mit England, wohin er Tendenzen hatte, verbünden könne. Der Einfluss, der mittels einer solchen Instrumentalisierung der päpstlichen Gewalt durch auswärtige Mächte auf die deutsche Reichspolitik eröffnet war, wurde für Ludwig nun zum Anlass, einige fundamentale verfassungsrechtliche Änderungen in Kraft zu setzen. Sie hatten das Ziel, das deutsche Reich weiter aus dem päpstlichen Einfluss herauszuführen. Auf einer Fürstenversammlung in Rhense (unweit von Koblenz) im Jahr 1338 und einem

Hoftag in Frankfurt im Jahr darauf wurden die deutschen Kurfürsten als allein berechtigt erklärt, den deutschen König zu bestimmen und dem Papst damit sein bisher geltend gemachtes Recht der Approbation abgesprochen. Der König sollte fortan rein säkular, ohne geistlichen (sprich päpstlichen) Einfluss bestimmt werden. Auch wurde angesichts der unglücklichen Doppelwahl von 1314 jetzt das Mehrheitsprinzip bei der Königswahl festgeschrieben. „Der mehrheitlich Gewählte ist und heißt wahrer König und Kaiser", hieß es in aller Deutlichkeit in dem in Frankfurt erlassenen Licet iuris. In der deutschen Verfassungsgeschichte war damit ein Wendepunkt erreicht: Mit diesen Bestimmungen machte sich das deutsche Reich erneut auf den Weg, sich vom Einfluss des Papstes politisch weiter zu emanzipieren.

Neben dem verfassungsrechtlich bedeutenden Ergebnis hatte Ludwig mit diesen Maßnahmen zugleich auch unter den deutschen Fürsten eine große Einigkeit erzielt. Während er das Erstere dauerhaft sichern konnte, vermochte er die günstige politische Konstellation unter den Fürsten allerdings nicht zu erhalten. Die Spätphase seiner Herrschaft war gekennzeichnet durch eine Politik der rücksichtslosen Interessendurchsetzung seines Hauses im Reich, durch die er die Fürsten gegen sich aufbrachte. Insbesondere mit seinem harschen Vorgehen in Tirol brachte er sich tief in Misskredit. Margarete Maultasch, die als Erbtochter der im Mannesstamm ausgestorbenen Meinhardiner Herrscherin über Tirol geworden war,

Erzbischof Peter von Aspelt mit Heinrich VII., Johann von Böhmen und Ludwig dem Bayern, Grabplatte, nach 1320, Mainzer Dom

trennte sich mithilfe des Kaisers unter skandalösen Umständen von ihrem Ehemann Johann, einem Abkömmling der einflussreichen Luxemburger, Sohn des böhmischen Königs und Bruder des nachmaligen Kaisers Karl IV. (31). Wenig später (1342) verheiratete Ludwig dann seinen eigenen Sohn mit Margarete, sodass statt der Luxemburger die Wittelsbacher die Erben von Tirol sein würden. Dieses Vorgehen rief unter den deutschen Fürsten großes Missfallen hervor. Vor allem machte Ludwig sich damit die mächtigen Luxemburger in Böhmen zum

Feind, die den immer noch bestehenden Kirchenbann jetzt gegen Ludwig zu nutzen verstanden, indem sie den Papst – jetzt Clemens VI., zu dem sie enge persönliche Kontakte hatten – für ihre Sache zu gewinnen vermochten. Ludwig, der ebenfalls mit dem Papst verhandelte, konnte dagegen nichts ausrichten. Clemens sprach sich am 13. April 1346 endgültig gegen ihn aus und gab den deutschen Kurfürsten die Hand frei, gegen Ludwig einen neuen König zu wählen. Drei Monate später, am 11. Juli 1346, wählten die drei geistlichen Kurfürsten von Mainz, Köln und Trier sowie die weltlichen von Böhmen und Sachsen den Sohn des böhmischen Königs, den Luxemburger Karl, in Rhense als Karl IV. (31) zum neuen deutschen König.

Damit hatte man wieder die unglückliche Situation des Gegenkönigtums, die diesmal allerdings insofern wenig Schaden für das Reich anrichtete, als die beide Kontrahenten aufgrund des Alters von Ludwig auf einen Kampf verzichteten und der Jüngere, Karl, den Tod des Älteren abwarten konnte. Dieser trat etwas mehr als ein Jahr nach der Wahl am 11. Oktober 1347 denn auch schon ein.

Ludwigs gewaltige Hausmacht, die er in den letzten Jahren sehr gemehrt hatte, ging in diesem Umfang, teils durch Erbteilungen unter seinen Nachkommen, bald wieder verloren; Tirol kam 1363 an die Habsburger, das ebenfalls von ihm beanspruchte Brandenburg fiel an die Luxemburger. Die verfassungsrechtlichen Ergebnisse seiner Politik, die weiter ausgebaute Autonomie der

deutschen Königsgewalt gegenüber dem Papsttum, blieben aber dauerhafte Errungenschaften seiner Herrschaft.

(31) Ks. Karl IV. (1346–1378)
* Prag 14.5.1316, Kg. 1346/1349,
Ks. 1355,
† Prag 29.11.1378, Grabstätte:
Veitsdom in Prag

Die Beziehungen der seit 1310 in Böhmen regierenden Dynastie der Luxemburger zum französischen Königshaus waren eng. Bereits der erste Kaiser aus ihren Reihen, Heinrich VII. (28), hatte Ende des 13. Jahrhunderts seine Jugend dort verbracht. 1322 heiratete dessen Tochter Maria den französischen König Karl IV. So kam es, dass im Jahr darauf auch ihr Neffe Wenzel, der Enkel Kaiser Heinrichs, zur Erziehung an den französischen Hof geschickt wurde. Einer seiner Lehrer dort war Abt Pierre Roger, der 1342 als Clemens VI. zum Papst gewählt wurde und in dieser Eigenschaft wenige Jahre später eine wichtige Rolle bei der erneuten Übernahme des deutschen Königtums durch die Luxemburger spielen sollte. Damit bestanden in der dritten Generation infolge enge Bindungen an Frankreich. Da der französische König Pate des jungen Wenzel war, legte dieser anlässlich seiner Firmung seinen Taufnamen, der auf seine mütterliche Herkunftslinie aus der böhmischen Premyslidendynastie verwies, ab und nahm den gleichen Namen an wie sein Onkel: Karl. Dieser junge Mann, in dem sich somit hohe französische Bildungstradition mit

Wurzeln und Herrschaftsansprüchen in Böhmen mischten, war der nachmalige deutsche Kaiser Karl IV. Nachdem er 1329 im Alter von 13 Jahren in erster Ehe mit einer Cousine des französischen Königs, Blanche, verheiratet worden war, kehrte er im Jahr darauf nach Prag zurück. Hier wurde er von seinem Vater, König Johann von Böhmen, bereits in die politischen Geschäfte mit einbezogen. In Italien versuchten beide Anfang der 30er-Jahre als Regentschaftsverweser eine Luxemburger Herrschaft zu etablieren, ein Unternehmen, das zwar scheiterte, dem jungen Karl aber gleichwohl wertvolle Kenntnisse über die italienischen Verhältnisse vermittelte. Nach Böhmen zurückgekehrt, wurde er als Stellvertreter seines Vaters installiert und übernahm aufgrund der zunehmenden Erblindung seines Vaters immer mehr die Regierungsgeschäfte. Besser als seinem als landfremd empfundenen Vater, der als erster Luxemburger von außen kommend die böhmische Königskrone angenommen hatte, gelang es ihm, mit dem selbstbewussten und verfassungsmäßig starken böhmischen Adel Umgang und Ausgleich zu finden.

Das Jahr 1346 brachte ihm dann gleichermaßen die deutsche Königskrone wie die Nachfolge seines verstorbenen Vaters in Böhmen. Kaiser Ludwig IV. der Bayer (30) hatte unter den deutschen Fürsten wegen seiner Hausmachtpolitik, die sich in Tirol direkt gegen Luxemburger Interessen richtete, Missfallen erregt. Die Luxemburger konnten daher den Papst, Clemens VI., den Karl in seiner Pariser Jugendzeit als seinen

Votivbild des Erzbischofs Johann Očko von Vlašim. Dieser ist in der unteren Bildzone als Stifter dargestellt, während oben Karl IV. und Wenzel rechts und links der Gottesmutter knien. Öltempera auf mit Leinwand überzogenem Holz, nach 1370, Prag, Nationalgalerie

Erzieher kennen gelernt hatte, dazu bewegen, den ohnehin unter Kirchenbann stehenden Ludwig weiter zu delegitimieren, sodass die Kurfürsten am 11. Juli 1346 in Rhense bei Koblenz eine Neuwahl initiieren konnten. Aus ihr ging Karl siegreich hervor, sodass man wieder zwei Könige im Reich hatte. Zu einem militärischen Kräftemessen der beiden Kontrahenten kam es nicht mehr; Ludwig starb bereits im Jahr darauf. Doch gab die Wittelsbacher Partei daraufhin noch nicht auf, sondern versuchte, mit dem thüringischen Grafen Günther von Schwarzburg einen getreuen Gefolgsmann des verstorbenen Kaisers als König zu installieren. Am 30. Januar 1349 wurde dieser in Frankfurt von vier Kurfürsten gewählt und durch die Zeremonie der Altarsetzung in der Bartholomäuskirche (Dom) legitimiert. Karl gelang es durch ein Heiratsbündnis mit den Pfälzer Wittelsbachern (seiner zweiten Ehe) jedoch schnell, Günther von seinem Anhang politisch zu isolieren. Da dieser darüber hinaus – vermutlich an der ausbrechenden Pest – schwer erkrankte, konnte er schon kurze Zeit später, am 26. Mai, gegen finanzielle Zusagen zur Abdankung veranlasst werden; wenig später, am 14. Juni 1349, verstarb er bereits und wurde im Beisein Karls IV. in der Frankfurter Bartholomäuskirche begraben. Karl aber wurde, ebenfalls in Frankfurt und diesmal einstimmig, am 17. Juni 1349 nun erneut zum König gewählt und kurz darauf in Aachen gekrönt. Damit war seine Legitimation unanfechtbar.

Der Anfang der Regierungszeit Karls IV. war mit dem ersten Ausbruch der Pest, der verheerenden Katastrophe des Spätmittelalters, verbunden, der nach Schätzungen ein Drittel der Bevölkerung des Reiches zum Opfer fiel, wenn auch weniger in den böhmischen Herrschaftsgebieten Karls. Das 14. Jahrhundert war ansonsten aber auch durch das Aufblühen der Städte gekennzeichnet. Bischofsstädte wie Straßburg, Augsburg und Köln emanzipierten sich als „Freie" Städte gegenüber dem bischöflichen Stadtherrn, Königsstädte wie Nürnberg und Frankfurt als „Reichsstäd-

te" gegenüber dem Reichsoberhaupt oder umliegenden Territorialherren. Im Süden und Westen des Reiches schlossen sie sich gegen das Rittertum, das sich ebenfall organisierte, zu Städtebünden zusammen; im Norden erlebte die Hanse ihre erste Blüte.

In den fünfziger Jahren konnte Karl daran denken, sich zum Kaiser krönen zu lassen. Entsprechenden Avancen der römischen Stadtbewegung begegnete er mit Rücksicht auf den noch immer in Avignon weilenden Papst mit Vorsicht. Erst 1354/55 zog er nach Italien, wo er in Mailand zunächst die lombardische und am 5. April 1355 in Rom durch einen päpstlichen Legaten dann die Kaiserkrone empfing. Ohne sich weiter in italienische Verhältnisse einzumischen, trat er bald wieder seinen Rückzug nach Deutschland an.

Hier vollbrachte er mit dem Erlass der „Goldenen Bulle", mit der er dem deutschen Reich eine tragfähige Verfassung gab, 1356 seine bedeutendste Leistung. Das Kernanliegen der Goldenen Bulle bestand in der Kodifizierung und teilweisen Neuschöpfung der bisher nur gewohnheitsrechtlich geübten Formen der Königswahl. Angesichts der vielfachen historischen Erfahrung von Kriegen und Zwistigkeiten, die aus Situationen der Doppelwahl, des Gegenkönigtums oder der Rivalitäten innerhalb der königlichen und kurfürstlichen Familien folgten, war die Klärung dieser Frage eine entscheidende Voraussetzung für die Sicherheit des Reiches. Der Text bestimmte mit den drei geistlichen Herren von Mainz, Köln und Trier und den weltlichen Herrschern von

Böhmen, der Rheinpfalz, Sachsens und Brandenburgs noch einmal definitiv die sieben Kurfürsten, die zur Wahl des Königs berechtigt waren, und stattete sie mit besonderen Rechten und Würden aus. (Vom 17. Jahrhundert bis zum Ende des alten Reiches wurde ihre Zahl sukzessive erweitert.) Für die weltlichen Kurfürstentümer verordnete die Goldene Bulle das alleinige Thronfolge- und damit Stimmrecht des erstgeborenen Sohnes (Primogenitur), also das Verbot der Landesteilung oder der Herrschaft zur gesamten Hand, um eine Stimmenzersplitterung einzelner Territorien zu vermeiden (wie zuletzt bei der Wahl von 1314 geschehen, aus der das Doppelkönigtum von Friedrich dem Schönen (29) und Ludwig dem Bayern (30) hervorgegangen war). Der Mainzer Erzbischof wurde als Leiter der Wahlhandlungen bestimmt und mit dem Recht ausgestattet, als Letzter und damit unter Umständen als Entscheidender seine Stimme abzugeben. Für den Ausgang der Wahl galt das Mehrheitsprinzip, eine Bestimmung, die bereits der Vorgänger Karls, Kaiser Ludwig der Bayer (30), erlassen hatte. Dessen Initiative war bereits auch die Lösung des gewählten Königs aus dem Approbationsrecht des Papstes zu verdanken, weshalb der Papst im Text der Goldenen Bulle nicht mehr erwähnt wurde.

Die Goldene Bulle Kaiser Karls IV. war bis zum Ende des alten Reiches 1806, also über 450 Jahre hinweg, die Verfassungsgrundlage Deutschlands. Mit Ausnahme der schwierigen Wahl des Jahres 1410 (Sigismund und Jobst von Mähren, vgl.

Die Goldene Bulle Kaiser Karls IV. von 1356, Prachtausgabe für König Wenzel, Prag, 1400, fol. 14. Abgebildet sind der Erzkanzler des Heiligen Römischen Reiches und der König von Böhmen.

Nr. 34) hat sie ihren Zweck, die Eindeutigkeit der Nachfolge auf dem deutschen Königsthron zu sichern, erfüllt.

Da Österreich und damit die Habsburger nicht als Kurfürsten benannt worden waren, reagierte man dort höchst verärgert. Der Enkel König Albrechts I. (27), Herzog Rudolf IV., der durch seine Heirat mit Katharina, Prinzessin von Luxemburg, zugleich ein Schwiegersohn Kaiser Karls IV. war, ließ daraufhin einige Urkunden fälschen, darunter das Privilegium maius, und behauptete, sie seien bereits älteren Datums. Mit ihnen stärkte er die Rechte seines Landes gegenüber dem Reich beträchtlich und wertete seine Herzöge zu „Erzherzögen" auf, um mit den Kurfürsten im Rang gleichzuziehen. Kaiser Karl bezweifelte die Echtheit der Urkunden und verweigerte ihnen ihre Anerkennung; achtzig Jahre später, als mit Friedrich III. (36) wieder ein Habsburger auf dem Kaiserthron saß, erfuhr das (gefälschte) Privilegium maius dann doch noch kaiserliche Zustimmung. Karl IV. konzentrierte sich im Folgenden im Wesentlichen auf die Stärkung seiner Hausmacht in Böhmen. Dazu gehörte insbesondere auch die tatkräftige Förderung seiner Hauptstadt Prag, womit auch das deutsche Reich erstmals eine ständige Residenz des Königs bzw. Kaisers erhielt. Unter Karl kam Prag zur Blüte. Er gründete 1348 die Universität – als Erste im deutschen Reich – und machte Prag zu einem Zentrum der Gelehrsamkeit. Bedeutende Bauwerke wie die Prager Burg, der Veitsdom oder die Karlsbrücke wurden unter seiner Regie neu- oder weitergebaut. Darüber hinaus betrieb er die Aufwertung Prags zum Erzbistum und löste es damit aus der Metropolitanverfassung des Bistums Mainz heraus. Auch nach außen hin strebte Karl nach Arrondierung seines Hausbesitzes. Durch verschiedene Maßnahmen brachte er die Oberpfalz, die Niederlausitz, die Markgrafschaft Brandenburg sowie Schlesien in den Besitz der Luxemburger und schaffte durch die personelle Union all dieser Länder den mächtigsten Territorialkomplex im damaligen deutschen Reich. Mit der Übernahme Brandenburgs verfügten die Luxemburger sogar über zwei Kur-

stimmen. Durch Erbverträge mit den Habsburgern und den Wittelsbachern sowie durch Ehebündnisse der Luxemburger mit Polen, Ungarn und Pommern reichten Karls Ambitionen aber noch weit über diesen Besitz hinaus. Erst gegen Ende seines Lebens schwächte Karl diese große territoriale Machtzusammenballung wieder ab, indem er die einzelnen Länder, die er unter seiner Herrschaft vereinigt hatte, unter seinen Söhnen und Neffen aufteilte.

In den 60er- und 70er-Jahren widmete sich Karl wieder stärker den Verhältnissen im Westen und im Süden. Eine Reise in französisches Einflussgebiet brachte ihm 1365 sowohl eine Begegnung mit dem Papst in Avignon – jetzt Urban V. – als auch die Krönung zum König von Burgund in Arles. Damit trug er seit Friedrich I. Barbarossa (19) als erster Herrscher wieder die Kronen aller drei Reiche: die Deutschlands, Italiens und Burgunds. Doch blieb der burgundische Kulturkreis zwischen Deutschland und Frankreich faktisch umstritten; der zu Frankreich gehörende Teil, das Herzogtum Burgund, fiel an den Sohn des französischen Königs, Philipp den Kühnen.

Dem Papst versprach Karl, ihn mit der Rückführung nach Rom aus französischer Abhängigkeit zu befreien. Sein zweiter Italienzug 1368/69, der unter anderem diesem Anliegen galt, führte aber nicht zu dem gewünschten Erfolg; der Papst konnte sich in Rom gegen oppositionelle Kreise nicht halten und musste nach Avignon zurückkehren. Ein erneuter, knapp zehn Jahre später unternommener Versuch des Papstes zur Rückkehr, den Karl unterstützte, hatte ein zwiespältiges Ergebnis. Er führte zum großen Schisma, das die Kirche für fast ein halbes Jahrhundert lähmte.

Karl IV. starb am 29. November 1378. Gegen mancherlei Widerstände war es ihm zwei Jahre zuvor bereits gelungen, seinen Sohn Wenzel (32) zum Nachfolger zu wählen und zum König krönen zu lassen.

Prager Veitsdoms von Südwesten

(32) Kg. Wenzel (1378–1400)

* Nürnberg 26.2.1361, Kg. 1376, abgesetzt 1400,
† Schloss Kunratitz oder Wenzelstein bei Prag 16.8.1419, Grabstätte: Veitsdom in Prag

Als lange erwarteter Thronfolger Kaiser Karls IV. erhielt Wenzel von Anfang an in dichter Folge entsprechende Prägungen: erste Heiratspläne des Vaters für ihn schon bei der Geburt, Krönung zum König von Böhmen im Alter von zwei Jahren, Vermählung mit neun Jahren, Genuss einer gediegenen Bildung, Wahl zum römischen König 1376 mit 15 Jahren, Nachfolge im Reich nach dem Tod des Vaters 1378 im Alter von 17 Jahren.

Wenzels Königtum stand jedoch unter einem ungünstigen Stern. Das Papsttum begann sich zur Zeit seines Machtantritts im „großen abendländischen Schisma" zu teilen und spaltete die Christenheit auf Jahrzehnte hinaus. Während in Rom Papst Urban VI. residierte, der von den meisten deutschen Fürsten, so auch von Wenzel anerkannt wurde, stand dem in Avignon Clemens VII.

entgegen, der Unterstützung im westlichen Europa genoss. Dies war für Wenzel schon früh ein wesentlicher Hinderungsgrund, nach Italien zu ziehen, um die Kaiserkrone zu erlangen. Hinzu kamen vor allem aber auch Unbilden im eigenen Herrschaftsbereich. Das Deutsche Reich hatte in der ersten Phase seiner Regierung vor allem mit der Neupositionierung der Städte zu tun, die sich in Bünden – 1376 im schwäbischen, 1379 im elsässischen, 1381 im rheinischen, 1382 im niedersächsischen Städtebund – zusammenschlossen. In kriegerischen Auseinandersetzungen zunächst mit den Rittern, später vor allem aber mit den Fürsten, versuchten sie ihre Stellung zu festigen. Wenzels Bemühungen um Vermittlung (Heidelberger Stallung von 1384) blieben ohne nachhaltigen Erfolg. Ende der 1380er-Jahre brachten die Fürsten den Städten und ihren Bünden in mehreren Schlachten empfindliche Niederlagen bei, was sich auf ihre weitere Entwicklung lähmend auswirkte. Wenzel zeigte an ihrem Wohlergehen wenig Interesse.

Außenpolitisch gelang es Wenzel kaum, entscheidende Akzente zu setzen. An tatkräftiger Unterstützung für den römischen Papst ließ er es vermissen und versäumte es insbesondere nach dem Tod Urbans VI. 1389, trotz des Drängens der rheinischen Kurfürsten, zu intervenieren und seinen Teil zur Überwindung der Kirchenspaltung zu tun. Offenbar fürchtete er den Konflikt mit Frankreich, das sich nach wie vor hinter seinen Papstkandidaten in Avignon stellte. Zwischen England und Frankreich, die in den Hundertjährigen Krieg miteinander verstrickt waren, wechselte er mehrfach die Bündnisse. Auf großes Befremden bei den deutschen Fürsten stieß schließlich seine Italienpolitik, wo er, offenbar in der Hoffnung, damit endlich den lange ersehnten Romzug starten zu können, den mit dem Reichsvikariat betrauten Gian Galeazzo Visconti 1395 zum Herzog von Mailand erhob und so einen ganz neuen Machtfaktor in Norditalien kreierte.

Zu diesem Zeitpunkt hatte Wenzel dem Reich bereits seit längerer Zeit ganz den Rücken gekehrt und sich allein auf sein eigenes Territorium in Böhmen konzentriert. Deutlicher hätte er seinem offenbar schon länger erkennbar gewordenen Mangel an Interesse an seinen königlichen Pflichten kaum Ausdruck verleihen können. Im Reich sah er sich daher nicht zu Unrecht dem Vorwurf ausgesetzt, dessen Angelegenheiten und Rechte gegenüber Fremden zu vernachlässigen, eine Klage, die einer starken Fürstenopposition gegen ihn den Boden bereitete.

Jedoch auch in seiner Heimat Böhmen, wo er seine Aktivitäten in der zweiten Hälfte seines Königtums in Deutschland konzentrierte, nahm seine Herrschaft einen ungünstigen Verlauf. Hatte er sich dort zunächst erfolgreich etablieren können, so sah er sich auch hier im zweiten Jahrzehnt seiner Regierung verstärkt einer Opposition der mächtigen Adelsgruppen und des Klerus im Bistum Prag gegenüber. Spektakulär war die von ihm veranlasste Ertränkung des Generalvikars Johannes Nepomuk (der später im Barock als Brückenheiliger verehrt wurde) in der Moldau am 20. März 1393 , weil dieser nicht bereit war, das Beichtgeheimnis der Königin zu brechen. Widerstand schlug Wenzel verstärkt auch aus der eigenen Familie entgegen, sowohl von seinem Halbbruder Sigismund, den er zuvor bei der Erwerbung der ungarischen Königskrone noch unterstützt hatte, als auch von seinem Vetter Jobst, der mit Mähren belehnt war. Der Unmut, dem er sich in Böhmen ausgesetzt sah, gipfelte 1394 in seiner Gefangennahme durch Jobst und den königsfeindlichen Adel des Landes. 1402 sollte eine zweite Gefangennahme folgen.

Unter den Fürsten des Reiches bereitete sich unter dem Vorwurf, er sei „unnütz, träg und für das römische Reich durchaus ungeschickt" in der zweiten Hälfte der 1390er-Jahre eine Initiative für seine Absetzung vor. Aus dem Recht, den König zu wählen, leiteten die Kurfürsten auch das Recht ab, ihn abzusetzen. Dies geschah am 20. August 1400. Die Kurfürsten wählten daraufhin Ruprecht von der Pfalz (33) zum neuen deutschen König.

Wenzel verblieb noch der Thron in Böhmen, wo er sich noch neunzehn Jahre bis zu seinem Tod halten konnte. In dieser Phase erlebte er den Aufstieg von Johannes Hus (1370–1415), der als Professor der Prager Universität begonnen hatte, dessen vorreformatorisches Gedankengut auf großen Widerhall stieß und dessen gewaltsamer Tod daher eine starke kirchenkritische, auch national gefärbte Bewegung in Böhmen auslöste, deren Macht das Land in den folgenden Jahrzehnten erschütterte. Unter dem Eindruck der ersten Aufstände der Hussiten, so dem Ersten Prager Fenstersturz von 1419, bei dem sieben Ratsherren aus dem Neustädter Rathaus geworfen wurden, erlitt Wenzel einen schweren gesundheitlichen Zusammenbruch, an dessen Folgen er sehr bald verstarb. Am 16. August 1419 endete das Leben dieses glücklosen, oft unvorteilhaft agierenden Königs.

(33) Kg. Ruprecht von der Pfalz (1400–1410)

* Amberg/Oberpfalz 5.5.1352, Kg. 1400,
† Schloss Landskron bei Oppenheim 18.5.1410, Grabstätte: Heiliggeistkirche in Heidelberg

Die Schwäche des deutschen Königtums zur Zeit von König Wenzel (32), insbesondere in seiner letzten Phase, war von den Kurfürsten der Pfalz, Ruprecht II. und seinem Sohn Ruprecht III., seit Mitte der 1390er-Jahre als Chance erkannt worden, selbst das Königtum anzustreben und gezielt die dafür notwendigen politischen Bündnispartner zu suchen. Im Jahr

Grabplatte Ruprechts von der Pfalz und seiner Gemahlin, Heiliggeistkirche in Heidelberg, Stich um 1880

1400 setzten die vier rheinischen Kurfürsten König Wenzel wegen Unfähigkeit ab und wählten Ruprecht (den Sohn) zum deutschen König. Die Wahl fand in Rhense bei Koblenz statt, die Krönung in Köln. Die verantwortlichen Stadtherren der traditionellen, sprich der „richtigen" Wahl- und Krönungsorte Frankfurt und Aachen, signalisierten Distanz zu den Vorgängen und verweigerten ihr legitimatorisches Potenzial durch Verschließen der Tore für Ruprecht. Doch die allgemeine Verärgerung über Wenzel war groß genug, um Ruprecht Anerkennung im Reich zu verschaffen.

Gleich nach seiner Krönung wollte Ruprecht sich nach Italien begeben, um die Kaiserkrone zu empfangen. Die finanziellen Voraussetzungen dafür waren jedoch äußerst bescheiden, sodass er nicht in der Lage war, ein hinlänglich starkes Heer aufzustellen. So scheiterte er schnell an der mit reichen Mitteln ausgestatteten Macht der Visconti in Mailand, die sich ihm als Hindernis auf seinem Zug nach Rom in den Weg stellten. 1402 musste er unverrichteter Dinge unter Spott und im Übrigen hoch verschuldet nach Deutschland zurückkehren. Dieser Misserfolg schwächte seinen Rückhalt unter den Kurfürsten. Insbesondere zu dem seinem Hausterritorium benachbarten Mainzer Kurfürsten, dessen Unterstützung er sein Königtum wesentlich zu verdanken hatte, wurde das Verhältnis immer schwieriger. Im Übrigen schränkte die enge finanzielle Basis seinen Aktionsradius als König dauerhaft ein.

Allerdings gelang ihm durch geschickte Heiratspolitik zugleich die Festigung seines Hauses, so vor allem dank der Ehe seines Sohnes Ludwig mit der englischen Königstochter Blanca 1401, später auch durch ein Ehebündnis seiner Tochter Elisabeth mit dem Habsburger Herzog Friedrich. Auch ging 1403 endlich die lange vergeblich ersehnte Anerkennung seines Königtums durch den römischen Papst, Bonifaz IX. ein, der diese mit Rücksicht auf den abgesetzten Wenzel und die mächtigen Visconti bislang versagt hatte. Ein erneut geplanter Romzug kam allerdings nicht zustande.

Im Jahr 1405 formierte sich gegen Ruprecht im Marbacher Bund eine innenpolitische Opposition, der zunächst Markgraf Bernhard von Baden, Graf Eberhard III. von Württemberg, die Reichsstadt Straß-burg und siebzehn weitere schwäbische Städte angehörten. Versuche, den Einfluss dieses Bundes, der sich der Zentralgewalt entgegenstellte und seine Teilnahme an Reichstagen verweigerte, durch Entgegenkommen zu sprengen, schlugen fehl. Ruprecht musste das Recht einräumen, Bündnisse und Einigungen zu schließen.

1409 wurde in Pisa ein Konzil einberufen, das sich mit dem seit 1378 bestehenden Schisma befasste. Die beiden Päpste in Rom und Avignon wurden für abgesetzt erklärt und mit Alexander V. ein neuer Papst gewählt. Da die beiden zurückgewiesenen Päpste dies nicht anerkannten, kam es zur Herrschaft dreier Päpste. Ruprecht hielt dem Römer die Treue und hielt seine Forderung nach einem allgemeinen Konzil, das den Streit zu lösen hätte, aufrecht, während viele deutsche Fürsten, darunter der Mainzer Kurfürst, zum Pisaner Papst übergingen. Dies spitzte Ruprechts Konflikt mit dem Mainzer Erzbischof zu und brachte nun endgültig die Gefahr einer kriegerischen Auseinandersetzung, zumal es Ruprecht gelang, unter einzelnen Fürsten und Bischöfen des Reiches Anhänger zu finden. Konkrete Kriegsplanungen, die die Parteien unternahmen, wurden nicht realisiert, da Ruprecht am 18. Mai 1410 verstarb.

Ruprecht hatte in seiner kurzen Zeit als König wenig auszurichten vermocht. Unter Mithilfe der Heidelberger Universitätsprofessoren gab es zu seiner Zeit erste Ansätze einer Verwissenschaftlichung der Kanzleigeschäfte und der königlichen Rechtsprechung, womit zukunftsträchtige Entwicklungen angestoßen wurden. Auch im Münzwesen versuchte er Reformen. Sein eigenes Territorium hatte er durch Arrondierungen stärken können und damit ein wesentliches Ziel seines Königtums erreicht. Entsprechend dem Teilungsverbot der Goldenen Bulle hinterließ er seinem ältesten (überlebenden) Sohn Ludwig die Kurpfalz, während die jüngeren Söhne mit weiterem Besitz belehnt wurden. Alles in allem wird Ruprechts zehnjähriges Königtum in der Historiografie zwar weitgehend als gescheitert angesehen. Ernsthaftes Bemühen wird man ihm aber ebenso wenig versagen dürfen wie man die Problematik des Wenzelschen Erbes und die Kleinteiligkeit seiner territorialen Hausmacht als ungünstige Bedingungen für sein Handeln in Rechnung stellen muss.

(34) Ks. Sigismund
(1410–1437) (und Jobst von Mähren)
* vermutlich in Nürnberg 14.2.1368, Kg. 1410/11, Ks. 1433, † Znaim (Südmähren) 9.12.1437

Sigismund (wie die lateinischen Urkunden sagen oder in deutscher Schreibweise Sigmund) wurde 1368 als zweiter der überlebenden Söhne Kaiser Karls IV. (31) aus der Ehe mit dessen vierter Ehefrau geboren. Wie sein älterer Halbbruder Wenzel (32) wurde auch er gleich nach der Geburt durch Heiratspläne seines Vaters und eine sorgfältige Erziehung in die kaiserliche Politik eingebunden. Bereits für den Sechsjährigen wurde 1374 im Hinblick auf sich ab-

zeichnende Erbansprüche auf Ungarn und Polen ein Vertrag für die spätere Eheschließung mit Maria, einer der Töchter des ungarisch-polnischen Königs Ludwig von Anjou geschlossen. Der Achtjährige wurde 1376 mit der Mark Brandenburg belehnt, dies vor allem in der Absicht, für das Haus Luxemburg eine zweite Kurstimme zu erwerben, die bei der Wahl des älteren Halbbruders Wenzel zum deutschen König auch sofort zum Einsatz gebracht wurde. 1380 wurde er – unterdessen mit Prinzessin Maria, der Erbtochter von Ungarn verlobt – an den ungarischen Hof geschickt, um für seine künftige Stellung als ungarischer und polnischer König weiter erzogen zu werden. Dennoch gelang ihm eine reibungslose Übernahme der Macht dort nicht, als der Erbfall mit dem Tod König Ludwigs, seines (künftigen) Schwiegervaters, im Jahr 1382 eintrat. In Polen rissen die jüngste Tochter Ludwigs, Hedwig, und deren Mann, der Litauer Jagiello, die Macht an sich; und in Ungarn konnte Sigismund das Erbe gegenüber einer Fronde der dortigen Magnaten und selbst innerhalb der königlichen Familie nur mithilfe seines Bruders Wenzel mühsam behaupten. Erst 1387 konnte er, nach der Heirat mit Maria, die dortige Königskrone erlangen.

Innere und äußere Gefahren waren mit dem ungarischen Königtum verbunden. Nach außen hin hatte er gegen den in Europa erstmals spürbaren Expansionsdrang der Türken anzugehen, die bis nach Serbien vorrückten und Sigismund, der vergeblich Hilfe aus dem Westen, insbesondere aus Burgund, herbeigeholt hatte, in einer Schlacht bei Nikopolis 1396 eine schwere Niederlage beibrachten.

Mit seinem Bruder Wenzel und seinem Vetter Jobst war Sigismund in ein äußerst schwieriges Beziehungsdreieck verstrickt, in dem alle drei um einen möglichst großen Einfluss in den östlichen Gebieten, aber auch im Reich miteinander konkurrierten. Zeitweise unterstützten sie einander, dann wiederum kämpften sie gegeneinander und verbündeten sich mit örtlichen Adelsgruppierungen oder äußeren Partnern gegen den Verwandten. Diese Rivalitäten gipfelten 1401 unter anderem für mehrere Monate in der Gefangennahme Sigismunds durch Magnaten in Ungarn. Indem er (inzwischen zum Witwer geworden) die Heirat mit der ungarischen Grafentochter Barbara von Cilli versprach, konnte er seine Stellung als ungarischer König wieder konsolidieren.

Nach dem plötzlichen Tod des deutschen Königs Ruprecht von der Pfalz (33) 1410 sah Sigismund eine Chance gekommen, selbst nach der deutschen Königskrone zu greifen. Sein Bruder Wenzel, der zehn Jahre zuvor als deutscher König gestürzt und auf sein böhmisches Königtum reduziert worden war, war zur Wiederaufnahme seiner alten Ansprüche auf die Führung des Reiches zu schwach. Wegen des noch immer existierenden Papstschismas war das Kurfürstenkollegium jedoch gespalten. Bei einer Wahl in Frankfurt am 20. September 1410 konnte Sigismund die Stimmen der Pfalz und von Trier erlangen und gab für sich selbst noch die von Brandenburg. Doch die Abgabe der brandenburgischen Stimme stellte sich als fehlerhaft heraus, da Sigismund die Mark im Jahr 1388 für die außerordentlich hohe Summe von mehr als einer halben Million Gulden an seinen Vetter, Jobst von Mähren, verpfändet hatte und diesem daher die Stimmabgabe zustand.

Sigismunds Wahl wurde als ungültig angesehen, die Kurfürsten der anderen Partei (nun einschließlich Brandenburgs) wählten daraufhin nur zehn Tage später den Vetter Jobst zum König. Da auch Wenzel de jure, wenn auch ohne Gewalt, noch immer seinen römisch-deutschen Königstitel führte, hatte man im deutschen Reich somit drei Könige, alle aus dem Haus Luxemburg. Diese verworrene Situation wurde sehr bald durch den überraschenden Tod König Jobsts am 18. Januar 1411 gelöst. Die Kurfürsten einigten sich daraufhin auf Sigismund, dessen (zweite) Wahl am 21. Juli 1411 in Frankfurt dann einstimmig und korrekt vollzogen wurde. Drei Jahre später folgte in Aachen seine Krönung.

Drei große Aufgabenbereiche stellten sich Sigismunds Königtum: die Wiederherstellung der Einheit der Kirche, die innere Reorganisation des Reiches und die Sicherung seiner eigenen Territorien im Osten vor allem gegen die Hussiten.

War Sigismund zunächst für mehrere Jahre in seinem eigenen Herrschaftsbereich festgehalten, so nahm er 1414 endlich die Lösung der unhaltbar gewordenen kirchlichen Situation in Angriff. Ein allgemeines Konzil, das zwischen 1414 und 1418 nach Konstanz einberufen wurde, sollte das Schisma der drei Päpste

König Sigismund und Papst Johannes XXIII. bei Konzilsvorbesprechungen in Lodi. Auf einer über beide Seiten durchgehenden Bank sitzen sich Papst und König im Gespräch gegenüber, im Vordergrund ihre Räte und Gefolgsleute, Ulrich Richental, Chronik des Konstanzer Konzils, um 1464, kolorierte Handschrift, Federzeichnungen auf Papier, fol. 5b und 6a, Konstanz, Rosgartenmuseum.

überwinden. Dies gelang, indem zunächst die Superiorität des Konzils gegenüber dem Papst festgestellt und daraufhin der Pisaner Papst Johannes XXIII. (1410–1415), der römische Gregor XII. (1406–1415) und der Avignoner Benedikt XIII. (1394–1417) abgesetzt bzw. zum Rücktritt bewogen wurden. Damit war der Weg frei, um mit Martin V. (1417–1431) schließlich einen neuen Papst zu wählen, der allgemeine Anerkennung fand, und das Schisma nach einem halben Jahrhundert erfolgreich zu beenden.

Ein weiteres Problem, das das Konstanzer Konzil behandelte, war die Reform der Kirche. In diesem Anliegen kam es jedoch nicht zum Ergebnis. Als dritten Punkt beriet es die Angelegenheit Johannes Hus. Der Prager Universitätslehrer und Prediger hatte mit seinem Ideal eines reinen, kirchenkritisch gepräg-

ten Christentums vorreformatorische Tendenzen entfacht. Das Konzil verurteilte 45 seiner Lehrsätze. Vor seine Schranken geladen, verweigerte Hus den Widerruf und wurde daraufhin – trotz eines Geleitversprechens König Sigismunds – im Jahr 1415 in Konstanz verbrannt.

Dieser Vorgang war Auslöser großer Unruhen in Sigismunds eigener Heimat in Böhmen, wo dieser sich daraufhin für viele Jahre mit der tschechisch-national grundierten Bewegung der Anhänger des Hus auseinanderzusetzten hatte. Sie gipfelten in den 1420er-Jahren in verschiedenen Kriegszügen, in denen sich die Hussiten in mehreren Schlachten gegen Kontingente aus dem Reich behaupten konnten und es Sigismund erschwerten, die Nachfolge seines 1419 verstorbenen Bruders Wenzel im Königtum von Böhmen anzutreten und auszuüben. Erst durch eine

Spaltung der Hussiten in einen gemäßigten und einen radikalen Flügel (Calixtiner gegen Taboriten), die sich am Ende selbst in Kämpfen gegeneinander wandten, konnte die Krise 1434 durch eine Einigung mit den Gemäßigten beendet werden.

Ein großes Anliegen Sigismunds war auch die Reform des Reiches, die vor allem die Stärkung der Zentralgewalt gegenüber den Fürsten, die ihre Territorien ausbauten, zum Ziel hatte. Mit der Belehnung der Hohenzollern mit der Mark Brandenburg 1417 und – nach dem Aussterben der Askanier – der Wettiner mit Sachsen im Jahr 1423 bahnte Sigismund zwei deutschen Herrschergeschlechtern den Aufstieg in die führende Liga der deutschen Fürsten. In seinen Reformbemühungen stützte er sich vor allem auf die Städte, aber auch auf die Ritterschaft, doch scheiterte er am Widerstand des fürstlichen Adels, der seinen Einfluss zusehends erweiterte. Darüber hinaus hinderte ihn eine jahrelange Bindung seiner Kräfte in Ungarn und Böhmen daran, seine reformerischen Ansätze im Reich mit dem nötigen Druck zu verfolgen.

Zwischen 1431 und 1433 hielt Sigismund sich in Italien auf, wo es ihm zunächst unter Einigung mit den Visconti gelang, die lombardische Krone und nach weiteren schwierigen Verhandlungen in Rom schließlich die Kaiserkrone zu erlangen.

Alles in allem erreichte Sigismunds Königsherrschaft auf den verschiedenen Schauplätzen seiner Herrschaft in Böhmen, Deutschland, Ungarn und schließlich Italien kaum je jene Dichte und Durchschlagskraft, die zur erfolgreichen Aktion notwendig gewesen wäre. Konnte er die Lösung des Schismas als Erfolg verbuchen, so blieben in seinem Herrschaftsbereich viele dringende Anliegen, insbesondere die Reichsreform, unerledigt. Mit Sigismund starb das mächtige Herrschergeschlecht der Luxemburger im Mannesstamm aus. Er hinterließ nur eine Tochter, Elisabeth, die er 1421 mit dem österreichischen Herzog, dem Habsburger Albrecht (35), verheiratet hatte und für die er in Böhmen und Ungarn das Erbrecht hatte durchsetzen können. Diese Konstellation verschaffte nach mehr als hundert Jahren endlich den Habsburgern wieder neue Möglichkeiten.

DIE HABSBURGER IM ALTEN REICH (1438–1806)

Tafeln 5 bis 7, S. 100/101, 134/135, 186/187

Als der letzte Herrscher der Luxemburger, Kaiser Sigismund (34), 1437 starb, hatte er wohl seinen Schwiegersohn, den Habsburger Herzog Albrecht von Österreich (35) als seinen Nachfolger gezielt aufgebaut, sodass den Kurfürsten nach mehr als hundert Jahren kaum eine andere Möglichkeit blieb, als wieder einen Habsburger zu wählen. Dass dies der Beginn einer jahrhundertelangen Herrschaft der Habsburger zunächst über das deutsche Reich und bald schon über große Teile Europas sein würde, war zu diesem Zeitpunkt aber nicht absehbar und noch viel weniger intendiert. Erst in der zweiten Hälfte des 15. Jahrhunderts, in der langen Herrschaftszeit Kaiser Friedrichs III. (36) und insbesondere zur Zeit Kaiser Maximilians I. (37), kam es, vor allem durch das Geschick und das Glück einer weit ausgreifenden Heiratspolitik, zu jener fulminanten Steigerung der Habsburger Herrschaft, dank derer sie zur mächtigsten Dynastie des ganzen Kontinents wurden. Obwohl das deutsche Kaisertum auf der Grundlage der Goldenen Bulle (vgl. Kaiser Karl IV., Nr. 31) de jure ein Wahlkaisertum blieb, war es seit Friedrich III. de facto zu einem Erbkaisertum der Habsburger geworden. Deren Ambitionen reichten so weit, dass sie selbst das Aussterben im Mannesstamm 1740 zu überstehen und dank des entschiedenen Einsatzes von Maria Theresia (49) das kurze

Zwischenspiel eines Wittelsbacher Kaisertums in Gestalt von Karl VII. (48) zu überdauern vermochten. So dominierten die Habsburger das Alte Reich über fast 370 Jahre hinweg bis zu seinem Untergang 1806 nahezu unangefochten.

(35) Kg. Albrecht II.
(1438–1439)
* Wien 16.8.1397, Kg. 1438,
† Neszmély bei Gran 27.10.1439,
Grabstätte: Basilika in Stuhlweißenburg

Albrecht II. (als österreichischer Herzog Albrecht V.) wurde im Jahr 1397 in eine lange anhaltende Phase in der Geschichte des Hauses Habsburg hineingeboren, die durch verschiedene Teilungen der Habsburger Lande und daraus folgend starken inneren Spannungen in der Familie gekennzeichnet war, die sich bis zu Brüder- und Bürgerkriegen steigerten. Bereits Albrechts Großvater, Herzog Albrecht III., hatte mit seinem Bruder, Herzog Leopold III., im Jahr 1379 eine Landesteilung vorgenommen, die den Habsburger Hausbesitz über mehrere Generationen hinweg in zwei Linien, die Albertinische und die Leopoldinische Linie, aufteilte. (Siehe dazu die Tafel 5, S.100/101). Während die Albertiner dabei Österreich, Steyer und die Gebiete des Salzkammerguts erhielten, fielen auf die Leopoldiner die südlichen und westlichen Gebiete, also Steiermark, Wiener Neustadt, Kärnten, Krain, die Windische Mark, Istrien, Tirol und die Vorlande. In der Leopoldinischen Linie kam es im Lauf der Zeit zu weiteren Landesteilungen und zu kriegerischen Rivalitäten der dortigen Verwandten. Mitunter betrieben die unterschiedlichen Habsburger Zweige eine ganz unterschiedliche Politik, sodass es zeitweise drei verschiedene Habsburger Machtzentren gab.

Albrecht war der Repräsentant der dritten Generation der Albertiner Linie. Im Alter von sieben Jahren verlor er bereits seinen Vater; die Vormundschaft übernahmen der Reihe nach mehrere Onkel aus der Leopoldinischen Linie. Da diese jedoch ihren Einfluss auf den jugendlichen Albrecht nicht aufgeben wollten, wurde der 1411 von den österreichischen Ständen entführt; diese hoben die Vormundschaft auf und huldigten ihm als neuem Landesherrn. Auch wurde er um diese Zeit bereits als möglicher Bündnispartner für den Luxemburger Sigismund (34) von Interesse. Sigismund war König von Ungarn und erlebte damals (1410/11) gerade seine Wahl zum deutschen König, der mehr als zwanzig Jahre später auch das Kaisertum folgen sollte. Sigismund verlobte seine gerade zwei Jahre alte Tochter Elisabeth mit dem jungen Albrecht. Dabei hoffte er noch auf die Geburt weiterer Kinder, insbesondere auf einen Sohn; doch war, solange dieser nicht eintraf, Elisabeth die Erbin der Luxemburger Dynastie. Zehn Jahre später (1421), als diese familiäre Konstellation immer mehr zum Fakt wurde, wurde

das Bündnis durch die Heirat von Albrecht und Elisabeth bekräftigt. Die Hochzeit wurde nicht von ungefähr in Prag, der Hauptstadt Böhmens, der eigentlichen Machtbasis der Luxemburger, gefeiert. Dem waren politisch abgestimmte Aktionen Sigismunds und Albrechts gegen die Hussiten, die auch Österreich bedrohten, vorausgegangen. Albrecht sah sich durch die Einfälle der Hussiten in seinem Herrschaftsgebiet zu systematischen Verfolgungen der Juden veranlasst, denen er vorwarf, mit den Hussiten zu konspirieren. Auch später, in seiner Zeit als König, lassen sich antijüdische Elemente seiner Politik erkennen. Mit seinem Schwiegervater kooperierte er auch in anderer Hinsicht eng, sodass dieser in ihm immer mehr seinen Nachfolger sah und ihn 1422 mit Mähren belehnte, das ihm den Anspruch auf die Krone Böhmens sicherte.

Als sein Schwiegervater, Kaiser Sigismund 1437 starb, wurde Albrecht zum Erbe der großen Luxemburger Hausmacht, die so mit dem Teil der Habsburger Erblande, über die er gebot, personell zu einer frühen Form der Donaumonarchie verbunden wurde. Es kam daraufhin zu einer schnellen Folge von Wahlen und Inthronisationen auf den Königsthronen zunächst von Ungarn, dann – gegen Widerstände oppositioneller Kräfte in den Ständen – in Böhmen, am 18. März 1438 dann schließlich zur Wahl zum römisch-deutschen König in Frankfurt. Die Kurfürsten hatten keine realistische Alternative zu dem Habsburger gesehen, dessen Macht sie aber doch zugleich fürchteten und ihn durch Formulierung eines Regierungsprogramms daher an sich zu binden versuchten.

Albrecht II. ging wohl tatkräftig ans Werk, musste sich aber in den Angelegenheiten des Reiches durch Räte vertreten lassen, da er in seinem neuen Herrschaftsgebiet Böhmen bis auf Weiteres nicht abkömmlich war. Als sich im Jahr nach seiner Wahl wieder eine neue Türkengefahr abzuzeichnen schien, traf er von Ungarn aus Vorbereitungen zu einem Feldzug. Dabei erkrankte er an der Ruhr, der er am 27. Oktober 1439 erlag. Albrechts Königtum hatte damit nur etwa eineinhalb Jahre gedauert. Da er in dieser Zeit nie in die deutschen Kerngebiete des Reiches gekommen war, waren von seiner Herrschaft keine nennenswerten Impulse ausgegangen.

Vier Monate nach seinem Tod wurde ihm mit Ladislaus Postumus noch ein Sohn geboren. Er war sein Erbe in den Königreichen Ungarn und Böhmen. Doch starb er bereits mit 17 Jahren 1457, womit die Albertinische Linie der Habsburger an ihr Ende kam. Die Herrschaft in Böhmen und Ungarn ging den Habsburgern dadurch vorerst wieder verloren. Die deutsche Königskrone konnten sie jedoch durch Übergang auf Herzog Friedrich (36) aus der Leopoldinischen Linie nun auf Jahrhunderte hinaus behaupten.

(36) Ks. Friedrich III.
(1440–1493)
* Innsbruck 21.9.1415, Kg. 1440, Ks. 1452,
† Linz 19.8.1493, Grabstätte: Stephansdom in Wien

Mit Friedrich, Herzog von Steiermark, Kärnten und Krain, wurde am 2. Februar 1440 in Frankfurt erneut ein Habsburger zum römisch-deutschen König gewählt. Da er zu seinem Vorgänger, Albrecht II. (35), ein Vetter zweiten Grades war und die einzelnen Linien der Habsburger zur damaligen Zeit von inneren Spannungen gekennzeichnet waren, konnte es leicht den Anschein haben, es würde die seit mehr als eineinhalb Jahrhunderten andauernde Periode der „springenden" Königswahlen fortgesetzt.

Friedrich kam zunächst nur am Anfang seiner langen Herrschaft in die deutschen Binnenlande, mied sie dann seit 1444 aber für 27 Jahre. In dieser langen Periode, da er sich zumeist in seinen Besitzungen an den südöstlichen Randgebieten des Reiches aufhielt, überließ er das Reich weitgehend sich selbst. Aufkommenden Fehden und kriegerischen Rivalitäten zwischen den Fürsten sah er tatenlos zu. In dem seit 1431 tagenden Reformkonzil von Basel, das die Macht des Papstes zugunsten der Konzilsversammlung einschränken wollte, schlug Friedrich sich bald auf die Seite der päpstlichen Partei. Im Namen der deutschen Nation regelte er mit ihr im Jahr 1448 im Wiener Konkordat das Verhältnis von Kirche und Staat und die Besitzrechte kirchlicher Ämter zwischen Papst und Kapiteln bzw. Landesherren, womit er eine Vereinbarung für die kirchlichen Angelegenheiten schuf, die bis zum Ende des Alten Reiches 1806 Bestand hatte. Federführend war in dieser Politik sein Kanzler Enea Silvio Piccolomini, der spätere Papst Pius II. (reg. 1458–1464), der während seines Pontifikats die Vorrechte gegenüber dem Konziliarismus bekräftigte. Auch wurde durch diese engen Beziehungen zum Papst die Romfahrt Friedrichs möglich, auf die er sich 1452 begab. Dort traf er erstmals mit seiner Braut, Eleonore von Portugal, zusammen und wurde mit ihr getraut. Anschließend wurde das Paar vom Papst zu Kaiser und Kaiserin gekrönt. Es sollte die letzte Krönung sein, die ein deutscher Kaiser in Rom erfuhr.

Als Friedrich von Rom zurückkehrte, fand er die donauösterreichischen Stände in Aufruhr. Sie hatten es ihm nicht verziehen, dass er den damals zwölf Jahre alten Sohn seines verstorbenen Großvetters König Albrecht (35), Ladislaus Postumus, über den er die Vormundschaft ausübte, mit nach Rom genommen hatte. Ladislaus hatte durch seinen Vater Erbansprüche auf die donauösterreichischen Lande sowie Böhmen und Ungarn. (Friedrich selbst war der Erbe nur von Innerösterreich, also Steiermark, Kärnten, Krain.) Solange er diesen seinen Verwandten unter Vormundschaft hielt, konnte er in dessen Länder jedoch einen gewissen Einfluss geltend machen. Deren Stände hatten daher schon früh die Herausgabe Ladislaus' gefordert und in Böhmen mit Georg Podiebrad sowie in Ungarn mit Johannes Hunyadi eigene

Reichsverweser gewählt. Hunyadi fiel mehrfach in Österreich ein, um Ladislaus unter Zwang nach Ungarn zu führen. Jetzt, 1453, als Friedrich von der Kaiserkrönung in Rom zurückkehrte, gelang es den Ständen, Ladislaus für sich zu gewinnen; in Böhmen wurde er 1453 zum König gekrönt. Doch währte sein Königtum nicht lange. Ladislaus starb bereits 1457, womit die Albertinische Linie der Habsburger an ihr Ende gelangte. Die Folge waren Streitigkeiten um seinen Besitz. Während in Böhmen die Stände Podiebrad nun selbst zum König machten und er von Friedrich später auch Anerkennung fand, erlangte in Ungarn der Sohn Hunyadis, Matthias I. Corvinus trotz niederadliger Herkunft dieses Amt. Von ungarischen Magnaten wurde Kaiser Friedrich allerdings zu dessen Gegenkönig gewählt. Da er in Ungarn faktisch nichts ausrichten konnte, suchte er die Aussöhnung mit Corvinus. Die österreichischen Gebiete entlang der Donau, die der verstorbene Ladislaus hinterlassen hatte, gerieten zwischen Friedrich und seinem Bruder, Herzog Albrecht IV., zum Zankapfel. Die Brüder teilten das Land in Nieder- und Oberösterreich unter sich, doch heizte sich der Konflikt zwischen ihnen über divergierende Vorstellungen in der Regierung im Lauf der Zeit so weit auf, dass es 1462 zu einem blutigen Bruderkrieg kam, der Friedrich militärisch schwer in Bedrängnis und damit innerhalb Österreichs auch politisch ins Hintertreffen brachte. Der baldige Tod des Bruders 1463 erlöste ihn aus der unangenehmen Situation, sodass er zu annähernd ungeteilter Souveränität in den Habsburger Gebiete fand. Nur Tirol, das von seinem Vetter Sigismund beherrscht war, behielt auf lange Zeit hinaus noch eine gewisse Eigenständigkeit.

War Friedrich somit auch in seinen eigenen Landen zeitweise bedeutend geschwächt, ganz zu schweigen von seiner langen Abwesenheit aus den westlichen Zentralgebieten des Reiches, wo er Machtrivalitäten zwischen großen und kleinen Herren tatenlos zusah, fand er sich schließlich verstärkt auch mit dem Expansionsdrang der Türken konfrontiert, die mit der Eroberung Konstantinopels 1453 eine weltgeschichtliche Wende herbeigeführt hatten. Friedrich verhielt sich trotz dieser äußerst problematischen Entwicklungen der Zeit dennoch defensiv. Allgemein galt er als phlegmatisch und passiv. Gleichwohl verfügte er über die Gabe, Konflikten mit Langmut und Geduld zu begegnen und Chancen, die sich seinem Handeln boten, doch rechtzeitig zu erkennen. Von der Sendung und Auserwähltheit seiner Dynastie war er ganz durchdrungen. Für die Auflösung der rätselhaften Buchstabenkombination „A.E.I.O.U“, derer er sich häufig bediente, wurden von der Nachwelt die Leitsprüche Austria Erit In Orbe Ultima (Österreich wird ewig bestehen) oder Austriae est imperare orbi universo (Alles Erdreich ist Österreich untertan) in Vorschlag gebracht. Die von seinem Großonkel Rudolf dem Stifter gefälschten Dokumente, das Privilegium maius (vgl. oben Artikel Nr. 31), die seiner Dynastie unter anderem eine Rangerhöhung als Erzherzogshaus brin-

Kaiser Friedrich III. mit Krone, Schwert und Reichsapfel, umgeben von den Wappen seiner Besitzungen, über ihm der Reichsadler, Miniatur des Salzburger Buchmalers Ulrich Schreiner im Greiner Marktbuch, um 1490, Stadtgemeinde Grein

gen sollte, fanden von ihm gleich nach seiner Krönung zum König offizielle Anerkennung und Bestätigung. Unverkennbar sind in seinem Handeln allerdings auch Bemühungen, sein Königtum durch Maßnahmen wie etwa der einer weiteren Verrechtlichung des staatlichen Handelns zu stärken.

Neben den Bedrängungen, denen Friedrich im Südosten ausgesetzt war, kam seit Ende der 1460er-Jahre im Westen des Reiches mit dem burgundischen Herrschaftsgebiet ein neuer Machtfaktor auf, der für die Habsburger von größter Bedeutung wurde. Die aus französischer Königssippe abstammenden Burgunderherzöge hatten im Lauf des 15. Jahrhunderts zahlreiche einzelne Herrschaften bis hinauf nach Holland erworben und waren im Begriff, ein neues mächtiges Zwischenreich zwischen Deutschland und Frankreich zu schaffen. Herzog Karl der Kühne (reg. 1467–1477) war darum bemüht, sich insbesondere auch von französischem Einfluss frei zu machen, indem er Anstrengungen unternahm, selbst zum König erhoben zu werden. Diese Rangerhöhung wollte er von Kaiser Friedrich zugesprochen erhalten und bot im Gegenzug dafür seine Tochter Maria, die als sein einziges Kind die mutmaßliche Erbin des reichen Burgunds war, als Braut für Friedrichs Sohn Maximilian (37) an. Als diesbezügliche Verhandlungen zunächst jedoch scheiterten, richtete Karl seine Aggressionen gegen Gebiete im Reich, besonders in der Schweiz, und mischte sich in einem das Erzbistum Köln betreffenden Vorgang in innere Angelegenheiten Deutschlands ein. Durch diese Händel, insbesondere durch seine Auseinandersetzung mit den Eidgenossen, brachte er sich in eine so schwierige Lage, dass er 1477 in einer Schlacht bei Nancy den Tod fand. Seine Tochter griff die ursprünglichen Pläne dennoch auf und heiratete noch im gleichen Jahr Erzherzog Maximilian, womit die Grundlage für die Habsburger Erbschaft des Burgunderreiches gelegt wurde. Diese Ehe bedeutete einen Wendepunkt in der europäischen Geschichte: Sie leitete eine Territorialneuverteilung von epochalem Ausmaß ein; mit ihr setzten die Habsburger zum Sprung an die Spitze der europäischen Dynastien an. Frankreich aber fühlte sich in seinen Interessen zutiefst verletzt; so markierte dieses Ereignis zugleich auch den Bruch mit ihm und den Beginn einer fast 300 Jahre dauernden Feindschaft zwischen Deutschland und seinem westlichen Nachbarn.

In seinen eigenen Landen in Österreich sah Friedrich III. sich zur gleichen Zeit durch den Ungarnkönig Matthias Corvinus neuen Bedrohungen ausgesetzt. Dieser strebte nach Einfluss in Böhmen und letztlich auch nach dem Erwerb der Kaiserkrone, woran Friedrich ihn hindern wollte. Aus dieser Konstellation gingen kriegerische Konflikte hervor, bei denen Corvinus in den späten 70er- und in den 80er-Jahren wiederholt in Österreich einfiel und Friedrich in seinem eigenen Land schwer in die Defensive drängte. 1485 besetzte er für zwei Jahre Wien. Friedrich versuchte vom Reich aus Unterstützung für die Rückeroberung seiner Erblande zu organisieren, was erst nach dem Tod des Corvinus 1490 gelang.

In dieser Situation, die das Reich als Ganzes bedrohte, konnte Friedrich III. 1486 die Wahl seines Sohnes Maximilian zum römisch-deutschen König durchsetzen. Damit hatte er die Nachfolge gesichert, doch wollte er seinem Sohn zu Lebzeiten keinerlei Regierungsbeteiligung einräumen. Nötige Reformen des Reiches wurden dadurch unnötig lange blockiert.

Am 19. August 1493 verstarb Kaiser Friedrich in Linz. Mehr als ein halbes Jahrhundert, länger als alle seine Vorgänger, war er auf dem Königs- und Kaiserthron gesessen. Allein diese ungewöhnlich lange Dauer seiner Herrschaft hatte ihm manchen Erfolg gebracht, indem er viele seiner Gegner – seinen Bruder Albrecht, Karl den Kühnen oder den Ungarnkönig Corvinus – schlicht und einfach überlebte.

(37) Ks. Maximilian I.
(1493–1519)
* Wiener Neustadt 22.3.1459, Kg. 1486, Ks. 1508,
† Wels 12.1.1519, Grabstätte: Hofburg in Wiener Neustadt

Als Maximilian 1493 nach dem Ende der ungewöhnlich langen Regierungszeit seines Vaters Kaiser Friedrich III. (36) dessen Nachfolge im Reich antrat, hatte er bereits einige äußerst turbulente Jahre als junger Regent in Burgund hinter sich. Mit achtzehn Jahren war er im Jahr 1477 mit Maria, der Erbin dieses unermesslich reichen Landes und Tochter von Herzog Karl dem Kühnen, verheiratet worden. Die Aussicht, Kinder aus dieser Ehe würden Burgund und Österreich unter Habsburger Herrschaft vereinen, brachte Maximilian schnell die Gegnerschaft Frankreichs ein, das an Burgund ebenfalls Interesse hatte, sowie den massiven Widerstand der innerburgundischen Opposition, die sich in den größten Städten, Gent und Brügge, konzentrierte. Gegen diese innere und äußere Phalanx musste Maximilian in den folgenden Jahren die Ansprüche seines Hauses mit größter Anstrengung behaupten. Mit Frankreich kam es schon bald zu kriegerischen Auseinandersetzungen. Es war der Auftakt zu einer

Kaiser Maximilian I. (links) mit seiner Familie, rechts seine Tochter Margarete, zwischen ihnen Sohn Philipp der Schöne (1478–1506), vorn die Enkel Ferdinand und Karl, rechts Ludwig von Ungarn, Gemälde von Bernhard Strigel, Öl auf Fichtenholz, nach 1515, Kunsthistorisches Museum, Wien

fast 300 Jahre währenden feindlichen Haltung zwischen dem deutschen Reich und seinem westlichen Nachbarn. In der Schlacht von Guinegate/Thérouanne vermochte Maximilian 1479 zunächst jedoch einen glänzenden Sieg gegen die Franzosen zu erringen.

Aber schon das Jahr 1482 brachte eine dramatische Wende. Maximilians Frau, Maria, starb 24-jährig an den Folgen eines Reitunfalls. Da er ihr in Liebe verbunden war, bedeutete dieser Tod für ihn persönlich einen Verlust, den er nie verwinden sollte. Vor allem brachte dieses Unglück seine eigene Position in Burgund in Gefahr, da er hier nur als Eingeheirateter galt. Doch waren

Fortsetzung von Tafel 5 S. 100 f.

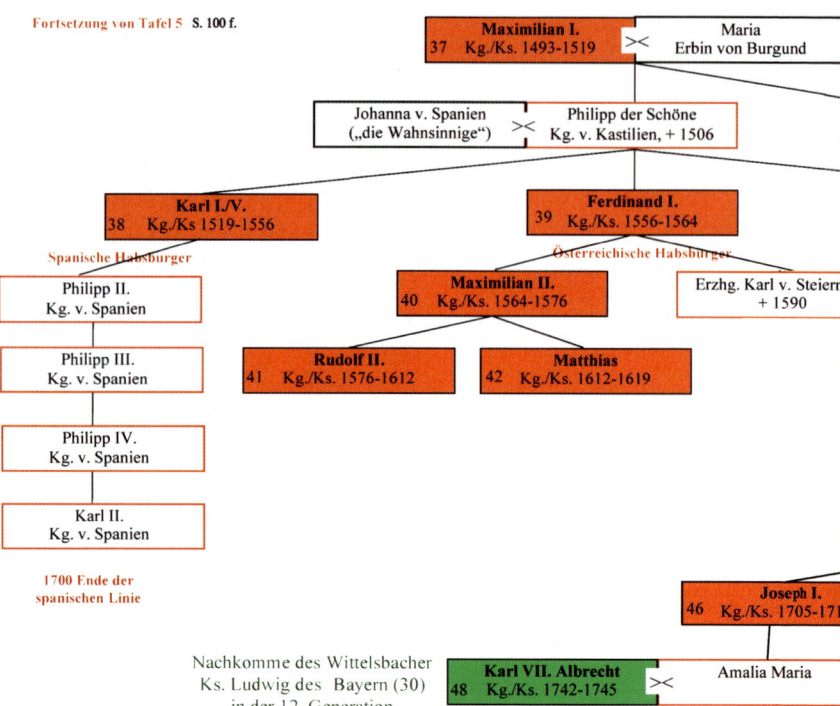

der Ehe mit Maria zwei überleben-de Kinder entsprungen: Philipp, ge-nannt „der Schöne" (1478–1506), und Margarete (1480–1530). Dieses waren die Erben Burgunds, wäh-rend Maximilian hier nicht mehr als die Stellung eines Vormunds mit dem Anspruch, die Regentschaft für sie auszuüben, blieb. Diese Situati-on nützten die Stände, eine harte Opposition gegen ihn zu entfachen und die beiden Kinder unter ihre Obhut zu nehmen. Mit Frankreich wurde 1482 ein Frieden geschlossen und die gerade zweijährige Marga-rethe zu dessen Bekräftigung von den Ständen dorthin ausgeliefert, um sie mit dem französischen Thronfolger Karl zu verloben. So-gleich war auch die Mitgift, die Frei-grafschaft Burgund (der südliche Teil des damaligen burgundischen Einflussgebietes mit der Hauptstadt Besançon), abzugeben. Unter ent-würdigenden Umständen sollte Karl dieses Verlöbnis knapp zehn Jahre später brechen, sollte dann aber auch gezwungen sein, die Freigraf-schaft wieder herauszugeben. Auch Maximilian selbst war in dieser Zeit während der 1480er-Jahre in Flan-dern weiterhin in schwere Ausein-andersetzungen mit den Ständen verstrickt, die 1488, zwei Jahre, nachdem er in Frankfurt zum deut-schen König und Nachfolger seines Vaters gewählt worden war, in seiner Gefangennahme in Brügge und der Hinrichtung seiner Leute gipfelten. Aus dieser äußerst bedrängten Lage

Tafel 6 Die Habsburger

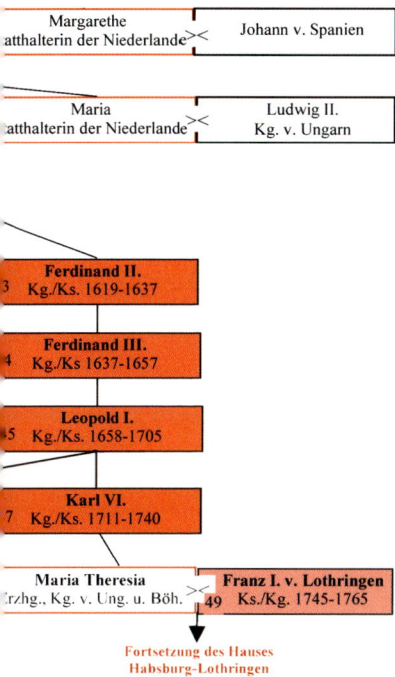

| Margarethe Statthalterin der Niederlande | ✕ | Johann v. Spanien |
| Maria Statthalterin der Niederlande | ✕ | Ludwig II. Kg. v. Ungarn |

Ferdinand II.
Kg./Ks. 1619-1637

Ferdinand III.
Kg./Ks. 1637-1657

Leopold I.
Kg./Ks. 1658-1705

Karl VI.
Kg./Ks. 1711-1740

Maria Theresia
Erzhg., Kg. v. Ung. u. Böh. ✕ **Franz I. v. Lothringen**
Ks./Kg. 1745-1765

Fortsetzung des Hauses Habsburg-Lothringen
Tafel 7 **S. 186 f.**

musste ihn sein Vater Kaiser Friedrich mithilfe eines Reichsheeres befreien, woraufhin 1489 in Frankfurt ein Frieden mit den Ständen geschlossen werden konnte. Erst danach begann sich die Habsburger Herrschaft in Burgund allmählich zu festigen.

Zu dieser Zeit musste Maximilian seinen Blick freilich nach Osten wenden, denn durch die Ambitionen des ungarischen Königs Matthias Corvinus, der in Österreich eingefallen war und Wien besetzt hielt, waren auch die dortigen Erblande der Habsburger in Gefahr geraten. Nach dem Tod des Corvinus 1490 gelang es Maximilian, die Ungarn zu vertreiben und die alten Besitzungen der Familie zurückzuer-

obern. Sogleich unterzog er sie einer grundlegenden Verwaltungsreform, die nicht zuletzt eine Ausweitung seines Einflusses gegenüber den Ständen und eine Steigerung seiner Einnahmen zum Ziel hatte. Mit dem Nachfolger des Corvinus in Ungarn, Wladislaw Jagiello, der seit 1471 zugleich auch König von Böhmen war, schloss er bereits damals einen Vertrag, der für seine spätere Heiratspolitik von Bedeutung wurde, durch den er die Ansprüche der Habsburger auf die Kronen Böhmens und Ungarns zumindest wahrte und den Titel eines Königs von Ungarn führen durfte.

Als sein Vater, Kaiser Friedrich III. 1493 starb und er Herrscher des Reiches wurde, nahm er sich auf dem Reichstag in Worms 1495 endlich das Projekt der seit langem überfälligen, tief greifenden Reform des Reiches vor. In Worms wurde ein „ewiger Landfriede" verkündet und ein ständig tagendes, vom König unabhängiges Reichskammergericht eingerichtet, womit die Fehde als bis dahin gültige Form der Eigenhilfe bei der Durchsetzung von Rechten verboten wurde. Darüber hinaus beschlossen die Reichsstände mit der Erhebung eines „Gemeinen Pfennigs" eine allgemeine Steuer. Weitergehende Versuche, ein eigenes Finanzwesen des Reiches aufzubauen, scheiterten jedoch am Mangel eines eigenen Reichsbeamtentums; weder die Fürsten noch die Kirche ließen sich für das Einziehen der Steuer gewinnen. Die Errichtung einer eigenen, vom Kaiser nicht direkt abhängigen Reichsregierung scheiterte vorerst ebenfalls – dieses an Maximilian, der die Regierungsfunktion stärker seiner eigenen Hofkanzlei und seinem Hofrat vorbehalten wollte. Doch wurde der Reichstag als Institution aufgewertet, indem jährliche Tagungen vereinbart wurden und die Stände des Reiches (außer den Reichsrittern) sich künftig in den drei Kurien des Kurfürstenrats, des Reichsfürstenrats und des Reichsstädterats berieten. In den folgenden Jahren kam es zu weiteren Reformen der Reichsverfassung, so (außer in Böhmen und der Eidgenossenschaft) insbesondere zur Einteilung des Reiches in Reichskreise, an die die Erledigung bestimmter hoheitlicher Aufgaben und Verpflichtungen des Reiches delegiert wurden.

Mitte der 90er-Jahre entfaltete Maximilian verstärkt auch außenpolitische Aktivitäten. Sein Augenmerk galt zunächst Italien: Hatte er 1494 sich in zweiter Ehe mit Bianca Maria Sforza, Tochter des Herzogs von Mailand, verheiratet, was ihm eine

Reichstag in Worms, 1495, Maximilian I. im Kreis von sechs Kurfürsten, zeitgenössischer Holzschnitt

reiche Mitgift, aber weder Eheglück noch weitere Nachkommen einbrachte, so versuchte er im Jahr danach in der „Liga von Venedig" ein internationales Bündnis gegen Frankreich, das in Norditalien eingedrungen war, zu schmieden. Das Zusammenwirken der Partner war freilich labil, dauerhafte Erfolge konnten sie nicht erzielen, und Maximilian musste unverrichteter Dinge von seinem ersten Italienzug zurückkehren.

Letztlich gegen Frankreich gerichtet war auch eines der Meisterstücke seiner weit ausgreifenden Heiratspolitik, die er damals in Angriff nahm. Um dieses Land politisch einzukreisen, verheiratete er seine beiden Kinder Philipp und Margarethe in den Jahren 1496 und 1497 mit den Kindern des spanischen bzw. kastilisch-aragonesischen Königshauses. Dynastisches Glück war ihm beschieden, als Margarethes Mann, Johann, der spanische Thronerbe, schon kurz nach der Hochzeit starb und so letztlich die Ehefrau von Philipp zur Erbin Spaniens wurde. Damit erwarben die Enkel Maximilians im Mannesstamm, die ihm aus der Ehe Philipps schon bald in rascher Folge geboren wurden, zusätzlich zu Österreich und Burgund auch Ansprüche auf Spanien. Der älteste Enkel, der im Jahr 1500 in Gent geborene Karl, wurde 1516 als erster Habsburger König von Spanien, bevor er als Karl V. (38) 1519 auch die Nachfolge Maximilians als Kaiser des Heiligen Römischen Reiches antreten sollte.

Frühzeitig hatte Maximilian sich auch bemüht, die Ansprüche Habsburgs auf Böhmen und Ungarn durch Heiratsverbindungen zu untermauern und daher schon bei der Geburt weiterer Enkel – Ferdinand im Jahr 1503 und seiner Schwester Maria 1505 – entsprechende Pläne geschmiedet. Auch hier kam es mit den Kindern der in Ungarn und Böhmen herrschenden Jagellionen später zur Doppelhochzeit, und auch in diesem Fall verstarb der Kronprinz der Gegenseite, Ludwig II., ohne Nachkommen hinterlassen zu haben. So fielen Böhmen und Ungarn über seine Schwester – der Ehefrau Ferdinands, des späteren Kaisers Ferdinand I. (39) – in den Jahren 1526/27 nun endgültig an die Habsburger, wo sie bis zum politischen Ende der Dynastie 1918 verbleiben sollten.

Maximilian war in vielerlei Hinsicht der Repräsentant eines Zeitalters des beschleunigten Übergangs vom Mittelalter zur Neuzeit. In seinem Handeln und Tun vermischten sich beide Epochen. Aus der Rückschau wurde er als der „letzte Ritter" bezeichnet. Er hatte sich persönlich an Turnieren beteiligt und war, unmittelbar vor dem Aufkommen der Söldnerheere, mit seinen Kriegern noch selbst in den Kampf gezogen. Auch war er der erste Habsburger, der Oberhaupt des von den Burgunderherzögen gegründeten Ordens zum Goldenen Vlies wurde, jenem höchst exklusiven Ritterorden, der künftig eine Domäne seines Hauses sein sollte. Zugleich war er ein großer Förderer des Humanismus und brachte durch seine Reformbemühungen weitreichende Neuerungen in der Reichsverfassung und -verwaltung zustande. Der lange währende Prozess des Rückgangs des päpstlichen Einflusses auf das deutsche Königtum kam darin zum Ausdruck, dass er sich – da er auch auf seinem zweiten Italienzug nicht bis

Kaiser Maximilian I., Porträt von Albrecht Dürer, Öl auf Lindenholz, 1519, Kunsthistorisches Museum, Wien

nach Rom durchdringen konnte – ohne Krönung durch den Papst, aber mit dessen Zustimmung seit 1508 den Titel „erwählter Kaiser" zulegte. Am Ende seines Lebens – er starb 1519 – wurde er noch Zeuge der beginnenden Reformation. Die harte Konfrontation mit ihr, die dem Haus Habsburg bevorstand, sollte aber seinem Enkel Karl V. (38) vorbehalten bleiben. Das immense Reich, über das dieser dann gebot, war aber das Werk seines Großvaters, dem es durch Glück und Geschick gelungen war, von Österreich ausgehend den Umfang der Habsburger Hausmacht während seiner Herrschaftszeit zu vervielfachen und damit in gänzlich neue Dimensionen vorzustoßen.

(38) Ks. Karl V. (1519–1558)

* Gent 24.2.1500, Kg. 1519,
Ks. 1530, Abdankung 1556,
† San Jerónimo de Yuste 21.9.1558,
Grabstätte: Monasterio de San
Lorenzo de El Escorial – Pantheon
der Könige

Karl V. war der eigentliche Gewinner der weit ausgreifenden Heiratspolitik, die sein Urgroßvater, Kaiser Friedrich III. (36) und sein Großvater, Kaiser Maximilian I. (37), so erfolgreich betrieben hatten. In seiner Person sollten die Habsburger die größte Entfaltung ihrer Macht erlangen. Sie unter dem Dach einer Universalmonarchie dauerhaft zu institutionalisieren sollte ihm aber nicht gelingen.

Als Karl im Jahr 1500 geboren wurde, stand bereits fest, dass sein Geschlecht neben Österreich und Burgund auch Spanien mit seinen Gebieten in Süditalien und den Kolonien in Übersee erben würde. Geboren in Gent, empfand er Burgund, das Land seiner großmütterlichen Vorfahren, in dem er aufwuchs, sein Leben lang als seine Heimat. Da seine Eltern sich ohne ihn vielfach im fernen Spanien, dem Herkunftsland seiner Mutter, aufhielten und der Vater, Philipp der Schöne, 1506 bereits verstarb, wurde er weitgehend von seiner Tante Margarethe, die von Kaiser Maximilian I. unterdessen zur Statthalterin der Niederlande ernannt worden war, am Hof von Mecheln erzogen. Von Erziehern wie Adriaan Floriszoon, dem späteren Papst Hadrian VI. (1522/23), umgeben, erhielt er eine vorzügliche Ausbildung. 1515 für großjährig erklärt, erbte er 1516,

als sein Großvater Ferdinand von Aragon gestorben war, die Krone Spaniens und begab sich dorthin, um als Karl I. inthronisiert zu werden. Zu Beginn des Jahres 1519 erreichte ihn die Nachricht vom Tod seines habsburgischen Großvaters Maximilian I., wodurch er auch die alten Habsburger Erblande im Südosten und Südwesten des Reiches erhielt und sogleich Ansprüche auf die Nachfolge auf dem Kaiserthron erhob. Bereits hier gab sich der französische König Franz I., mit dem er sich wenige Jahre zuvor noch in einem Freundschaftsvertrag und dem Plan einer habsburgisch-französischen Heirat verbunden hatte, als sein Gegner zu erkennen. Mit Rückendeckung des Papstes wurde Franz ebenfalls als Kandidat für den Kaiserthron ins Spiel gebracht. Doch die Kurfürsten misstrauten beiden, dem französischen König sowohl als auch dem Papst, und der sächsische Kurfürst Friedrich der Weise, den die Kurie ebenfalls zu einer Kandidatur animieren wollte, verweigerte sich einer Nominierung. Hohe Bestechungsgelder des den Habsburgern wohlgesinnten Bankhauses der Fugger an die Kurfürsten taten ein Übriges, dass Karl schließlich doch einstimmig gewählt wurde. Kurz nach seiner Krönung zum deutschen König 1520 in Aachen nahm er mit Billigung des Papstes wie bereits sein Großvater den Titel „Erwählter Römischer Kaiser" an. Eine formelle Kaiserkrönung durch den Papst erfolgte erst 1530 in Bologna. Es sollte die letzte Krönung durch einen Papst sein.

In Deutschland sah Karl sich sogleich mit der Reformation konfrontiert, deren Auswirkungen sein gesamtes politisches Leben bestimmen sollten. Luther hatte mit seinen Thesen gegen das überbordende kirchliche Ablasswesen und für eine Erneuerung des Glaubens seit 1517 denkbar große Aufmerksamkeit erregt. Von der Kirche zur Rücknahme aufgefordert, blieb er standhaft und wurde zu Beginn des Jahres 1521 vom Papst daher gebannt. Daraufhin nahm sich Kaiser Karl persönlich den Vorgängen an, indem er Luther wenige Wochen später unter Zusicherung freien Geleits auf den Reichstag nach Worms vorlud. Auch hier verweigerte sich Luther einem Widerruf, woraufhin er auch vom Kaiser in Acht getan wurde (Wormser Edikt). Von dem reformatorisch gesinnten Kurfürsten Friedrich dem Weisen auf der Wartburg vor einem Zugriff des Kaisers in Sicherheit gebracht, übersetzte Luther daraufhin die Bibel ins Deutsche. Neben den religionspolitischen Entscheidungen brachte der Reichstag von Worms auch die Einsetzung eines Reichsregiments, eines ständisch fürstlichen Ausschusses, der während der Abwesenheit des Kaisers die Reichsgeschäfte führen sollte und der in den folgenden Jahren verschiedene Initiativen zur Reform des Reiches unternahm. Auch überließ Karl seinem Bruder Ferdinand (39) seit 1521/22 die habsburgischen Erblande und ordnete ihn während seiner Abwesenheit als Statthalter dem Reichsregiment zu. Für den gesamten Rest der 1520er-Jahre, also für mehr als acht Jahre hielt Karl sich dann ganz außerhalb Deutschlands auf. In dieser Zeit war er vor allem in Kriege mit Franz I.

Kaiser Karl V. in seinem Harnisch und mit Kommandostab, Porträt (Ausschnitt) eines unbekannten Künstlers nach Tizian, Öl auf Leinwand, um 1550, Kunsthistorisches Museum, Wien

von Frankreich verwickelt, die in Italien ausgetragen wurden. Diese Auseinandersetzungen gipfelten in der Schlacht bei Pavia am 24. Februar 1525, in der Karl einen überlegenen Sieg errang und es ihm darüber hinaus gelang, König Franz gefangen zu nehmen. Im Frieden von Madrid konnte er Franz zum Verzicht auf das Herzogtum Burgund und zur Aufgabe seiner Ansprüche in Italien zwingen. Zugleich versuchte er, ihn für eine Unterstützung gegen die Türken zu gewinnen, die im Osten des Reiches und im Mittelmeer seinen Einflussbereich bedrohten. Nachdem mehrere Heiratsprojekte gescheitert waren, heiratete Karl im

Jahr 1526 in Sevilla Isabella, Infantin von Portugal. Diese Ehe brachte ihm mit einer Million Dukaten eine Mitgift in exorbitanter Höhe ein, darüber hinaus aber vor allem persönliches Glück und schließlich Nachkommen, die die spanische Linie der Habsburger begründeten. Im gleichen Jahr jedoch brach bereits der zweite Krieg gegen Franz I. aus, der sich mit Papst Clemens VII. sowie Venedig, Florenz und Mailand in der Liga von Cognac gegen Karl verbündet und Kontakte zu den Osmanen aufgenommen hatte. Während dieser Auseinandersetzung, da auch der Papst sich gegen Karl gestellt hatte, kam es 1527 im „Sacco die Roma" zu einer dramatischen Plünderung und Brandschatzung Roms durch deutsche Landsknechte, die das Ende der Renaissance und den Anfang der Erneuerung der Kurie einläutete. Der zweite Krieg zwischen Kaiser Karl und König Franz wurde 1529 durch den „Damenfrieden" von Cambrai, der auf Initiative weiblicher Verwandter beider Königshäuser zustande kam, beendet.

Erst 1530 kehrte Karl wieder nach Deutschland zurück, wo sich unter mancherlei Wirren wie den Bauernkriegen 1525 die Lutheraner zu „Protestanten" formiert hatten. Da die Türken mittlerweile bis vor Wien vorgedrungen waren und zu ihrer Abwehr viel Kraft aufgewendet werden musste, war dem Kaiser ein entschiedenes Vorgehen gegen die Reformation nicht möglich. Auf dem Reichstag zu Augsburg 1530 wurde in seiner Anwesenheit das von Melanchthon formulierte Glaubensbekenntnis der Lutheraner, die „Augsburger Konfession" verlesen. Eine theologische Einigung konnte nicht erzielt werden; die Spaltung zwischen altem und neuem Glauben vertiefte sich weiter. Die protestantischen Reichsstände reagierten auf die ernste politische Bedrohung, die für sie aus dieser Konstellation resultierte, 1531 unter Führung Hessens und Kursachsens durch Zusammenschluss im Schmalkaldischen Bund. Die schwierige Situation ließ sich zunächst nicht entscheiden, und unter dem Eindruck der Bedrohung durch die Türken musste der Kaiser den Protestanten bis auf Weiteres die Ausübung ihres Glaubens gewähren. Im Folgenden unternahm Karl immer wieder Versuche, auf friedlichem Wege zu einer Einigung zu kommen, sei es, dass man ein Konzil ankündigte, das die strittigen theologischen Fragen klären sollte, sei es, dass Vertreter beider Seiten direkt das Religionsgespräch suchten.

In den 30er- und 40er-Jahren war Karl V. verstärkt wieder durch Aktivitäten außerhalb des Reiches in Anspruch genommen und hielt sich daher erneut lange außerhalb Deutschlands auf. Im Mittelmeer war er damit beschäftigt, seinen Einflussbereich gegen türkische Flotten und nordafrikanische Seeräuber aus den sogenannten Barbaresken-Staaten zu sichern. 1534 eroberte er Tunis, ohne jedoch nachhaltige Erfolge erzielen zu können. Auch mit Franz I., der sich an die früher vereinbarten Friedensabkommen nicht gebunden fühlte und bald wieder Ansprüche auf Mailand, dann wieder auf die Niederlande erhob, kam es 1536–38

Die Umklammerung Frankreichs durch die Habsburger im 16. Jahrhundert

und 1542–44 zum dritten und vierten Mal zum Krieg.

In die deutsche Religionsfrage schien 1545 mit der Eröffnung des Konzils in Trient endlich Bewegung zu kommen. Doch die Protestanten blieben ihm fern. Da weitere Vermittlungen scheiterten, kam es 1546–47 doch noch zum Ausbruch eines Krieges zwischen den beiden Konfessionen (Schmalkaldischer Krieg). Kaiser Karl konnte ihn in der Schlacht bei Mühlberg am 24. April 1547 überlegen für sich gewinnen. Die Führer der protestantischen Fürsten, Landgraf Philipp von Hessen (der Gutmütige) und Kurfürst Friedrich Johann von Sachsen gerieten in seine Gefangenschaft. Friedrich Johann wurde die sächsische Kurwürde aberkannt und auf seinen Verwandten aus der Albertinischen Linie des

sächsischen Hauses, Moritz von Sachsen, der sich im Krieg mit dem Kaiser gegen die Protestanten verbündet hatte, übertragen. Seine neu gewonnene Machtstellung versuchte Karl auf dem „geharnischten“ Reichstag zu Augsburg 1547/48 nun gegen die Protestanten auszuspielen. Zwar gestand er ihnen bis auf Weiteres den Laienkelch und die Priesterehe zu, wollte sie aber doch wieder in die Bahnen der alten Kirche zurückzwingen (Augsburger Interim). Damit verbunden war eine Politik, die die Macht des Kaisers gegenüber den Reichsständen, insbesondere gegenüber den Fürsten, ausweiten sollte und die auf eine frühabsolutistische Universalmonarchie hinauslief. Auch versuchte er wenig später, die Kaiserwürde künftig für seinen Sohn Philipp und damit für die spanische Linie zu sichern. Seinem Willen verlieh er durch Heranziehen spanischer Söldnertruppen Nachdruck.

Durch solch rigorose Politik, insbesondere gegenüber den Fürsten, verspielte Karl seinen Sieg von Mühlberg, indem er selbst Konfessions- und Bündnispartner gegen sich aufbrachte. Unter maßgeblicher Beteiligung des von ihm nach dem Schmalkaldischen Krieg begünstigten Moritz von Sachsen kam es Anfang der 50er-Jahre zu einer Verschwörung der Fürsten gegen Karl, die darüber hinaus Frankreich zum Bündnis gegen ihn gewannen. Der Kaiser wurde militärisch völlig in die Defensive gedrängt und musste vor den Truppen der Fürsten die Flucht ergreifen. Im Vertrag von Passau traf Karls Bruder, König Ferdinand, 1552 eine Vereinbarung, die das Augsburger Interim aufhob und Verhandlungen für einen dauerhaften Religionsfrieden vorsah; die beiden noch immer gefangenen protestantischen Fürsten, Philipp von Hessen und Johann Friedrich von Sachsen, wurden endlich wieder in die Freiheit entlassen. Karls Position in Deutschland war nach diesen Ereignissen stark erschüttert. Noch einmal versuchte er sich 1552/53 militärisch gegen Frankreich zu wenden, das im Einverständnis mit den gegen Karl rebellierenden deutschen Fürsten die Reichsstadt Metz und andere Städte besetzt hatte, doch seine Initiative blieb erfolglos.

Karl resignierte immer mehr und überließ die Deutschlandpolitik nun weitgehend seinem Bruder. Der lange währende Ausgleich mit den Protestanten, der 1555 im Augsburger Religionsfrieden gefunden wurde, ist weitgehend dessen Werk. Die damit reichsrechtlich endgültig anerkannte Spaltung der Konfessionen in Deutschland erlebte Karl als ein Scheitern seines Lebenswerkes, das auf die Wahrung der Glaubenseinheit gerichtet gewesen war. Im Jahr 1555 kündigte er daher seinen Rücktritt von allen seinen Ämtern an. Im Jahr darauf übergab er die Kaiserwürde an seinen Bruder Ferdinand, die spanische Königskrone an seinen Sohn Philipp II. Dann begab er sich nach Yuste westlich von Madrid, wo er sich nahe bei dem Kloster San Jerónimo eine Villa erbauen ließ. Hier lebte er noch eineinhalb Jahre in stiller Zurückgezogenheit.

Karls Versuch, eine Universalmonarchie zu errichten und die Einheit der Christenheit zu wahren, war gescheitert. Sein Reich brach auseinander: Die Nachkommen erhielten Spanien mit seinen Ländern in Übersee, die Niederlande und die Besitzungen in Süditalien, während die österreichischen Erblande und die Kaiserwürde der von Ferdinand begründeten Linie zufiel.

(39) Ks. Ferdinand I.
(1558–1564)

* Schloss Alcalá de Henares b. Madrid 10.3.1503, Kg. 1531, Ks. 1558,
† Wien 25.7.1564, Grabstätte: Veitsdom in Prag

Während Karl V. (38) und drei seiner Geschwister in den Niederlanden geboren und dort von ihrer Tante Margarethe erzogen wurden, kamen sein jüngerer Bruder Ferdinand und beider Schwester Katharina in Spanien zur Welt, wo sie unter der Obhut ihres Großvaters mütterlicherseits, König Ferdinand von Aragon, groß wurden. Die Geschwister wuchsen somit völlig getrennt voneinander auf und sollten sich erst spät kennen lernen. Obwohl auch der in Österreich weilende habsburgische Großvater Kaiser Maximilian I. (37) Ferdinand erst in dessen später Jugend erstmals begegnete, schmiedete er insbesondere für Ferdinand, aber auch für seine in Brüssel lebende Schwester Maria, schon während beider frühester Kindheit Heiratspläne, die auf die Sicherung von Habsburger Ansprüchen auf Böhmen und Ungarn gerichtet waren. Das Geflecht der Familie und ihrer Aspirationen war somit vom ersten Atemzug an, den Ferdinand tat, auf ganz Europa gerichtet.
Als der ältere Bruder Karl 1517 nach Spanien kam, um dort sein Erbe als spanischer König anzutreten, begegneten er und Ferdinand, der damals 14 Jahre alt war, sich zum ersten Mal. Vereinbarungsgemäß hatte Ferdinand das Feld zu räumen, verließ Spanien daraufhin für immer und wurde ins Reich ge-

schickt. Drei Jahre später kam auch Karl wieder in den Norden, wo seine Krönung zum deutschen König anstand und er sich den durch die Reformation entstandenen Wirren im Reich annehmen musste.
Da sein Reich zu groß war, sann er auf eine stärkere Beteiligung Ferdinands an dessen Verwaltung: Am Rande des Reichstags von Worms 1521, auf dem die Konfrontation mit Luther anstand, unterzeichnete Karl daher einen Vertag, in dem er Ferdinand die Herrschaft in Österreich übertrug. Im selben Jahr heiratete Ferdinand entsprechend den einstmals entworfenen Plänen seines Großvaters die Jagellionin Anna, die Schwester des jungen, über Böhmen und Ungarn herrschenden Jagellionenkönigs Ludwig II. Kurze Zeit später wurde mit der Heirat von Maria – der Schwester Karls und Ferdinands – mit eben diesem Ludwig auch der zweite Teil des

Kaiser Karl V. und Ferdinand I. im Kampf gegen die Türken; im Hintergrund das belagerte Wien. Miniatur in der Nachfolge Giulio Clovios nach einem Kupferstich des Dirk Volkertsz. Coornhert nach Vorlagen von Maarten van Heemskerck, Italien, um 1556, British Library London

Maximilianischen Eheplans vollzogen. Habsburg war mit den Jagellionen somit in einer Doppelehe verbunden. Kaiser Karl erweiterte 1522 daraufhin Ferdinands Herrschaft über Österreich hinaus auch auf Tirol, die Vorlande und die oberitalienischen Besitzungen.

Die Stände in Österreich rebellierten zwar gegen Ferdinand, den sie als landfremden Herrscher empfanden und seine spanischen Berater, doch dieser konnte den Aufstand ebenso niederschlagen wie die Erhebungen der Bauern 1525 und sich in Österreich etablieren. Schon bald zeichnete sich eine gewaltige Expansion seines Machtbereiches ab. Sein Schwager, Ludwig II. von Böhmen und Ungarn, fiel 1526 im Kampf gegen die Osmanen, ohne dass er einen Nachfolger hinterlassen hätte. Ludwigs Schwester Anna, die Frau Ferdinands, war somit Erbin und brachte Böhmen und Ungarn – nachdem frühere Versuche gescheitert waren – damit endgültig in die Hand der Habsburger. Zwar verlief der Machtantritt in Ungarn, wo mit Johann Zápolya ein Gegenkönig benannt wurde, nicht reibungslos, dennoch markiert dieser Erbfall den Beginn der habsburgischen Donaumonarchie, die für fast 400 Jahre bis 1918 Bestand haben sollte, und Ferdinand war ihr Begründer. Mit einer Verwaltungsreform, die für Jahrhunderte die Administration Österreichs, Böhmens und Ungarns strukturierte und zentrierte, leitete er schnell Schritte zur Integration des neuen Besitzes ein. Zugleich aber musste er seine neuen Länder auch gegen die weiteren Expansionsbestrebungen der Osma-

nen verteidigen, die 1529 Ofen einnahmen und Wien belagerten. Diese massive Gefährdung von Osten blieb eine bestimmende Größe in seiner gesamten Herrschaftszeit.

Ihr entsprach eine nicht minder große Gefährdung im Inneren des Reiches, die von der sich immer mehr verfestigenden Spaltung des Glaubens ausging. In dieser Frage wurde Ferdinand für seinen Bruder, den Kaiser, immer mehr zu einer wichtigen Stütze. Da Karl oft für viele Jahre außerhalb des Reiches weilte, musste ihm daran gelegen sein, die Stellung seines Bruders zu stärken. Er tat es, indem er ihn 1531 zum König wählen ließ und ihm damit die Aussicht auf die Nachfolge als Kaiser eröffnete.

Gleichwohl war das Verhältnis zwischen den Brüdern nicht einfach. Karl ließ gegenüber Ferdinand keinen Zweifel daran, dass in allen wichtigen Entscheidungen ihm der Vorrang gebühre. Doch hatte Karl, der sich seiner Würde als Kaiser sehr bewusst war, wenig Gespür für die schwierigen Verhältnisse in Deutschland, insbesondere nicht gegenüber den nicht minder machtbewussten Fürsten, die er immer mehr seiner Vorrangstellung unterwerfen wollte. Ferdinand war hingegen offener und fand sich leichter zum Ausgleich mit den konfessionellen und politischen Gegnern bereit. Als Karl 1551 den Versuch unternahm, die Kaiserwürde künftig auf seinen Sohn Philipp II. und damit auf die spanische Linie zu übertragen, wurde auch Ferdinand an die Seite der gegen ihn opponierenden Fürsten gedrängt. Als diese sich 1552 teils aus konfessionellen, teils aus rein machtpolitischen Gründen gegen Karl erhoben, war es Ferdinand, der im Vertrag von Passau zunächst den Frieden wieder gewinnen konnte und die Weichen für einen dauerhaften Ausgleich zwischen den Konfessionen stellte. Dies erreichte er 1555 mit Abschluss des Augsburger Friedens, der von habsburgischer Seite wesentlich sein Werk war, während sein Bruder Karl sich daraufhin resigniert ganz zurückzog. Dieser Friedensvertrag sah endgültig die reichsrechtliche Anerkennung der lutherischen Protestanten (nicht jedoch der verschiedenen reformierten Bekenntnisse, insbesondere der Calvinisten) vor. Das Reich verlor die Religionshoheit zugunsten der Territorien, wo künftig die Fürsten, auch die Reichsritter, freie Konfessionswahl hatten. Deren Untertanen hatten die Konfession ihres Landesherrn zu übernehmen; für den Fall, dass sie sich dem nicht anschließen wollten, wurde ihnen, sofern sie nicht leibeigen waren, das Recht zur Auswanderung zugestanden. In den Reichsstädten, in denen zum damaligen Zeitpunkt beide Glaubensbekenntnisse vorhanden waren, wurde dieser Zustand der Bikonfessionalität anerkannt. Für kirchliche Territorien wurden Sonderregelungen getroffen. Auch in Sachen Reichsreform, um die man sich seit einem halben Jahrhundert bemüht hatte, erlangte das Augsburger Friedenswerk endlich ein Ergebnis, indem man die zehn Reichskreise mit der Exekution von Urteilen des Reichskammergerichts und der Aufstellung des Heeres beauftragte. Damit wurden die Stände (weltliche und geistliche Fürsten

Ferdinand I., Porträt von Hans Schwarz, Uffizien, Florenz

und Städte) gegenüber dem Reichsoberhaupt bedeutend gestärkt.

Nach dem Rücktritt seines Bruders wurde König Ferdinand I. 1558 in Frankfurt zum „Erwählten Römischen Kaiser" proklamiert. Die Zentralbehörden des Reichs (Reichshofrat und Reichskanzlei) wurden am Sitz des Kaisers neu organisiert. In der Rechtsprechung etablierte sich mit dem Reichshofrat eine konkurrierende Institution zum Reichskammergericht.

Durch verschiedene religionspolitische Maßnahmen versuchte Ferdinand noch eine Stärkung des katholischen Glaubens. Seinen Sohn Maximilian (40) vermochte er 1562 zum römischen König wählen zu lassen. Da dieser dem Protestantismus zuneigte, hatte er ihn zuvor jedoch auf die Treue zur katholischen Kirche festgelegt. Seine eigenen Lande, die Ferdinand unter seinen drei überlebenden Söhnen aufteilte, hatte er den Jesuiten geöffnet, die damit entsprechend den Richtlinien, die auf dem 1563 zu Ende gegangenen Konzil von Trient verabschiedet wurden, eine machtvolle Gegenreformation einleiteten.

(40) Ks. Maximilian II.
(1564–1576)
* Wien 31.7.1527, Kg. 1562,
Ks. 1564,
† Regensburg 12.10.1576, Grabstätte: Veitsdom in Prag

Maximilian II. war unter den Habsburgern im Zeitalter der Glaubensspaltung derjenige, der den Protestanten am meisten Sympathien entgegenbrachte und der daher womöglich am ehesten zum Ausgleich befähigt war. Als ältester Sohn Ferdinands I. (39) in Wien geboren, verbrachte er einen großen Teil seiner Kindheit in Innsbruck. Bereits in seiner Jugend zeigte er unter dem Einfluss von Erziehern, die insgeheim der Reformation zuneigten, Interesse am protestantischen Glauben. Das verhinderte aber nicht, dass er ob seiner lebensfrohen und offenen Art auch beim Oberhaupt der Familie, seinem strikt dem alten kirchlichen Glauben verbundenen Onkel Kaiser Karl V. (38), große Zuneigung genoss. Im Alter von siebzehn Jahren zog Karl ihn an den spanischen Hof, um Einfluss auf seine weitere Erziehung zu nehmen. Auch an der Schlacht von Mühlberg 1547, in der Karl gegen die Protestanten einen glänzenden Sieg errang, nahm Maximilian teil, zeigte sich von der Haltung der Lutheraner aber beeindruckt. Erneut nahm ihn Karl mit

nach Spanien und verheiratete ihn 1548 mit seiner Tochter Maria, Maximilians Cousine, um ihn stärker in die katholisch orientierte Familienpolitik einzubinden. Es war dies die erste Heirat zwischen den spanischen und den österreichischen Habsburgern, der in den nächsten 120 Jahren noch sechs weitere Ehebündnisse folgen sollten. Während seiner Abwesenheit vertraute Karl dem jungen Paar die Statthalterschaft in Spanien an. Maria versuchte, auf ihren Gatten gerade auch in religiöser Hinsicht Einfluss zu nehmen, was jedoch wenig fruchtete. Gleichwohl waren sie einander glücklich verbunden und hatten zusammen 16 Kinder.

Maximilians Sympathien für die Reformation bereiteten seinem Vater, Kaiser Ferdinand (39), Sorge, weckten aber auch den Argwohn des Papstes und des Cousins, des späteren Familienoberhauptes und Königs von Spanien Philipp II. Der Festlegung auf die Religion seiner Familie entzog Maximilian sich mit dem Hinweis, er sei weder Katholik noch Protestant, sondern Christ. Erst als sich für ihn die Nachfolge auf dem Kaiserthron abzeichnete, war er gezwungen, sich zumindest nach außen hin klar zu entscheiden, da es undenkbar war, dass ein Protestant die auf römischer Tradition ruhende Kaiserkrone trug. So ließ sich von seinem Vater auf den katholischen Glauben festlegen und konnte 1562 damit zum römisch-deutschen König gewählt werden. Der Papst war – sieben Jahre, nachdem mit dem Augsburger Religionsfrieden die Protestanten sich verfassungsrechtliche Anerkennung im

Reich verschafft hatten – aus dem Prozedere der Inthronisation unterdessen ganz ausgeschlossen. Auch fuhr man seit Maximilian II. nicht mehr nach Aachen, sondern setzte dem König fortan nach der Wahl in Frankfurt hier auch die Kaiserkrone auf. Den Titel „Römischer Kaiser" durfte er in dem Moment tragen, da sein Vater und Amtsvorgänger verstarb, was hier 1564 der Fall war.

Als Kaiser hatte Maximilian die Interessen des Reiches zu wahren. Einer der Führer der Protestanten während des Schmalkaldischen Krieges, Johann Friedrich von Sachsen, verschwor sich gegen ihn, um die Kurwürde, die ihm Kaiser Karl V. entzogen hatte, wieder zu erlangen. Maximilian ließ ihn verhaften und für den Rest seines Lebens internieren. In den eigenen Erblanden ließ er den Protestanten unter dem Adel gewisse Freiräume zur Ausübung ihrer Religion. Im Reich versuchte er, den Bestimmungen des Augsburger Religionsfriedens Geltung zu verschaffen, wozu freilich auch gehörte, den reformierten Bekenntnissen keinen Spielraum einzuräumen. Den von einer Adelsopposition begünstigten Aufstand in den Niederlanden, der 1566 in einem rigorosen Bildersturm durch calvinistische Eiferer gipfelte, in dem binnen weniger Tage fast 400 Klöster und Kirchen verwüstet wurden, verurteilte er ebenso, wie er die harten Unterdrückungsmaßnahmen, mit denen sein Vetter König Philipp durch Entsendung des Herzogs von Alba reagierte, diskret, ohne es zum Bruch kommen zu lassen, kritisierte. Schärfstens wandte er sich gegen das in der Bartholomäusnacht 1572 in

Maximilian II., Gemälde von Anthonis Mor, Öl auf Leinwand, Museo del Prado, Madrid

Paris verübte Massaker an den Hugenotten, womit Frankrcich in ein Zeitalter blutiger Religionskriege taumelte.

In Ungarn gelang es ihm trotz verschiedener Bemühungen nicht, den Einfluss der Osmanen und des von ihnen unterstützten Herrschers über Siebenbürgern einzudämmen. Durch die Ehe zweier seiner Schwestern mit dem letzten Jagellionenherrscher in Krakau, Sigismund II. August, erhoffte Maximilian sich auch Ansprüche seiner Dynastie auf Polen. Nach dem Tod Sigismunds 1572 musste er kurzzeitig dem späteren französischen König Heinrich von Anjou das Feld überlassen, bis es bei einer erneuten Wahl zu einem Doppelkönigtum über Polen kam. Bevor

Maximilian Anstrengungen unternehmen konnte, diese Situation militärisch zu entscheiden, verstarb er 1576 in Regensburg.

Seiner offenen Haltung in Glaubensfragen blieb er bis zum letzten Atemzug treu, als er sich selbst auf Bitten seiner spanisch-katholischen Ehefrau weigerte, die Sterbesakramente anzunehmen. In seiner kurzen Herrschaftsperiode war das Reich von Religionshändeln weitgehend frei geblieben.

(41) Ks. Rudolf II.
(1576–1612)
* Wien 18.7.1552, Kg. 1575, Ks. 1576
† Prag 20.1.1612, Grabstätte: Veitsdom in Prag

Mit Rudolf II. kam 1576 eine in mancher Hinsicht rätselhafte und sehr introvertierte Persönlichkeit auf den Kaiserthron. Als unergründlicher „Sonderling auf der Prager Burg" wurde er bezeichnet. Widersprüchliche Erfahrungen in seiner Kindheit haben sein späteres Verhalten maßgeblich beeinflusst. Rudolf verlebte unter seinem in Religionsfragen sehr offenen Vater, dem späteren Kaiser Maximilian II. (40), in Wien zunächst eine unbeschwerte Kindheit. Als der Vater sich gegenüber dem Ansinnen der Familie jedoch weigerte, Rudolfs und seiner Geschwister Erziehung den Jesuiten zu überantworten, ließ der Großvater, Kaiser Ferdinand I. (39) sich von seinem Neffen, dem spanischen König Philipp II. dazu bewegen, sie in dessen Obhut zu geben. So kam Rudolf im Alter von elf

Jahren gemeinsam mit seinem Bruder Ernst an den rigoros katholisch orientierten spanischen Hof mit seinem strengen und ausgefeilten Hofzeremoniell. Nahm Rudolf von diesem Aufenthalt bestimmte Gewohnheiten wie die schwarze spanische Tracht und das auf Stolz und Distanziertheit bedachte Hofzeremoniell später mit zurück ins Reich, so war sein Aufenthalt in Spanien auch mit sehr bedrückenden Erfahrungen belastet; dazu gehörte das Erlebnis des mysteriösen Todes seines Großvetters Don Carlos, der in einen tödlichen Konflikt mit seinem Vater, Philipp II., verstrickt war. Rudolfs spätere Weigerung zu heiraten dürfte in diesen düsteren Jugendeindrücken ihren Grund haben. Zugleich hatte Rudolf dem weltoffenen Hof seines Vaters und dem langjährigen Aufenthalt in Spanien eine herausragende Bildung mit besonderer Vorliebe für Astrologie und Astronomie und die Fähigkeit, fünf Sprachen fließend zu beherrschen, zu verdanken.

Der Vater, Kaiser Maximilian II., vermochte Rudolf noch zu Lebzeiten 1572 und 1575 auf den Thronen von Böhmen und Ungarn zu installieren, schließlich gelang es 1575 auch, ihn noch zum römisch-deutschen König wählen zu lassen. Ein Jahr später wurde Rudolf mit dem Tod Maximilians selbst Kaiser. Eine seiner ersten Maßnahmen war die Verlegung seiner Residenz nach Prag. Da Rudolf ein großer Förderer von Kunst und Wissenschaft war, erlebte Prag unter ihm eine glanzvolle Epoche und wurde zu einem Zentrum des kulturellen Geschehens in Europa. Er zog Personen wie Kepler oder den dänischen Astronomen Tycho Brahe an sich und war ein bedeutender Förderer der Kunst des Manierismus, der Künstler wie Bartholomäus Spranger, Hans von Aachen oder Giuseppe Arcimboldo an seinen Hof holte. Rudolf hatte damit einen wichtigen Anteil am Aufbau der österreichischen Kunstsammlungen, die heute im Wiener Kunsthistorischen Museum zu sehen sind. Ganz nach Böhmen zurückgezogen legte Rudolf die Verwaltung in Nieder- und Oberösterreich zunächst in die Hände seines Bruders Ernst. Trotz seiner Erziehung am spanischen Hof war Rudolf in seiner Religionspolitik relativ freizügig. Er war bereit, die Positionen der katholischen Kirche zu verteidigen, respektierte ansonsten aber den unterdessen zur Realität gewordenen religiösen Pluralismus im Reich. Auch war er von der Hoffnung geleitet, die christlichen Kirchen mögen sich eines Tages wieder verei-

Kaiser Rudolf II., Porträt von Hans Achen, Öl auf Leinwand, um 1606/08, Kunsthistorisches Museum, Wien

Die österreichische Kaiserkrone. Rudolf II. ließ sie 1602 in seiner Prager Hofwerkstätte als Hauskrone anfertigen. 1804 wurde sie zur Kaiserkrone, Schatzkammer Wien

nen. Dennoch konnte er nicht verhindern, dass die konfessionellen Gegensätze während seiner Regierungszeit zunahmen und der Streit, um die Auslegung des Augsburger Religionsfriedens ein Dauerproblem wurde. So etwa kam es über das Kölner Kurfürstentum 1582/83 zum Streit als der dortige Erzbischof zum Protestantismus zu wechseln beabsichtigte und er daher aufgrund einer Klausel des Augsburger Religionsfriedens von 1555 (dem sogenannten „geistlichen Vorbehalt") aller Ämter und Rechte verlustig ging (Kölner Krieg). Das Kurfürstentum wurde für den Katholizismus künftig gesichert, indem man für fast 200 Jahre kontinuierlich ein Mitglied der bayerischen Wittelsbacher, die sich mehr als die eigentliche Speerspitze unter den katholischen Fürsten etablierten, zum Erzbischof von Köln berief. Auch der Reichstag wurde zunehmend vom konfessionellen Gegensatz gelähmt; die Fürsten spalteten sich seit 1608/09 in zwei mächtige Lager: Der unter Führung der Kurpfalz gebildeten protestantischen „Union" stand die unter der Leitung Bayerns stehende katholische „Liga" gegenüber.

Wie seine Vorgänger wurde auch Rudolf im Osten wieder mit den Türken konfrontiert, mit denen er sich zwischen 1593 und 1606 in einem langwierigen Krieg verfing, der auch seiner mit Rekatholisierungsbemühungen versehenen Herrschaft in Ungarn Schwierigkeiten bereitete. Der Krieg mit dem Sultan wurde durch das Eingreifen seines Bruders, Erzherzog Matthias, beendet. Mit diesem nahen Verwandten war Rudolf zu diesem Zeitpunkt bereits in einen tiefen Zwist verstrickt. Matthias war dem 1595 verstorbenen Bruder Ernst in seiner Eigenschaft als Statthalter von Österreich nachgefolgt. Da Rudolf sich in seinen letzten Jahren dank einer tiefen Melancholie – manche Autoren sprechen von Schizophrenie – seinen Regierungsgeschäften persönlich immer weniger gewachsen zeigte, sich vor allem aber beharrlich weigerte, sich zu verheiraten und somit die Nachfolge der Dynastie zu sichern, bemühte Matthias sich, ihn abzulösen. Im Jahr 1606 ließ Matthias sich in geheimen Verhandlungen ohne Rudolfs Wissen von seinen Verwandten zum Oberhaupt des Hauses ernennen und gewann die Unterstützung der Stände in Österreich, Ungarn und Mähren. 1608 zwang er Rudolf unter Einsatz mi-

litärischer Gewalt, ihm diese Länder abzutreten. So in die Defensive gedrängt, suchte der Kaiser seinerseits Unterstützung bei den Ständen in Böhmen, was seine vollkommene Entmachtung durch Matthias zunächst verhinderte. Der Preis für deren Hilfestellung war der berühmte „Majestätsbrief" von 1609, in dem Rudolf den böhmischen Ständen die volle Religionsfreiheit gewährte. Auch wenn dieses Edikt, das auch auf Schlesien ausgeweitet wurde, nur kurze Zeit Geltung hatte, so war es doch ein Meilenstein in der Entwicklung religiöser Toleranz. Da Rudolf durch ungeschicktes Taktieren jedoch weiter in die Isolation geriet und sich auch unter den Kurfürsten schließlich eine Mehrheit zu seiner Absetzung bereitfand, konnte Matthias kurze Zeit später weitere Erfolge erzielen und seinen Bruder im Jahr 1611 zwingen, ihm die Königskrone von Böhmen zu überlassen. Seither war Rudolf gewissermaßen sein Gefangener in der Residenz auf dem Hradschin. Nur noch formal hielt Rudolf den Kaisertitel, hatte faktisch aber alle Macht verloren. Bevor es zu seiner endgültigen Absetzung kam, verstarb er zu Beginn des Jahres 1612.

(42) Ks. Matthias (1612–1619)
* Wien 24.2.1557, Kg. 1612,
Ks. 1612,
† Wien 20.3.1619, Grabstätte:
Kaisergruft des Kapuzinerklosters
in Wien

Erzherzog Matthias hatte als siebtgeborenes Kind Kaiser Maximilians II. (40) zunächst wenig Aussicht, auf den Kaiserthron zu gelangen. Seine Zukunftschancen schienen in kaum mehr zu bestehen als in einem durch kaiserliche Apanage gesicherten standeswürdigen Lebenswandel. Gegenüber seinem ältesten Bruder, Kaiser Rudolf (41), der mit großem geistigem Vermögen begabt und daher hoch gebildet war, war Matthias, als Kind gutmütig und friedfertig, von schlichterer Art. Dieses Gefälle zwischen den Brüdern bewirkte bei Matthias ein Gefühl der Minderwertigkeit gegenüber Rudolf, was fatale Folgen haben sollte.

Im Alter von zwanzig Jahren ließ Matthias sich zu einem unkalkulierbaren Abenteuer in den Niederlanden hinreißen. Hatte sein kurz zuvor verstorbener Vater, Kaiser Maximilian, die harte Politik seines Vetters, König Philipps II. von Spanien, gegenüber den niederländischen Ständen abgelehnt, so ließ Matthias sich ohne Wissen seines Bruders Rudolf, dem Kaiser, 1577 von gemäßigten Abgeordneten der rebellierenden Generalstaaten als Statthalter gewinnen, womit er sich gegen Philipp II. stellte. Zwar schätzte man in den Niederlanden sein leutseliges Temperament, doch stellte sich bald heraus, dass er ohne Willenskraft und ohne politische Begabung war. Matthias musste sich unter den Schutz Wilhelms von Oranien begeben, sein Spielraum war daher schon schnell eingeengt. 1581 kehrte er gescheitert nach Österreich zurück, wo er von Rudolf nach Linz und damit in eine politisch abseits liegende Position verwiesen wurde. Jahrelang suchte er nach neuen Möglichkeiten des Einflusses, sei es, dass er nach geistlichen Pfründen strebte, sei es,

Kaiser Matthias, Darstellung von Josef Danhauser im Frankfurter Kaisersaal

dass er als Kandidat für den polnischen Königsthron gehandelt wurde oder sich um die Regentschaft in Tirol und den Vorlanden bemühte. Erst als sein älterer Bruder Erzherzog Ernst 1594 die Statthalterschaft in den Niederlanden antrat, konnte er in dessen verlassene Position als Statthalter von Österreich einrücken. In dieser Stellung bekannte er sich zu einer stärker gegenreformatorisch akzentuierten Politik als dies zuvor erkennbar war. Sein maßgeblicher Berater wurde zu dieser Zeit Melchior Klesl, Sohn eines protestantischen Bäckermeisters aus Wien, der, zum katholischen Glauben übergetreten, eine glänzende Karriere in Kirche und Politik machte, die ihm 1602 den Bischofsstuhl seiner Heimatstadt und andere hohe Ämter einbrachte.

Da sich bei Matthias' Bruder Rudolf seit den 90er-Jahren der psychisch-mentale Verfall immer deutlicher abzeichnete und seine manifest zutage tretende Handlungs- und Entscheidungsunfähigkeit sich vor allem auch darin zeigte, dass er keine Anstalten machte, durch Heirat das Nachfolgeproblem der Dynastie anzugehen, sah Matthias sich immer mehr zum Handeln gedrängt. Er verstand es, sich der Rückendeckung seiner Verwandten zu versichern und wurde von ihnen bald als Oberhaupt der Familie anerkannt. Der Zwist zwischen den Brüdern verschärfte sich, als Matthias auf Anraten von Klesl eigenständige Friedenspolitik gegenüber den Türken betrieb und Rudolf die Anerkennung der Verhandlungsergebnisse im Frieden von Zsitva-Torok 1606 abtrotzte. Das Verhältnis zwischen den Brüdern war zu diesem Zeitpunkt von tiefem Hass und Argwohn bestimmt. Matthias betrieb daraufhin gezielt die sukzessive Entmachtung Rudolfs, indem er sich mit den opponierenden Ständen in Österreich, Mähren und Ungarn verbündete und seinen Bruder 1608 schließlich sogar militärisch angriff. So vermochte er seinem insgesamt unglücklich agierenden Bruder der Reihe nach die Königskronen von Ungarn und Böhmen abzutrotzten und ihn unter Belassung der bloß noch formalen Kaiserwürde faktisch ganz zu entmachten, bis Rudolf am 20. Januar 1612 starb.

Matthias wurde daraufhin im gleichen Jahr selbst zum Kaiser gewählt und hatte damit seinen Ehrgeiz befriedigt. Als Kaiser war er nicht in der Lage, selbstständig etwas Entscheidendes zu bewirken; die Leitung der Regierungsgeschäfte überließ er weitgehend seinem Vertrauten Klesl. Dieser versuchte erneut eine Politik des Ausgleichs zwischen den Konfessionen, nicht zuletzt mit dem übergreifenden Ziel, die Stände des Reiches und der Erblande für einen Feldzug gegen die Türken zu gewinnen. Doch stieß er mit diesem Begehren in beiden konfessionellen Lagern auf Widerstände. Die Einigung gelang nicht, dafür aber eine vertraglich gesicherte Verlängerung des Friedens mit den Türken bis zum Jahr 1635.

Da Matthias erst im 55. Lebensjahr wenige Monate nach seiner Kaiserkrönung geheiratet hatte, war auch bei ihm wie bei seinem Bruder fraglich, ob er in der Lage sein würde, die Zukunft der Dynastie zu sichern. Schon früh versuchten daher seine Verwandten, mit seinem streng katholischen Vetter Ferdinand von Steiermark (43) einen Garanten der eigenen Konfession als Nachfolger aufzubauen. König Philipp III. von Spanien, der über seine österreichische Mutter, einer Schwester von Kaiser Matthias, ebenfalls Erbansprüche zu haben glaubte, verzichtete auf die Kaiserwürde sowie auf Böhmen und Ungarn, weil man ihm das strategisch wichtige Elsass und die Ortenau sowie die Reichslehen in Italien zusicherte (Oñate-Vertrag v. 1617) – ein Vorgang, der später erheblich zur Internationalisierung des Dreißigjährigen Krieges beitrug.

In Böhmen verschärften sich unterdessen die konfessionellen Gegensätze. Während es mit den Protestanten um ihre im „Majestätsbrief" Rudolfs II. garantierten religiösen Rechte zu Konflikten kam, wurde unter Verpflichtung auf die Bestimmungen eben dieses Briefes zugleich der streng katholische Ferdinand II. 1617 zunächst zum König von Böhmen und im Jahr darauf auch als König von Ungarn gewählt. Da der Kaiser seit dem Tod seines Bruders Rudolf die habsburgischen Residenzfunktionen wieder von Prag nach Wien zurück übertrug und in Böhmen nur noch Statthalter platzierte, geriet die Lage dort jedoch immer mehr außer Kontrolle. Unter Führung des Grafen Heinrich Matthias Thurn erhoben sich die mehrheitlich protestantischen Stände in einer Revolte gegen die katholische Herrschaft der Habsburger. Am 23. Mai 1618 eskalierte sie im legendären Prager Fenstersturz, bei dem die kaiserlichen Statthalter aus der Prager Burg geworfen wurden. In diesem Akt brachen sowohl die konfessionellen Konflikte hervor als auch die machtpolitischen Spannung zwischen den Ständen des Landes und dem König aus Österreich. Die Stände rissen die Macht an sich und verwiesen die Vertreter des Katholizismus und der Gegenreformation – die Jesuiten, den Prager Bischof und die Mönche verschiedener Klöster – aus Böhmen. Der Kaiserhof in Wien war unschlüssig, wie er auf diese extremen Vorgänge zu reagieren hatte. Melchior Klesl, der Berater Kaiser Matthias', strebte erneut nach einer Politik des Ausgleichs; König Ferdinand von Böhmen hingegen setzte auf Konfrontation und ließ Klesl gefangen nehmen. Kaiser Matthias, von Depressionen und Altersbeschwerden gezeichnet, resignierte daraufhin, ließ Klesl fallen und seinen jungen Nachfolger frei gewähren. Damit gewann am Habsburgerhof die Kriegspartei die Oberhand, nicht ahnend, dass man am Beginn eines verheerenden dreißigjährigen Krieges stand.

Kaiser Matthias verstarb in den Anfängen dieser Wirren am 20. März 1619. Seine fromme Gattin, Kaiserin Anna, hatte in Wien ein Kapuzinerkloster erbauen lassen. Dort fanden beide ihre letzte Ruhestätte. Es sollte in der Folge zur Grablege nahezu aller Angehörigen des österreichischen Hauses Habsburg werden.

(43) Ks. Ferdinand II.
(1619–1637)
* Graz 9.7.1578, Kg. 1619, Ks. 1619, † Wien 15.2.1637, Grabstätte: Habsburger Mausoleum in Graz

Unter der Erziehung seiner Mutter, der bayerischen Prinzessin Maria, wuchs Ferdinand, der Sohn Erzherzogs Karl von Innerösterreich, zu einem frommen Katholiken heran. Um ihn dem Einfluss der Protestanten, die in seiner Geburtsstadt Graz auf dem Vormarsch waren, zu entziehen, wurde er in die Heimat der Mutter geschickt und dort unter Aufsicht seines Onkels Herzog Wilhelm V. von Bayern an der von Jesuiten geleiteten Universität Ingolstadt weiter ausgebildet.

In Innerösterreich und in Tirol als Landesfürst an die Regierung gekommen, führte Ferdinand gegen Ende der 1590er-Jahre rigorose gegenreformatorische Maßnahmen durch, die viele Protestanten zur

Auswanderung veranlassten – ein Exodus, der nicht ohne schadhafte Folgen für das Wirtschaftsleben blieb. Im Zwist seiner Vettern, der Brüder Kaiser Rudolf (41) und Erzherzog Matthias (42), bezog er nicht eindeutig Position. Als auch Matthias in seiner Zeit als Kaiser nicht in der Lage war, das Nachfolgeproblem der Dynastie zu lösen, einigte Ferdinand sich mit seinem spanischen Verwandten König Philipp III., dass er gegen die Abtretung des Elsass und anderer Gebiete in den Vorlanden sowie der Reichslehen in Italien an diesen die Kaiserkrone sowie Böhmen und Ungarn bekommen sollte (Oñate-Vertrag v. 1617). In Böhmen wurde er daraufhin 1617, in Ungarn im Jahr danach zum König gewählt. Doch gab es zu diesem Zeitpunkt insbesondere in Böhmen bereits große Schwierigkeiten mit den protestantischen Ständen, die sich auf die von Ks. Rudolf II. im Majestätsbrief von 1609 gewährten Freiheiten berufen konnten, zu deren Anerkennung Ferdinand gezwungen war. Im Mai 1618 eskalierten die Spannungen. Die böhmischen Stände erhoben sich gegen die Habsburger, indem sie in einem symbolträchtigen Akt deren Statthalter zum Fenster ihrer Residenz im Hradschin hinauswarfen (Prager Fenstersturz). Diese Rebellion, mit der die Stände die Macht in Böhmen an sich rissen, markierte den Beginn des Dreißigjährigen Krieges. Ferdinand zeigte sich ob seines strengen Katholizismus zur Konfrontation bereit und ließ den auf Ausgleich sinnenden Berater des alten Kaisers Matthias, Melchior Klesl, verhaften. Als Matthias, der

resignierte, schon bald danach 1619 starb, wurde Ferdinand selbst zum Kaiser gewählt. Währenddessen weitete sich der Aufstand in Böhmen auch auf Österreich aus, dessen protestantisch gesinnte Stände sich mit den böhmischen verbündeten. Letztere erklärten Böhmen schließlich zum Wahlreich, setzten Ferdinand als ihren König ab und beriefen den Führer der protestantischen Union im Reich, Kurfürst Friedrich V. von der Pfalz, zum neuen Herrscher ihres Landes. Damit mutierte der böhmische Konflikt zu einer reichsweiten Angelegenheit.

Kurfürst Friedrich, der mit seinem Wittelsbacher Verwandten und Führer der katholischen Liga, Herzog Maximilian von Bayern, zuvor noch die Verständigung gesucht hatte, konnte nicht verhindern, dass mit diesem revolutionären Vorgang das katholische Lager, die Liga, aktiviert wurde. Unter Führung Herzog Maximilians rückte ein katholisches Heer gegen die Protestanten in Böhmen vor und brachte ihnen am 8. November 1620 in der Schlacht am Weißen Berg eine vernichtende Niederlage bei. Friedrich von der Pfalz (ob seines nur kurzen Aufenthalts in Böhmen der „Winterkönig" genannt) konnte sich nur durch Flucht ins Ausland retten, da auch die Kurpfalz von einem Heer der Liga unter dem Feldherrn Johann von Tilly (1559–1632) eingenommen wurde. Kaiser Ferdinand verhängte über Friedrich die Reichsacht, nahm ihm die Kurwürde und übertrug sie 1623 auf Maximilian von Bayern. Damit war Bayern in den Rang eines Kurfürstentums erhoben. Die Anführer des böhmischen Aufstandes ließ der

Kaiser hart bestrafen; etwa die Hälfte des adligen Grundbesitzes wurde enteignet und zum großen Teil an landfremde Geschlechter verteilt. Die Gegenreformation wurde rigoros durchgeführt, was 150.000 Protestanten zur Auswanderung veranlasste. 1627 führte Ferdinand in Böhmen eine neue Landesordnung ein, die seine Rechte als König gegenüber den Ständen im Sinne des Absolutismus beträchtlich ausweitete, ein Erbrecht der Habsburger einführte und Regierungsfunktionen künftig in Wien zentrierte.

In der Folgezeit übernahm für die Protestanten im Reich König Christian IV. von Dänemark die Führung, womit der Dreißigjährige Krieg als niedersächsisch-dänischer Krieg in seine zweite Phase eintrat. Der Kaiser fand in der Person Albrecht von Wallensteins (1583–1634) einen eigenen Kriegsherrn, der die kaiserlichen Truppen für die nächsten Jahre befehligte. Gemeinsam mit den Truppen der Liga unter Führung von Tilly verlagerte Wallenstein den Krieg nach Norddeutschland, wo beide gemeinsam militärische Erfolge erringen konnten. Im Frieden von Lübeck schied der dänische König 1629 endgültig aus dem Krieg aus.

Kaiser Ferdinand befand sich auf dem Höhepunkt seiner Macht. Dies verleitete ihn – ohne Rücksprache mit den Kurfürsten genommen zu haben – zum Erlass des Restitutionsedikts am 6. März 1629. Mit dieser (reichsrechtlich umstrittenen) Anordnung forderte er alle Kirchengüter, also Bistümer, Stifte, Klöster etc. zurück, die den Katholiken seit dem Passauer Vertrag von 1552 entzogen und den Protestanten

Ferdinand II., Darstellung von Johann Peter Krafft im Frankfurter Kaisersaal

übertragen worden waren – eine Maßnahme, die die Gewichte der Konfessionen stark zugunsten der Katholiken verändert hätte. Zugleich planten der Kaiser und Wallenstein einen Seekrieg gegen die Niederlande und gegen Schweden, um die Gegenreformation auch in den Norden zu tragen.

Dies veranlasste den schwedischen König Gustav Adolf II. 1630 zur Gegenreaktion und zur Landung mit 20 000 Mann in Vorpommern. Auch Frankreich unterstützte die Schweden zunächst mit Hilfsgeldern. Diese von 1630 bis 1635 während dritte Phase der Auseinandersetzungen ging als Schwedischer Krieg in die Geschichte ein. Der Machtanstieg Kaiser Ferdinands beunruhigte aber nicht allein die Protestanten und das mit ihnen verbündete Ausland, sondern die deutschen Fürsten generell, auch die im eigenen katholischen Lager, namentlich den Führer der Liga, Maximilian von Bayern. Die Fürsten sahen durch das absolutistische Machtgebaren des Kaisers ihren Einfluss (ihre „Libertät") bedroht und erzwangen vom Kaiser 1630 daher die Entlassung Wallensteins. Kriegsführung und Außenpolitik sollten der reichsständischen Kontrolle unterworfen sein.

Tilly versuchte mit den Truppen der Liga vergeblich, das Vordringen Gustav Adolfs und seiner Verbündeten nach Süddeutschland aufzuhalten; beide, Tilly und Gustav Adolf, kamen 1632 im Schlachtengewirr ums Leben. Als seine Erblande bedroht waren, sah der Kaiser sich daher gezwungen, Wallenstein erneut in seine Dienste zu nehmen. Diesem gelang schon bald eine Konsolidierung der militärischen Lage, doch konnte er die Schweden nicht bezwingen. Da er eine Ausweitung des Krieges verhindern wollte und auch persönliche Machtinteressen verfolgte, nahm er eigenmächtig Friedensverhandlungen auf. Dieser Schritt wurde am kaiserlichen Hof als Hochverrat gewertet. Wallenstein wurde daraufhin am 25. Februar 1634 ermordet; ob der Kaiser in den Komplott gegen ihn verstrickt war, ist umstritten. Nach Wallensteins Tod gelang es den vereinigten spanischen, bayerischen und kaiserlichen Truppen bei Nördlingen, gegen die Protestanten einen Sieg zu erringen.

Im Jahr 1635 kam es daraufhin zwischen dem Kaiser und Kursachsen zum Friedensschluss von Prag, dem sich in der Folge fast alle Reichsstände anschlossen. Die Besitzstände der Protestanten und Katholiken wurden auf 40 Jahre nach dem Stand von 1627 fixiert, der Kaiser verzichtete somit auf die Durchführung des sechs Jahre zuvor erlassenen Restitutionsedikts. Das Reichskammergericht sollte paritätisch besetzt werden. Den Calvinisten wurde die Anerkennung weiterhin versagt. Neben diesen Bestimmungen zum Ausgleich zwischen den Konfessionen enthielt der Friedensvertrag auch wichtige territorial- und machtpolitische Elemente. Alle Sonderbündnisse (außer dem Kurfürstenverein), also vor allem die „Liga" der Katholiken und die „Union" der Protestanten, wurden aufgelöst; die Kräfte sollten unter Führung des Kaisers nun im Kampf gegen die Schweden gebündelt werden. Dieser Frieden von Prag war insofern eine Zäsur, als er einen gewissen Ausgleich im Inneren bewirkte und die Kräfte des Reiches nun zur Abwehr der auswärtigen Mächte zu bündeln versuchte. Da sich in der Folge jedoch Frankreich, um die Macht der Habsburger zu schwächen, nun verstärkt militärisch im Reich engagierte und sich mit den Schweden verbündete, wurde so eine letzte, überaus gewaltsame Phase des Krieges – bezeichnet als französisch-schwedischer Krieg – eingeleitet. Kaiser Ferdinand sollte sie nicht mehr erleben. Wenige Monate vor seinem Tod gelang es ihm Ende 1636 noch, seinen gleichnamigen Sohn zum römischen

König wählen zu lassen und so seine Nachfolge zu sichern.

(44) Ks. Ferdinand III.
(1637–1657)

* Graz 13.7.1608, Kg. 1636, Ks. 1637

† Wien 2.4.1657, Grabstätte: Kaisergruft des Kapuzinerklosters in Wien

Ferdinand III. war im Gegensatz zu seinem Vater, Kaiser Ferdinand II. (43), trotz seiner Erziehung durch die Jesuiten als Anhänger der Gegenreformation gemäßigt. Herausragende Kenntnisse eignete er sich in den Kriegswissenschaften an, sodass er in der Lage war, Wallenstein, an dessen Absetzung er maßgeblich beteiligt war, als Führer der kaiserlichen Truppen zu beerben. Als er 1637 seinem Vater als Kaiser nachfolgte, trat der Dreißigjährige Krieg, nachdem es nicht gelungen war, im Frieden von Prag 1635 die Auseinandersetzungen zu beenden, in seine schwierigste und gewaltsamste Phase ein. Zu dieser Zeit begann Frankreich im Bündnis mit Schweden und dem protestantischen Fürsten Georg Rákóczi von Siebenbürgen sich verstärkt militärisch zu engagieren. Frankreichs Politik unter Leitung von Kardinal Richelieu (1585–1642) war ganz darauf aus, die kontinentale Umklammerung durch die Habsburger, von der es sich seit der erfolgreich betriebenen Heiratspolitik Kaiser Maximilians I. (37) bedroht sah, zu sprengen. Das Eingreifen in den Krieg in Deutschland bot ihm eine willkommene Chance, die Macht der Habsburger

Kaiser Ferdinand III., Darstellung von Edward Jakob Steinle im Frankfurter Kaisersaal

endlich zu brechen. Konnte Ferdinand III. als Kaiser dieser Übermacht für eine gewisse Zeit mit wechselndem Erfolg trotzen, so geriet er gegen Ende des Krieges in die Defensive. 1644 begann er Friedensverhandlungen mit Schweden im protestantischen Osnabrück, mit Frankreich im katholischen Münster aufzunehmen. Doch die Verhandlungen verliefen überaus zäh, derweil der Krieg immer verheerendere Formen annahm und in seiner Schlussphase ein Maß an Verwüstung in Deutschland anrichtete, das die Zerstörungen der 26 Jahre zuvor noch überschritt. Die Schweden operierten selbst in Bayern und Teilen Österreichs, wogegen Ferdinand sich nur mit großer Mühe behaupten konnte. Der im Jahr 1648 endlich erreichte Frieden markiert eine tiefe Zäsur in der deutschen und europäischen Geschichte. Vertragspartner waren nach außen hin der Kaiser auf der einen, Frankreich und Schweden auf der anderen Seite, nach innen der Kaiser und die Reichsstände. Das komplexe Friedenswerk umfasste eine Vielzahl von Bestimmungen zu territorialen, konfessionellen und verfassungsrechtlichen Fragen. Schweden erhielt Landgewinne in Pommern, Frankreich in Lothringen, im Elsass und einigen rechtsrheinischen Gebieten bestätigt. Die nördlichen Niederlande und die Eidgenossenschaft wurden selbstständig und schieden aus dem Reich ganz aus.

In Religionsfragen wurde das Augsburger Friedenswerk von 1555 weitgehend bestätigt und präzisiert, in einzelnen wichtigen Bestimmungen aber auch revidiert. Als Norm für den konfessionellen Besitz- und Bekenntnisstand wurden die Zustände des Jahres 1624 festgelegt. Die Untertanen mussten fortan nicht mehr die Religion ihres Landesherrn annehmen. Die Reformierten (Calvinisten etc.) fanden erstmals als weitere Konfession reichsrechtlich Anerkennung. Die obersten Reichsinstanzen wurden paritätisch besetzt.

Auch im Verfassungsrecht gab es gravierende Änderungen. So wurde Bayern seine 1623 übertragene Kurwürde bestätigt, während die Kurpfalz eine neue, achte Kurwürde zugesprochen bekam. Die Reichsstände wurden bedeutend aufgewertet, indem sie volle Landeshoheit in weltlichen und geistlichen Dingen sowie das Recht erhielten, Bündnisse untereinander und selbst mit auswärtigen Mächten einzugehen, so-

fern sie nicht gegen den Kaiser und das Reich gerichtet waren. Damit wurde den einzelnen Territorien die Chance gegeben, sich zu weitgehend autonomen, im inneren absolutistisch verfassten Fürstenstaaten zu entwickeln, einige davon zu europäischen Mittel- und Großmächten. Von Kaiser und Reich wurden sie nur noch in einer vergleichsweise losen Klammer zusammengehalten, für kleine Reichsstände bildeten sie aber durchaus eine gewisse Schutzfunktion.

Kaiser Ferdinand, der die Regierungsgeschäfte weitgehend seinem Staatskanzler Graf von Trautmannsdorff und später Weikhard Fürst v. Auersperg überließ, hatte so das Reich befriedet, musste damit aber doch einen bedeutenden Machtverlust als Kaiser und als Vertreter des Hauses Habsburg hinnehmen. Aus drei Ehen – di erste war er mit der Tochter des spanischen Königs Philipp III. eingegangen – wurden ihm elf Kinder geboren. 1653 gelang es ihm, seinen ältesten Sohn, ebenfalls mit Namen Ferdinand, als König wählen zu lassen. Da dieser bereits ein Jahr später starb, war die Nachfolge erneut offen. Ferdinand versuchte noch, seinem zweitältesten Sohn Leopold (45) den Weg zu bahnen, indem er ihn zum König von Böhmen und Ungarn krönen ließ; seine Wahl zum deutschen König vermochte er zu seinen Lebzeiten jedoch nicht mehr durchzusetzen.

Kaiser Ferdinand hatte ein ausgeprägtes Interesse an Philosophie, Mathematik und Naturwissenschaften sowie an der Musik. Letzteres übertrug sich auch auf seinen Sohn Leopold, den künftigen Kaiser.

(45) Ks. Leopold I.
(1658–1705)
* Wien 9.6.1640, Kg. 1658, Ks. 1658,
† Wien 5.5.1705, Grabstätte: Kaisergruft des Kapuzinerklosters in Wien

Als zweitältester Sohn Kaiser Ferdinands III. (44) war Leopold ursprünglich für den geistlichen Stand bestimmt und zunächst entsprechend erzogen und ausgebildet worden. Leopold entwickelte daher einen milden und friedfertigen Charakter sowie ausgeprägte geistige und musische Neigungen. Im Alter von 14 Jahren erlebte er jedoch den Tod seines älteren Bruders, der zuvor bereits zum römisch-deutschen König gewählt worden war. So musste Leopold doch auf die weltliche Bahn gelenkt werden und wurde 1655 im Alter von 15 Jahren zunächst zum König von Ungarn, im Jahr darauf auch zum König von Böhmen gekrönt. Die Wahl zum römisch-deutschen König, auf die insbesondere das antihabsburgisch gesinnte Frankreich einen maßgeblichen Einfluss zu nehmen versuchte, gelang zu Lebzeiten seines Vaters jedoch nicht mehr. Als dieser 1657 verstarb, gab es Bestrebungen, den begabteren Onkel Leopolds, den Bruder seines Vaters, Erzherzog Leopold Wilhelm (1614–1662) zum König und Kaiser zu wählen, doch konnte Leopold sich am Ende doch durchsetzen. Der politische Preis für seine Wahl bestand allerdings in einer demütigenden Wahlkapitulation, die ihm den Verzicht auf Unterstützung seiner spanischen Verwandten im Kampf gegen Frankreich auferlegte und die verfassungsrechtliche Stellung der Reichsfürsten weiter stärkte. Um diese Bestimmungen gegenüber dem neuen Kaiser zu sichern, schlossen sich die großen rheinische Fürsten und Kurfürsten, aber auch die Herrscher von Schweden, Bayern und anderen Staaten, schließlich auch Frankreichs selbst, im Rheinbund zusammen, sodass Leopold sich als Kaiser von Anfang an einer starken Macht des Territorialfürstentums gegenüber sah.

Machtpolitisch war die gesamte, überaus lange Herrschaftszeit Leopolds I. vom ständigen Druck des Zweifrontenkampfes gegen Frankreich im Westen, den Türken im Osten sowie vom allmählichen Aufstieg Brandenburg-Preußens zu einer mit Österreich gleichrangigen Territorialmacht innerhalb des Reiches bestimmt. Ludwig XIV., dessen Regierungszeit von 1643 bis 1715 noch länger dauerte als die von Kaiser Leopold, betrieb eine systematische Hegemonialpolitik gegenüber dem durch den Dreißigjährigen Krieg sehr geschwächten Reich, die ihm am Ende bedeutende territoriale und politische Gewinne einbringen sollte. Während sich seine Expansionsbestrebungen in den 1660er- und 70er-Jahren unter geschickter Neutralisierung des Reiches zunächst gegen die spanischen und die nördlichen Niederlande richteten, zielten seine militärischen Aktionen seit den 70er-Jahren für lange Zeit auch auf eine Arrondierung seiner Grenzen unmittelbar gegenüber dem Reich bis zum Rhein hin. Seine Operationen in Lothringen lösten schließlich einen Reichkrieg im Westen aus, dessen Erfolg jedoch wechselhaft blieb. 1679 kam es in Nimwegen zunächst zu einem Friedensschluss. Doch betrieb Ludwig XIV. seine Gebietserweiterungen gegenüber dem Reich unter dem Titel „Réunion" teils gewaltsam, teils mit rechtlichen Mitteln weiter, indem er argumentierte, die Vielzahl der von ihm begehrten Städte und Kleinterritorien im Westen hätten früher zu denjenigen Ländern gehört, die im Westfälischen Frieden an Frankreich abgetreten worden waren. So fiel 1681 auch die Reichsstadt Straßburg an Frankreich.

In dieser Phase sah Kaiser Leopold sich verstärk von Osten her bedroht. In Ungarn hatte er eine teils politische, teils konfessionell motivierte Gegnerschaft unter den Ständen zu unterdrücken versucht. Nachdem es bereits 1662 bis 1664 zu kriegerischen Auseinandersetzungen mit den Türken gekommen war, sahen diese in der Schwächung der kaiserlichen Position in Ungarn nun erneut eine Gelegenheit, gegen Österreich vorzugehen. So kam es zusätzlich zu den Spannungen mit Frankreich für Leopold zu der sehr bedrohlichen Belagerung seiner Hauptstadt Wien im Jahr 1683 durch die Türken. Dank der Unterstützung durch Herzog Karl von Lothringen und dem Polenkönig Jan Sobieski gelang es, Wien zu entsetzen und so einen historischen Wendepunkt im Osten herbeizuführen. Durch kraftvolle Militäraktionen des Markgrafen Ludwig Wilhelm von Baden, dem „Türkenlouis", und später des Prinzen Eugen von Savoyen und anderer wurden die Türken in den folgenden Jahren bis weit in den Bal-

kan hinein zurückgeschlagen, sodass sie seither keine existenzgefährdende Bedrohung für Europa und insbesondere für die Position der Habsburger mehr darstellten. Kaiser Leopold vermochte, wenn auch nach wie vor gegen Widerstände der Magnaten, unter anderem durch Ansiedlung der „Donauschwaben" seine Position in Ungarn und somit die Donaumonarchie endgültig zu festigen.

Während Leopold im Osten somit seine Kräfte allmählich freibekam, wurden sie von Frankreich in der Folge umso mehr gefordert. Noch während er mit den Türkenkriegen befasst war, erhob Ludwig XIV. aufgrund der Verheiratung seines Bruders mit Liselotte von der Pfalz Erbansprüche auf Teile von deren Heimat, als im Jahr 1685 deren Familie, die dort regierende Pfalz-Simmernsche Linie der Wittelsbacher, ausstarb. Unter dieser Voraussetzung löste er 1688 den Pfälzer Erbfolgekrieg aus, um nach dem Erstarken des von der Türkengefahr befreiten Kaisers einer Gegenoffensive des Reiches zuvorzukommen. Große Teile der Pfalz wurden von den Franzosen flächendeckend verwüstet (Ruine des Heidelberger Schlosses). Im Frieden von Rijswijk 1697, der den Krieg beendete, wurde Ludwig XIV. zur Rückgabe vieler von ihm beanspruchter Gebiete verpflichtet, konnte aber das Elsass einschließlich Straßburgs für sich behaupten. Doch zeichnete sich zu diesem Zeitpunkt bereits erneut eine noch größere Auseinandersetzung mit Frankreich ab, und zwar die um das Erbe Spaniens. Schon seit dem Tod König Philipps IV. von Spanien im

Jahr 1665 war man in Sorge, dass sein Sohn, König Karl II., aufgrund seiner schwachen Konstitution nicht in der Lage sein würde, die Dynastie weiter zu führen. Um ihn und sein Erbe entbrannte frühzeitig ein erbitterter, zunächst mit den Mitteln der Diplomatie und der Heiratspolitik geführter Wettstreit zwischen Österreich und Frankreich. Nicht nur die österreichischen Habsburger hatten seit Mitte des 16. Jahrhunderts denkbar enge heiratspolitische Bande mit ihren spanischen Verwandten, auch die französischen Bourbonenkönige hatten unterdessen Ehebündnisse mit ihnen geschlossen: sowohl die Mutter als auch die erste Ehefrau Ludwigs XIV. waren spanische Habsburgerinnen. Weder diplomatisch noch rechtlich konnte der Streit zwischen Frankreich und Österreich um das Erbe Spaniens entschieden werden.

Auch für die eigenen Erblande und für das deutsche Reich hatte Kaiser Leopold die Nachfolge nur mit Mühe sichern können. Erst aus seiner dritten Ehe hatte er überlebende Söhne, Joseph (46) und Karl (47). Joseph konnte er bereits 1690 als römisch-deutschen König durchsetzen. Als im Jahr 1700 dann sein spanischer Verwandter König Karl II. ohne Nachkommen verstarb, hatte er mit seinem zweiten Sohn, Erzherzog Karl, immerhin einen Habsburger Kandidaten, um in Spanien eine machtpolitisch von Österreich getrennte neue Habsburger Linie zu begründen. Doch Ludwig XIV. war ihm zuvorgekommen und hatte sogleich einen seiner Enkel, Philipp von Anjou, zum König von Spanien proklamiert. Dieser Konflikt, der

Leopold I. im Krönungsharnisch, Gemälde von Guido Cagnacci, um 1685, Kunsthistorisches Museum, Wien

aufs Höchste das Gleichgewicht der Mächte in Europa gefährdete, löste 1701 einen großen europäischen Krieg, den Spanischen Erbfolgekrieg, aus. England und eine Reihe von europäischen Mittelmächten verbündeten sich mit Österreich in der Haager Allianz, Frankreich aber konnte Bayern und Kurköln auf seine Seite ziehen. Dank dieser Konstellation wurde der Krieg daher nicht nur in Spanien, sondern auch in Süddeutschland, in Italien und in den Niederlanden ausgetragen. Unter Führung des in österreichischen Diensten stehenden Prinzen Eugen und des englischen Feldherrn Marlborough konnte die Haager Allianz eine Reihe von bedeutenden Schlachtensiegen erlangen und insbesondere Bayern unterwerfen. Gestört wurde diese erfolgreiche Kriegspolitik im Westen freilich durch eine auch von Frankreich geförderte erneute Erhebung in Ungarn.

Mitten im Kampfgeschehen jedoch verstarb Kaiser Leopold 1705 nach annähernd 47 Jahre dauernder Herrschaft. Unter seiner Regierung war Österreich zur Großmacht geworden, was weniger eigenem politischem Geschick, als vielmehr der Indienstnahme fähiger Männer wie dem Prinzen Eugen zu verdanken war. Allerdings waren unterdessen auch andere Mächte in Deutschland aufgewertet worden: Hannover hatte 1692 als neuntes Territorium die Kurwürde zugesprochen bekommen; Kurfürst August der Starke von Sachsen war 1697 König von Polen geworden, und der brandenburgische Kurfürst Friedrich III. hatte 1701 den Königstitel für das außerhalb des Reichsgebietes gelegene Herzogtum Preußen angenommen – ein von Kaiser Leopold wegen der Unterstützung im Spanischen Erbfolgekrieg geduldeter Akt, der allerdings bald schon den preußisch-österreichischen Dualismus im Reich begründete, aus dem Preußen im 19. Jahrhundert siegreich hervorgehen sollte.

Kaiser Leopold war hoch gebildet und ein bedeutender Förderer von Wissenschaft und Kunst. Herausragend für einen Herrscher war seine Musikalität; er komponierte selbst eine große Zahl von geistlichen und weltlichen Werken. Leopold pflegte eine ausgeprägte barocke Frömmigkeit. In seinen Regierungsgeschäften aber war er eher bedächtig und ab-

wartend als zupackend. Die ihm nachgesagte Melancholie mag ihren Grund nicht zuletzt auch in einer gesteigerten Todeserfahrung haben: In seinem langen Leben hatte er unter seinen Geschwistern und seinen zahlreichen Kindern etwa zwei Dutzend Todesfälle, aber auch das Ableben zweier Ehefrauen und schließlich das folgenreiche Aussterben des spanischen Familienzweigs zu verkraften.

(46) Ks. Joseph I.
(1705–1711)
* Wien 26.7.1678, Kg. 1690,
Ks. 1705,
† Wien 17.4.1711, Grabstätte:
Kaisergruft des Kapuzinerklosters
in Wien

Joseph erfuhr eine sehr sorgsame Erziehung und wurde in verschiedenen Fächern von hervorragenden Lehrern ausgebildet. Wie sein Vater, Kaiser Leopold I. (45) ‚verfügte auch er über besonderes musikalisches Talent. In Temperament und Charakter aber unterschied er sich sehr von seinem Vorgänger. Joseph zeigte von früh an großes Selbstbewusstsein und Ehrgeiz; er hatte scharfen Verstand und zeigte Entschlussfreude. Da unter den Ständen des Reiches im Kampf gegen die Franzosen während des Pfälzischen Erbfolgekriegs Einigkeit herrschte, vermochte sein Vater ihn 1690 bereits im 12. Lebensjahr als römisch-deutschen König und damit als Nachfolger bei den Kurfürsten durchzusetzen. Frühzeitig beteiligte er ihn auch an den Staatsgeschäften, sodass Joseph sich optimal auf seine

Regierungsübernahme vorbereiten konnte. Noch zu Lebzeiten des Vaters bildete sich um den König der sogenannte „junge Hof", an dem Joseph junge Staatsdiener, Diplomaten, aber auch Soldaten wie den eng mit ihm befreundeten Prinzen Eugen versammelte, mit deren Hilfe er den Anspruch auf eine entschlossene Reformpolitik im Inneren und die Steigerung der Macht des Hauses Habsburg nach außen angehen wollte. Auch wurde er zum Mittelpunkt der Kriegspartei, als Ludwig XIV. den Habsburgern das spanische Erbe abzutrotzen versuchte, nachdem dort im Jahr 1700 der letzte Vertreter der spanischen Verwandten, Karl II., ohne Nachkommen verstorben war. (Siehe dazu oben Artikel Nr. 45) So hatte Joseph Anteil am Ausbruch des großen, europaweit geführten Erbfolgekrieges um Spanien. Sein Vater stellte sich ihm nicht in den Weg, sondern förderte ihn weiter.

Joseph I., Kunsthistorisches Museum, Wien

Österreich erlebte in diesem kriegerischen Ringen eine Serie von militärischen Erfolgen, die auch noch anhielt, als Joseph nach dem Tod Kaiser Leopolds 1705 selbst an die Regierung kam. Das mit Frankreich verbündete Bayern konnte unterworfen werden; über dessen Kurfürsten Maximilian II. und seinen ebenfalls mit Frankreich verbundenen Bruder, den Kölner Kurfürsten Joseph Klemens Kajetan, die beide ins belgische Exil geflohen waren, verhängte Kaiser Joseph 1706 die Reichsacht. Die österreichischen Truppen operierten schließlich auch in den süditalienischen Besitzungen Spaniens, was zum Konflikt mit dem Papst führte, der auf der Seite Frankreichs stand und Joseph den Bann androhte. Dieser ließ sich davon jedoch nicht beeindrucken und setzte die Interessen der Habsburger in Italien zielstrebig durch.

Frankreich zeigte sich ob solcher Bedrängung auf fast allen Kriegsschauplätzen allmählich erschöpft und schien daher zu Friedensverhandlungen bereit, in denen die führende Position der Habsburger zu diesem Zeitpunkt wohl bestätigt worden wäre. Sorgen bereiteten Österreich nur ein anhaltender Aufstand in Ungarn, den Joseph zunächst weder durch einen Ausgleich, zu dem er bereit war, noch durch Gewalt zu lösen vermochte, sowie die Intervention des schwedischen Königs im Nordischen Krieg. Auch die Politik im Inneren des Reiches verlief nicht ganz ohne Reibungen. Bemühungen Josephs, die Macht des Kaisertums gegenüber den Reichsständen wieder zu restituieren – sei es, dass er dem Reichshofrat größeren Einfluss verschaffen wollte, sei es, dass er sich von oben herab in die innere Politik von Reichskreisen und Bistümern einmischte – lösten eine Missstimmung unter den Territorialfürsten aus.

Kurz bevor sich das Geschick des Spanischen Erbfolgekrieges endgültig zugunsten der Habsburger zu neigen schien, bahnte sich ein Umschwung an. Weitere militärische Erfolge blieben aus; in England, das in die Rolle eines machtvollen Moderators im Konzert der europäischen Kräfte gekommen war, änderte sich die öffentliche Meinung zugunsten eines Friedens mit Frankreich. Was vor allem dem Krieg dann aber eine unerwartete und radikale Wendung brachte, war der plötzliche Tod Kaiser Josephs, der 1711 im Alter von nur 32 Jahren völlig überraschend an den Pocken verstarb. Da Joseph nur zwei Töchter hatte (ein Sohn war im Kleinkindalter verstorben) und damit ohne überlebenden männlichen Nachkommen geblieben war, veränderte dieser Vorfall die Mächtekonstellation fundamental. Josephs Bruder Karl (47), der sich in Spanien gegen den französischen Kandidaten zu etablieren versucht hatte, blieb den Habsburgern als einziger männlicher Vertreter. In seiner Person drohte daher wieder die hegemoniale Universalmacht Kaiser Karls V. (38) zu entstehen, sodass selbst die eigenen Verbündeten von den Habsburgern abrückten. Josephs unzeitiger Tod hatte für das weitere Geschehen somit dramatische Folgen.

Wie sein Vater war auch Joseph ein Förderer der Künste und besonders der Musik zugetan. Ob seiner Liebenswürdigkeit und Großzügigkeit war er populär. Seine Herrschaft aber war zu kurz, um das in ihr angelegte Potenzial, etwa die bereits in seiner Kronprinzenzeit angedachten inneren Reformen im Geiste der Frühaufklärung, zur Entfaltung zu bringen.

(47) Ks. Karl VI. (1711–1740)
* Wien 1.10.1685, Kg. 1711, Ks. 1711,
† Wien 20.10.1740, Grabstätte: Kaisergruft des Kapuzinerklosters in Wien

Im Gegensatz zu seinem stolzen und kraftvollen Bruder Joseph (46) hatte Karl eher die ernste und bedächtige Art seines Vaters, Kaiser Leopold I. (45), aber auch etwas von dessen großer Liebe und Befähigung zur Musik und dessen Verständnis für Kunst geerbt. Zunächst für den geistlichen Stand vorgesehen und von Jesuiten entsprechend erzogen, wurde Karl schon bald für groß angelegte Pläne um den Erhalt der Habsburger Macht in Spanien gebraucht, wo sich im auslaufenden 17. Jahrhundert das Ende der spanischen Linie abzeichnete. (Vgl. Artikel Nr. 45) Zwar beanspruchten Kaiser Leopold und sein bereits zum Nachfolger gewählter ältester Sohn, König Joseph, das Erbe des gesamten Spanischen Reiches einschließ-

Karl VI., Gemälde (Ausschnitt) von Johann Gottfried Auerbach, Öl auf Leinwand, Schatzkammer Wien

lich seiner Nebenländer und Kolonien für sich, doch sahen sie sich mit konkurrierenden Ansprüchen Ludwigs XIV. für Frankreich konfrontiert. Da die erneute Einheit Österreichs und Spaniens das Gleichgewicht der europäischen Mächte schwer verletzt hätte, waren die Vorstellungen Leopolds und Josephs so allerdings nicht durchsetzbar. Daher übertrugen sie ihr Erbrecht auf Spanien auf den jüngeren Sohn und Bruder, Karl, der 1703 zum König von Spanien proklamiert wurde. Da Ludwig XIV. jedoch bereits seinen Enkel, Philipp von Anjou ebenfalls zum König von Spanien hatte ausrufen lassen, war es über diese Frage zwischen den großen europäischen Mächten zur Spaltung und schließlich zum Krieg, dem Spanischen Erbfolgekrieg, gekommen. Während sich die Schlachten an mehreren Schauplätzen Europas entzündeten, wurde Karl 1703 nach Spanien geschickt, um dort gegen die französische Partei um die Macht zu kämp-

fen. Zeitweilig konnte er Madrid erobern, doch blieb sein Kriegsgeschick wechselhaft.

Grundlegend wurde die Lage durch den überraschenden Tod seines Bruders Kaiser Josephs I. 1711 verändert. Karl war damit der einzig überlebende Mann der Habsburgerdynastie. Während er seine Ehefrau, die aus dem Welfenhaus stammende Prinzessin Elisabeth Christine von Braunschweig-Wolfenbüttel in Spanien als Statthalterin installierte, reiste er nach Deutschland zurück, wo er die Nachfolge in Österreich, Ungarn und Böhmen antrat und von den Kurfürsten einstimmig zum römisch-deutschen König und Kaiser gewählt wurde. Da nun die Herrschaft der Erblande, die Kaiserkrone und die noch ungesicherte Krone Spaniens wieder in einer Hand vereinigt waren und so das hegemoniale Universalreich Karls V. (38) wieder aufzuleben drohte, rückten die Verbündeten, insbesondere das äußerst einflussreiche England, von den Habsburgern ab und suchten im Frieden von Utrecht 1713 den Ausgleich mit Frankreich. Sie erkannten dessen Kandidaten, den Bourbonen Philipp als spanischen König unter der Bedingung an, dass Frankreich und Spanien getrennt blieben, und sprachen ihm die Kolonien in Übersee zu. Den Österreichern aber erkannten sie die spanischen Besitzungen in Süditalien, Mailand und den südlichen Niederlanden zu.

Kaiser Karl verweigerte diesem Abkommen zunächst seine Anerkennung und hielt seine Ansprüche auf Spanien – wenn auch ohne Aussicht auf Erfolg – aufrecht. Angesichts der dramatischen Erfahrungen seiner Dynastie um die Nachfolge in Spanien erließ er nur wenige Tage nach dem Friedensschluss von Utrecht eines der bedeutendsten Grundgesetze seines Hauses: die „Pragmatische Sanktion" vom 19. April 1713. In diesem Gesetz bemühte er sich, die Erbfolge seines Hauses zu regeln. Es formulierte zunächst noch einmal das alleinige Erbfolgerecht des erstgeborenen Sohnes und damit die Unteilbarkeit der Erblande. Dann aber sah es ein Erbrecht der Töchter für den Fall vor, dass kein männlicher Erbe zur Verfügung stünde. Nicht unproblematisch war, dass er für diesen Fall der eigenen Tochter vor den Töchtern seines verstorbenen Bruders Kaiser Joseph den Vorzug gab und damit die tradierten Erbrechte der älteren Linie überging. Als sich später tatsächlich entsprechende familiäre Konstellationen einstellten, sollte die ganze Aufmerksamkeit Karls darauf gerichtet sein, bei den inneren und äußeren Mächten die staatsrechtliche Anerkennung der Pragmatischen Sanktion zu erlangen.

Zunächst aber stand der endgültige Abschluss des Spanischen Erbfolgekriegs an, der mit dem Frieden von Rastatt 1714 zwischen den Dynastien Habsburg und Bourbon geschlossen wurde und der weitgehend die Ergebnisse des im Jahr zuvor geschlossenen Friedens von Utrecht bestätigte.

1716 bis 1718 kam es zu erneuten Auseinandersetzungen mit den Türken. Prinz Eugen von Savoyen, der dem Hause Österreich schon seit der Zeit des kaiserlichen Vaters und des Bruders loyal gedient hatte, konnte glänzende Siege über sie erringen und sie unter anderem durch die Eroberung Belgrads so weit zurückschlagen, dass sie künftig keine Gefahr mehr bedeuteten und Österreich seine größte Ausdehnung erreichte. Verstärkt wurde eine Besiedlung des Balkans mit Deutschen (Donauschwaben) betrieben. Auf wirtschaftlichem Gebiet versuchte Karl seine Länder im Geiste des Merkantilismus zu reformieren. Es wurden Manufakturen errichtet, Wege verbessert, Binnenzölle beseitigt, die Post sowie die Häfen von Triest und Fiume ausgebaut, 1722 in Ostende die Ostindienkompanie zur Förderung des Überseehandels gegründet u. a. m. Da Letzteres die Interessen der Seemächte tangierte, musste die Kompanie einige Jahre später wieder liquidiert werden.

Die Bündnissysteme der europäischen Mächte, in denen nun erstmals auch Russland auftauchte, waren seit dem Spanischen Erbfolgekrieg einem ständigen Wechsel ausgesetzt, sodass auch Österreich sich ständig in verschiedenen Konstellationen wiederfand. Dabei kam es zeitweise auch zu einem Zusammengehen mit Philipp V. von Spanien, dem seinerzeitigen Gegner Karls beim Kampf um die spanische Krone, aber auch zu Spannungen mit dem alten Bündnispartner England. Seit den 1720er-Jahren war Karl verstärkt darum bemüht, in diesem außerordentlich diffizilen Konzert der auswärtigen und inneren Mächte die Zustimmung zur Pragmatischen Sanktion zu erwirken. Dieses Anliegen war umso dringlicher geworden, als Karl zu diesem Zeitpunkt kaum mehr mit der Geburt eines Sohnes rechnen konnte und alles auf die Nachfolge seiner ältesten Tochter, der 1717 geborenen Maria Theresia (49) hinauslief. Deren ältere Cousinen, die Töchter Kaiser Josephs I., wurden bei ihrer Verheiratung mit den Kurprinzen von Bayern und von Sachsen zum Erbverzicht gezwungen. Die Herrscher der anderen Staaten mussten daher zur Anerkennung Maria Theresias als Erbtochter gewonnen werden. Dies gelang Karls Diplomatie zum Teil unter großen Zugeständnissen sukzessive. Dennoch blieb die internationale Mächtekonstellation in sich sehr gespannt. Diese Spannungen entluden sich 1733 bis 1735 in einem kurzen Krieg, der sich an der Thronfolge in Polen entzündete, für die Österreich und Frankreich unterschiedliche Kandidaten unterstützten. Erschwerend kam hinzu, dass Karls Tochter, Maria Theresia, Herzog Franz III. Stephan von Lothringen (49) heiraten sollte (und wollte), wodurch Frankreich eine Eta-

blierung der Habsburger an seiner direkten Ostflanke befürchtete. Der Schlagabtausch, zu dem es daraufhin zwischen den beiden Mächten kam, wurde im Wesentlichen in Italien ausgetragen. Er führte zum Verlust der Habsburger Gebiete in Süditalien, die jetzt an die spanischen Bourbonen gingen, brachte ihnen mit Parma und Piacenza im Norden aber auch für einige Jahre Zugewinne. Lothringen aber kam nun ganz in den französischen Einflussbereich, während dessen Herzog Franz Stephan, zukünftiger Gatte Maria Theresias, damit aber auch den Kindern aus dieser Ehe, ersatzweise die Toskana zugesprochen wurde.

Nach dem Tod des Prinzen Eugen 1736, der drei Kaisern – Leopold I., Joseph I. und Karl VI. – loyal gedient hatte und maßgeblichen Anteil am Aufschwung Österreichs zur europäischen Großmacht besaß, kam es zu einem gewissen Verfall der Macht des Hauses Österreich. Schon in einem erneuten Krieg mit den Türken 1736 bis 1739 gingen Teile der von Eugen eroberten Gebiete auf dem Balkan wieder verloren. Auch waren die Finanzen der Erblande zerrüttet. Was Kaiser Karl jedoch am meisten belastete, war die Tatsache, dass er keinen männlichen Erben hatte. Die Geburt von drei Enkeln durch Maria Theresia erlebte er noch, doch alle waren Mädchen. Im bedrückenden Bewusstsein, der letzte männliche Vertreter des Hauses Habsburg zu sein, und im tiefen Zweifel darüber, ob die Mächte seine in der Pragmatischen Sanktion verkündete Erbregel anerkennen würden, starb Karl VI. im

Jahr 1740. Das Erbe, das er seiner Tochter hinterließ, war aufs Äußerste gefährdet.

(48) Ks. Karl VII. Albrecht
(1742–1745)

* Brüssel 6.8.1697, Kg. 1742,
Ks. 1742,
† München 20.1.1745, Grabstätte:
Theatinerkirche München

Der Vater Karl Albrechts, Kurfürst Maximilian II. Emanuel von Bayern-München, war vom spanischen König Karl II. im Jahr 1691 neben seinen Verpflichtungen als Herrscher Bayerns zum Statthalter der spanischen Niederlande berufen worden. Daher wurden mehrere seiner Kinder, so auch Karl Albrecht, in Brüssel geboren. Schicksalhaft wurde die Jugend Karl Albrechts vom Spanischen Erbfolgekrieg bestimmt. In diesem großen europäischen Ringen, in dem die österreichischen Habsburger und die französischen Bourbonen seit 1701 um die Nachfolge auf dem spanischen Königsthron stritten (vgl. Artikel Nr. 45–47), stellten sich Karl Albrechts Vater und sein Onkel, der Kölner Kurfürst Joseph Klemens Kajetan, auf die Seite Ludwigs XIV. und damit gegen die große von Österreich und England angeführte Allianz. Bei den Kriegshandlungen, die auch in Süddeutschland stattfanden, besetzten die Österreicher 1704 Bayern, sodass der Vater und der Onkel, aber auch die Mutter Karl Albrechts in die Niederlande fliehen mussten und von Kaiser Joseph I. (46) geächtet wurden. So kam es, dass Karl Albrecht im Alter von sieben Jahren

mit drei seiner Brüder von den Eltern getrennt und von den Österreichern gefangen genommen wurden. Die Trennung dauerte fast zehn Jahre, in denen sie in Klagenfurt und Graz eine gute Erziehung und Ausbildung erhielten. Nachdem der Vater nach Ende des Krieges wieder in Bayern eingesetzt wurde, kam es 1715 zu einem bewegenden Wiedersehen.

Nach einer Kavalierstour nach Italien, die Karl Albrechts große Vorliebe für die Kunst beflügelte, und der Teilnahme an der Rückeroberung Belgrads 1717 unter der Führung des Prinzen Eugen, bahnte sein Vater eine verheißungsvolle Ehe an: 1722 verheiratete er Karl Albrecht mit Amalia Maria, der zweitältesten Tochter des verstorbenen Kaisers Joseph I., der ihn, den Vater, keine 20 Jahre zuvor noch geächtet hatte. Zwar mussten Amalia Maria und Karl Albrecht den Verzicht auf das Erbe Österreichs erklären. Da der Onkel der Braut, Kaiser Karl VI. (47), jedoch ohne männlichen Nachkommen war, nährte diese Heirat dennoch frühzeitig gegenteilige Hoffnungen und zugleich die Aspiration auf die Kaiserkrone. Karl Albrecht fühlte sich in solchen Ansprüchen umso mehr bestätigt, als er sich, wenn auch zu Unrecht, auf frühere Habsburg-Wittelsbacher Ehebündnisse – so insbesondere auf die Ehe Annas, Tochter Kaiser Ferdinands I. (39) und Herzog Albrechts V. von 1546 – berief und daher selbst habsburgische Vorfahren hatte. Zur Sicherung seiner Pläne suchte er Rückhalt bei Frankreich und seinen Pfälzer Verwandten, mit denen er eine Hausunion abschloss.

Als Kaiser Karl VI. 1740 ohne männlichen Nachfolger verstarb, trat Karl Albrecht mit seinen Ansprüchen auf Österreich offen hervor. Doch die Tochter des verstorbenen Kaisers und Cousine von Karl Albrechts Frau, Maria Theresia (49) beharrte gemäß der von ihrem Vater erlassenen Erbfolgeregelung (der Pragmatischen Sanktion) ihrerseits ebenfalls auf dem Nachfolgerecht für Österreich und Böhmen. Auslöser des sich abzeichnenden Österreichischen Erbfolgekriegs wurde Friedrich II. von Preußen (Friedrich der Große), der die unklare Stellung des Hauses Habsburg kaltblütig nutzte und in das zu den österreichischen Erblanden gehörende Schlesien einfiel, um es für Preußen zu annektieren. Angesichts dieser Situation fühlte auch Karl Albrecht sich mit starker Unterstützung Frankreichs zu einem Einmarsch in Österreich ermuntert. Doch zwangen ihn die Franzosen, von der Erstürmung Wiens abzusehen und sich stattdessen nach Böhmen zu wenden, wo er 1741 zum König erhoben wurde. Vor allem aber gelang es nun, auch die deutschen Kurfürsten 1742 in Frankfurt für seine Wahl zum Kaiser zu gewinnen und ihn als Karl VII. zu inthronisieren. Damit war die mehr als 300 Jahre währende Kontinuität Habsburger Kaisertums abgebrochen und mit den Wittelsbachern erstmals wieder eine andere große Dynastie auf den Thron gekommen.

Karl VII. war in seiner neuen Stellung jedoch kein Glück beschieden. Maria Theresia gelang es, ihre äußerst bedrängte Lage zu wenden und effektiv eine militärische Ge-

Karl VII., Porträt als Falkner, Gemälde aus dem Jagdschloss Falkenlust, Speisezimmer

genoffensive einzuleiten. Zwei Tage nach der Kaiserkrönung Karls VII. in Frankfurt marschierten österreichische Truppen in München ein und besetzten Bayern. Nur für kurze Zeit ermöglichte das Hin und Her des Österreichischen Erbfolgekrieges, in dem sich vor allem auch Frankreich und England wieder nachhaltig engagierten, Karl die Rückkehr nach München. Karl war ein „Kaiser ohne Land" und daher gezwungen, seine Residenz in Frankfurt zu nehmen. Seine Handlungsmöglichkeiten blieben sehr beschränkt, da er noch nicht einmal über die Exekutivorgane der eigenen Hausmacht verfügen konnte. Im Oktober des Jahres 1744 konnte er noch einmal nach München zurückkehren. Bevor er vor seinen Gegnern erneut zurückweichen musste, verstarb er am 20. Januar 1745. Das unrühmliche Zwischenspiel des Wittelsbacher Kaisertums war beendet, mit Karls frühem Tod kamen die Habsburger wieder ins Spiel.

Karl VII. war ein Fürst des Rokoko, in der Jugend ein eleganter Kavalier, ein Mäzen der bildenden Künste, im Lauf seines Lebens von tiefer Religiosität ergriffen, mit militärischer Tapferkeit ausgestattet und schließlich auch zu einem ernsthaften Regierungsarbeiter geworden. Seine Möglichkeiten hinsichtlich des habsburgischen Erbes hatte er aber offensichtlich überschätzt. Er verfügte nicht eigenständig über jene Mittel und Kräfte, die es möglich gemacht hätten, die mit seinem Kaisertum gegebene Option zu realisieren, zwischen den Großmächten Österreich und Preußen eine dritte gleichrangige Kraft im deutschen Reich zu etablieren.

(49) Ks. Franz I. von Lothringen (1745–1765)

* Nancy 8.12.1708, Kg. 1745,
Ks. 1745,
† Innsbruck 18.8.1765, Grabstätte: Kaisergruft des Kapuzinerklosters in Wien

Maria Theresia, Herrscherin über die österreichischen Erblande

* Wien 13.5.1717,
† Wien 29.11.1780, Grabstätte: Kaisergruft des Kapuzinerklosters in Wien

Im Jahr 1723 begegneten sich Franz Stephan von Lothringen und die Kaisertochter Maria Theresia zum ersten Mal. Maria Theresia war erst fünf Jahre alt, Franz fast neun Jahre

älter. Zwischen der Familie des Kaisers und der lothringischen Herzogsfamilie bestanden schon seit dem späten 17. Jahrhundert freundschaftliche Beziehungen, aber auch eine Eheverbindung. Nun kam Franz Stephan als künftiger Thronfolger Lothringens zur weiteren Erziehung an den Wiener Hof. 1729 kehrte er in seine Heimat Lothringen zurück, wo er die Nachfolge seines verstorbenen Vaters antrat. Aber bereits 1732 kam er wieder nach Wien, wo ihn Kaiser Karl VI. zunächst mit dem Amt des Statthalters in Ungarn betraute. Zu diesem Zeitpunkt zeichnete sich bereits ab, dass die Nachfolge in den habsburgischen Erblanden und auf dem Kaiserthron schwierig werden würde. Bereits 1713 hatte Kaiser Karl (47) mit dem Erlass der Pragmatischen Sanktion versucht, die Erbfolge seines Hauses dahingehend zu regeln, dass im Falle des Ausbleibens eines männlichen Thronfolgers auch die Töchter erbberechtigt sein sollten. Dabei überging er die Erbrechte der Töchter seines älteren verstorbenen Bruders, Kaiser Josephs I. (46), zugunsten der eigenen Nachkommen. Als nach dem baldigen Tod seines Sohnes Erzherzog Leopold († 1716) keine weiteren Söhne mehr zur Welt kamen, wurden die Bestimmungen der Pragmatischen Sanktion Realität: die 1717 geborene Maria Theresia stellte sich als Erbin des Habsburgerreiches heraus.

Früh hatte sie für Franz Stephan von Lothringen eine Zuneigung entwickelt, doch schien eine Heirat politisch nicht opportun, da Frankreich den Einfluss der Habsburger in Lothringen, der sich mit dieser

Heirat ergeben hätte, nicht geduldet hätte. Der Polnische Thronfolgekrieg, der auch zwischen Österreich und Frankreich, die beide unterschiedliche Kandidaten in Polen unterstützten, ausgetragen wurde, brachte dann einige Gebietsveränderungen: Lothringen musste langfristig zugunsten Frankreichs aufgegeben werden, während Herzog Franz Stephan zum Ausgleich die Toskana, in der die Medici kurz vor dem Aussterben standen, zugesprochen wurde. Als Großherzog der Toskana, als der er seit 1737 firmierte, war Franz Stephan für Frankreich politisch als Ehegatte für Maria Theresia dann akzeptabel. So konnte auch die Liebe, die sich zwischen beiden entzündet hatte, sich in der 1736 dann geschlossenen Ehe frei entfalten. Dabei war zum Zeitpunkt der Heirat klar, dass Maria Theresia, sofern es ihr gelingen sollte, ihr Erbe zu behaupten, eine ungleich stärkere Hausmacht vertreten würde als ihr Gatte.

Doch die Verteidigung ihrer Stellung wurde zu ihrer ersten und größten Bewährungsprobe. Als mit dem Tod ihres Vaters, Karl VI., die Habsburger 1740 im Mannesstamm ganz erloschen waren, erhob der bayerische Kurfürst Karl Albrecht (48), der mit der Tochter Kaiser Josephs I., also mit der älteren Habsburgerin, verheiratet war, Anspruch auf das Erbe Österreichs und Böhmens. Zugleich nützte der junge Friedrich II. von Preußen (der spätere Friedrich der Große) die aktuelle Schwäche der Habsburger und fiel mit dem Ziel der Annexion in Schlesien, einer der reichen Provinzen des Habsburger Herrschafts-

Kaiser Franz I. Stephan von Lothringen und Maria Theresia mit dem 1741 geborenen Erzherzog Joseph, Gemälde von einem unbekannten Künstler, Heeresgeschichtliches Museum, Wien

komplexes, ein. Als Karl Albrecht dann vor allem von Frankreich, aber auch von anderen deutschen Mächten Unterstützung bekam, marschierte auch er in Österreich ein. Doch wurde er von Frankreich vom zielstrebigen Marsch auf Wien abgehalten und nach Böhmen gelenkt, wo er 1741 zum König erhoben wurde. Kurze Zeit später, 1742, wählten ihn die Kurfürsten dann auch zum deutschen Kaiser, womit mehr als 300 Jahre eines lückenlosen Habsburger Kaisertums abgebrochen waren.

Sah Maria Theresia sich von dieser machtvollen Entwicklung zunächst überrollt, vermochte sie seit 1741 unter anderem durch Unterstützung aus ihrem Erbreich Ungarn, wo sie zur Königin erhoben wurde, allmählich ihre Kräfte für eine effektive Gegenoffensive zu sammeln. Karl Albrecht war in Frankfurt gerade zum Kaiser gewählt worden, als österreichische Truppen Bayern besetzten und ihn damit von seiner Herrschaftsbasis abschnitten. Damit war die entscheidende Wende in dem sich noch bis 1748 hinziehenden Österreichischen Erbfolgekrieg erreicht, in dem Frankreich als Gegenspieler, England als Verbündeter Maria Theresias (und beide im direkten Konflikt um ihre Kolonialinteressen) wiederum eine dominante Rolle spielten und der sich vor allem in seinen späteren Phasen einmal mehr auch in den Niederlanden und in Italien zutrug. Im Ergebnis konnte Maria Theresia ihre Erbländer mit Ausnahme Schlesiens, das sie Friedrich II. nicht mehr entreißen konnte, behaupten. Den Aktionsradius von Kaiser Karl VII. vermochte sie wirksam einzuschränken und als er 1745 bereits verstarb, konnte sie auch die Kaiserkrone wieder zurückgewinnen, indem sie die Mehrheit der Kurfürsten für die Wahl ihres Mannes Franz Stephan von Lothringen gewann. Da die Kaiserkrone nicht durch Erbe, sondern durch Wahl vergeben wurde, war es ihr als Frau nicht möglich, selbst dafür zu kandidieren.

Unbeeindruckt von allen schweren Bedrängnissen des Krieges um das Erbe Österreichs und der Verwaltung ihrer Länder brachte Maria Theresia in jener Zeit in kontinuierlicher Abfolge eine große Zahl von Kindern zur Welt. Zwischen 1737 und 1756 wurden ihr und ihrem Mann sechzehn Kinder geboren, darunter mitten in den anhebenden Kriegshandlungen 1741 der Thronfolger Joseph (50), 1747 sein ihm auf dem Kaiserthron nachfolgender Bruder Leopold (51), als zweitletztes Kind 1755 die tragische Marie Antoinette und als letztes Maximilian Franz, der später zum letzten Kurfürsten von Köln erhoben werden sollte.

Seit 1746 hatte Maria Theresia außenpolitisch den Rücken so weit frei, dass sie sich einer Reihe durchgreifender Reformen in ihren Ländern widmen konnte, mit denen die Verwaltung, das Justizwesen, die Staatsfinanzen mit den Steuern (Aufhebung der Steuerfreiheit für Adel und Klerus) sowie das Heer und anderes neu geordnet und modernisiert wurden. Von entscheidender Bedeutung war die Verschmelzung Österreichs und Böhmens zu einem zentralistisch und bürokratisch organisierten Einheitsstaat sowie die Ausschaltung der Landstände aus der Staatsverwaltung, was absolutistischen Tendenzen entscheidenden Vorschub leistete.

Maria Theresia war tief religiös und versuchte, sowohl ihren Untertanen wie auch ihrer Familie mit Sittenstrenge und „Keuschheitskommissionen" beizukommen. Zugleich jedoch war ihr eine antirömische Tendenz eigen, indem sie sich Einmischungen der Kurie verbat und die Kirche in den Dienst ihrer staatlichen Interessen stellte. So betrachtete sie etwa eine alte Domäne der Kirche, das Schulwesen, ausschließlich als Angelegenheiten des Staates. Der Anteil Franz Stephans an den Staatsgeschäften ist schwer einzuschätzen. Zwar trug er als Kaiser die höchste Würde, war in der eigentlichen Machtbasis, den Erbländern, aber auf die Rolle eines ziemlich einflusslosen Prinzgemahls reduziert. Ohnehin zeigte er allgemein wenig politischen Ehrgeiz. Franz I. hatte jedoch bedeutende Fähigkeiten als Verwalter; hervorragend verstand er es, die privaten Vermögensverhältnisse des Hauses Habsburg-Lothringen zu mehren und seine Frau bei der Auswahl ihrer Mitarbeiter glücklich zu beraten. Gegen Ende seines Lebens übertrug ihm Maria Theresia noch das Finanz- und Staatsschuldenwesen, in dem er sich mit großem Erfolg bewährte. Auch als Gründer verschiedener Sammlungen, so dem Naturalienkabinett, hat Franz I. gewisse Bedeutung.

Unter dem seit 1753 als Staatskanzler agierenden Graf Kaunitz strebte Maria Theresia eine grundlegende Neuorientierung der europäischen Bündnisse an. Nach langen Verhandlungen kam es so zu einer völligen Umkehr der Bündnissysteme, indem Österreich sich nun mit Frankreich, und Preußen mit England zusammentat. Von dieser Konstellation erhoffte Maria Theresia sich die Möglichkeit, Schlesien zurückzuerobern. In dem darauf folgenden Siebenjährigen Krieg (1756–1763), in dem Maria Theresia nicht nur von Frankreich, sondern anfänglich auch von Russland unterstützt wurde, wurde Friedrich II. militärisch zeitweise zwar an den Rand der Vernichtung getrieben. Als Russland aus dem Bündnis gegen ihn ausschied, vermochte er seine Position jedoch zu konsolidieren und Schlesien im Frieden von Hubertusburg 1763 dauerhaft zu behaupten. Bei diesem Friedensschluss verpflichtete sich Friedrich auch,

Kaiserin Maria Theresia mit Joseph II. als Kind, Martin van Meytens, 1744

seine Kurstimme bei der Regelung der Nachfolge im Reich für den Sohn Maria Theresias und Franz' I., Joseph (50), zu geben. Dessen Wahl zum römisch-deutschen König erfolgte einstimmig im Jahr 1764.

Eine denkbar tiefe Zäsur im Leben Maria Theresias bildete 1765 der plötzliche Tod Kaiser Franz' I., dem sie in großer Liebe innig verbunden war und dem sie einen großen Teil ihres privaten Lebensglücks verdankte. Dieser jähe Schicksalsschlag leitete eine depressiv gestimmte Phase der Witwenschaft ein, die von vielen Sorgen um ihre Familie beschwert wurde. Joseph folgte seinem Vater als Kaiser nach und wurde von Maria Theresia zum Mitregenten über die Erblande erhoben. Aus dieser Konstellation gingen viele Konflikte zwischen Mutter und Sohn hervor. Joseph hatte entschiedene Präferenzen für den Ausbau des Staates im Geiste des aufgeklärten Absolutismus. Der von ihm und Kaunitz gemeinsam mit Preußen und Russland betriebenen ersten Teilung Polens 1772 stimmte Maria Theresia nur mit äußerstem Widerstreben und gegen die Stimme ihres eigenen Gewissens zu. Den von Joseph angestrengten, wenn auch wenig ausgreifenden Erbfolgekrieg um Bayern 1777/78 missbilligte sie.

Ein Großteil ihrer Aufmerksamkeit galt vor allem in den 1760er-Jahren den politisch motivierten Heiraten ihrer Kinder. Die französischen und spanischen Bourbonen, Letztere in ihren italienischen Besitzungen, wurden zu den vorrangigen Partnern in diesem politischen Geschäft. Diesen nüchternen staatlichen Interessen ordnete sie das Schicksal ihrer Söhne und Töchter bisweilen rigoros unter. Dass sie Joseph in zweiter Ehe die unansehnliche bayerische Prinzessin Maria Josepha aufzwang, hat wesentlich zum gespannten Verhältnis mit ihrem ältesten Sohn beigetragen. Die Verheiratung Marie Antoinettes mit dem Thronfolger Frankreichs 1770 erfüllte sie bald schon mit dunklen Ahnungen, die sich nach ihrem Tod dramatisch bewahrheiten sollten.

Maria Theresia starb 1780. Kaum sonst war für das Schicksal ihres Hauses und ihrer Lande so viel am unmittelbaren Einsatz einer einzelnen Person gehangen wie zu Beginn ihrer Herrschaft Anfang der 1740er-Jahre. An dieser überaus dramatischen Sequenz in der gesamten Geschichte der Habsburger und der österreichischen Erblande hatte sie außerordentliche Standfestigkeit bewiesen und sich in historischer Dimension glänzend bewährt. Aber auch in der Sorge um ihre Länder und ihren Bemühungen, sie durch Reformen zu befördern, ragt sie aus der langen Reihe der Herrscher ihrer Dynastie heraus.

(50) Ks. Joseph II.
(1765–1790)
* Wien 13.3.1741, Kg. 1764, Ks. 1765,
† Wien 20.2.1790, Grabstätte: Kaisergruft des Kapuzinerklosters in Wien

Joseph wurde am 13. März 1741 geboren, wenige Monate, nachdem mit dem Tod seines Großvaters, Kaiser Karls VI. (47), der letzte Habsburger im Mannesstamm verstorben war. Die meisten europäischen Mächte betrachteten das Haus Habsburg deshalb als erloschen. Mit ihrer Hilfe machte Bayern daher Erbansprüche geltend und versuchte, den größten Teil der habsburgischen Lande für sich zu vereinnahmen. Josephs Mutter, Maria Theresia (49), war jedoch gewillt, das Erbe ihrer Vorväter gegen die sich formierende Übermacht hartnäckig zu verteidigen. Mitten in dem sich abzeichnenden europäischen Erbfolgekrieg um Österreich wurde ihr, nachdem sie zuvor drei Mädchen zur Welt gebracht hatte, erstmals ein Sohn, eben Joseph, und damit endlich der lange ersehnte Thronerbe geboren. Für die Habsburger und insbesondere für Maria

Das Krönungsmahl Josephs II. im Frankfurter Römer am 3. April 1764. Gemälde aus der Schule Martin van Meytens, Öl auf Leinwand, 1764, Wien, Kunsthistorisches Museum

Theresia war seine Geburt in diesem außerordentlich kritischen Augenblick ein Ereignis von nicht zu unterschätzender psychologischer Bedeutung. Das von seiner Mutter als „Retter" seines Volkes gefeierte Kind erfuhr von Anfang an eine enorme Überhöhung; aus den daraus resultierenden kindlichen prinzenhaften Allüren Josephs entwickelte sich später ein Charakter, der ein beträchtliches Maß an Hochmut und Starrsinn an den Tag legte. Zugleich jedoch war Joseph hoch begabt, klug und aufgeschlossen.

Nach dem Umsturz der europäischen Bündnissysteme 1756, als die Habsburger von ihrem traditionellen Partner England abrückten und sich nach fast 300-jähriger Feindschaft mit Frankreich verbündeten, wurde Joseph 19-jährig mit einer Enkelin Ludwigs XV., Isabella von Parma, verheiratet. Mit dieser klugen jungen Fürstin war er in Bewunderung und Liebe verbunden. Doch starb sie bereits drei Jahre später, was für Joseph einen großen, nie verwundenen Schmerz bedeutete. Seine Eltern ließen seiner Trauer nicht genügend Zeit, sondern drängten ihn aus Sorge um die Nachfolge der Dynastie unzeitig schnell zur Neuverheiratung. Nur wenig mehr als ein Jahr nach dem Tod Isabellas zwangen sie ihm die unansehnliche bayerische Prinzessin Maria Josepha, Tochter des verstorbenen Kaisers Karl VII. (48), auf. Von ihr fühlte Joseph sich in keiner Weise angezogen und hat die Ehe wohl nicht vollzogen. Bereits zwei Jahre später starb auch diese seine zweite Frau. Joseph, der ohne eigenen Thronfolger war, weigerte sich gegenüber dem hartnäckigen Drängen seiner Mutter, sich ein drittes Mal zu verheiraten, und sah mit Genugtuung, dass sein Bruder Leopold (51) dank reichhaltigen Nachwuchses das Nachfolgeproblem des Hauses Habsburg für ihn erledigte.

Solcherart gegenüber privatem Glück und allen Familienverpflichtungen verhärtet, warf Joseph sich mit ganzer Energie auf seine Staatsgeschäfte. Breits in seiner Kronprinzenzeit hatte er im Geist des aufgeklärten Absolutismus allerhand Traditionen und feudalen Vorrechten den Kampf angesagt und die rechtliche Gleichheit der Untertanen sowie die Anerkennung des persönlichen Verdienstes propagiert. Als sein Vater, Kaiser Franz I. (49), im Jahr 1765 verstarb, wurde er, der im Jahr zuvor bereits zum römisch-deutschen König gewählt worden war, mit 25 Jahren selbst zum Kaiser. Zugleich machte ihn seine Mutter, Maria Theresia zum Mitregenten über die Erblande. Während er im Reich wenige Möglichkeiten hatte, seine Ideen zu verwirklichen, richtete sich sein Ehrgeiz umso mehr auf die eigenen Länder. Doch geriet er hier immer wieder in Gegensatz und Konflikt mit seiner Mutter Maria Theresia. Zwar hatte auch sie bereits seit den 1740er-Jahren ein umfangreiches Reformprogramm absolviert; im Gegensatz zu Joseph war sie dabei aber kompromissbereiter und nahm auf bestehende Bräuche und Eigenarten in ihren Ländern Rücksicht. So ließ sie Joseph zunächst nicht viel Gestaltungsspielraum; nur in militärischen Angelegenheiten und schließlich in der Außenpolitik konnte dieser sich mit Rückendeckung durch Staatskanzler Kaunitz gegen sie durchsetzen, als er mit zweifelhaften Rechtsansprüchen

sich an der ersten polnischen Teilung 1772 beteiligte und Bayern nach dem Aussterben der altbayerischen Wittelsbacher Linie 1777 das Innviertel entriss. In seiner Zeit als Mitregent seiner Mutter begab Joseph sich häufig auf Reisen in seine Länder, aber auch ins Ausland, wo er die Lage vor Ort genau studierte. Dieser enge Kontakt mit seinem Volk brachte ihm zunächst große Sympathien ein.

Erst mit dem Tod Maria Theresias 1780 bekam Joseph die Alleinherrschaft und damit freie Hand. Zielstrebig ging er mit einem umfassenden Programm nun eine rigorose Modernisierung seiner Länder an. Eine der ersten Maßnahmen galt der Einschränkung der Pfründe des Hofadels und der Trennung des Vermögens von Staat und Herrscherhaus. Tief greifend waren die sogleich begonnenen Neuerungen auf kirchlichem Gebiet im Geiste einer katholischen Aufklärung, die unter dem Begriff „Josephinismus" in die Geschichte eingingen: 1781 erließ Joseph ein Toleranzpatent, das nichtkatholischen Konfessionen Religionsfreiheit und politische Gleichberechtigung einräumte; 1782 wurde es auch auf die Juden ausgedehnt, von denen Joseph sich eine Assimilation erhoffte. Im gleichen Jahr erfolgte die Aufhebung aller kontemplativer Orden, die sich nicht in Kranken- und Armenpflege oder der Jugenderziehung betätigten, und somit die Auflösung von mehr als 700 Klöstern. Deren Vermögen wurde vom Staat vereinnahmt und u. a. für den Bau von Schulen verwandt. Auch die Priesterausbildung wurde verstaatlicht, Feiertage verringert, Prozessio-

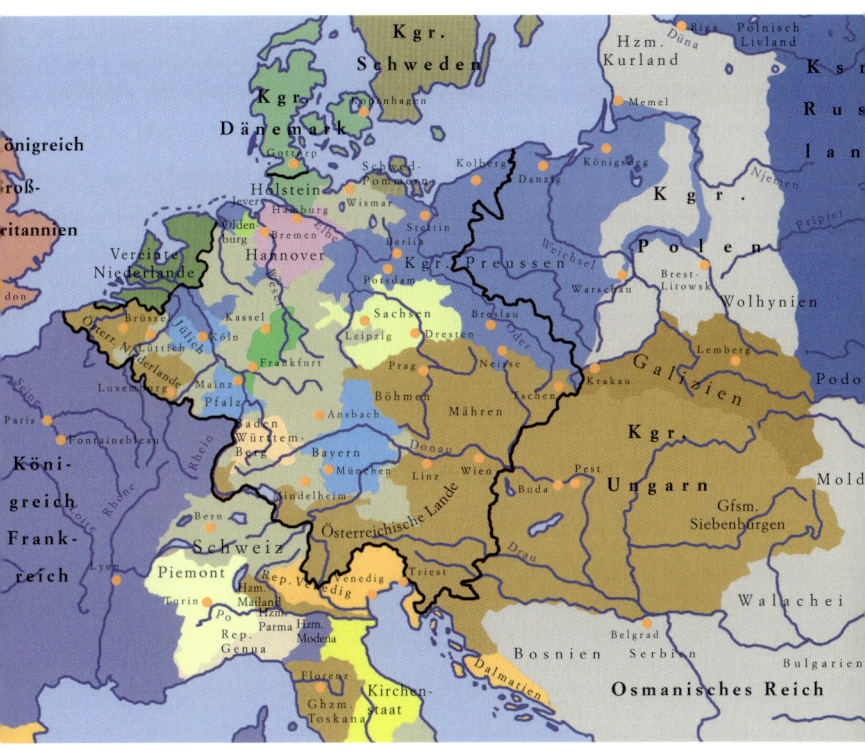

Die schwarze Umrandungslinie kennzeichnet das Heilige Römische Reich im 18. Jahrhundert.

nen und Wallfahrten verboten und der Einfluss der Kurie weiter zurückgedrängt. Auch Papst Pius VI., der sich zur Abwehr dieser Maßnahmen 1782 zu Joseph nach Wien begab, konnte ihn nicht davon abbringen. Ehrgeizig waren Josephs Pläne auch hinsichtlich der Verbesserung der Lage der unteren Volksschichten. In Wien ließ er ein großes allgemeines Krankenhaus erbauen und Altersheime, Findel- und Waisenhäuser errichten. Die Leibeigenschaft der bäuerlichen Untertanen wurde aufgehoben; doch scheiterte Josephs Versuch, die feudalen Lasten zugunsten einer die Grundherren und Bauern gleichermaßen belastenden allgemeinen Steuer aufzuheben, so-

wohl am Widerstand des Adels wie an der Verunsicherung der Bauern. In der Wirtschaftspolitik blieb Joseph dem Merkantilismus verhaftet und erließ erste Verordnungen zum Schutz von Fabrikarbeitern. Volksschulen wurden von ihm beträchtlich vermehrt, während höhere Schulen oder die Forschung keine Förderung fanden, da der utilitaristisch denkenden Joseph sie als unnötig ansah und vor allen Dingen große Scharen gut ausgebildeter Beamter brauchte. Die Zensur wurde unter Joseph gelockert, sodass sich eine weitgehend freie Presse entwickelte.

Verbunden waren all diese Reformprogramme mit einer dramatischen

Ausweitung der staatlichen Sphäre und der Verwaltung. Die Landstände wurden endgültig marginalisiert und Polizei und Spitzelwesen ausgebaut. Die Rechtsgleichheit wurde weiter befördert, indem die ständische Sondergerichtsbarkeit aufgehoben und damit auch der Adel der allgemeinen Rechtssprechung unterworfen wurde. Die Todesstrafe wurde aufgehoben, dafür aber entehrende Strafen wie das Prangerstehen mit dem Ziel der Abschreckung ausgeweitet.

Da Josephs massive Aktion der bürokratisch betriebenen Vereinheitlichung und Aufwertung seiner Länder und seiner Untertanen keinerlei Gespür für eingesessene Gewohnheiten, Rechte, Privilegien und Traditionen erkennen ließ, stieß er mit seiner kompromisslosen Modernisierungspolitik auf Widerstände, die sich vielfach in offenem Aufruhr entluden. Besonders dramatisch musste er dies in Ungarn erfahren, wo er Deutsch als neue Amtssprache einführte, die adlige Selbstverwaltung der Komitate durch Distrikte ersetzte und sich gänzlich instinktlos zur Überführung der Stephanskrone, einem zentralen Symbol der ungarischen Nation, nach Wien hinreißen ließ. Auch in den österreichischen Niederlanden (Belgien) kam es zur offenen Rebellion, vor allem wegen der Religionspolitik; die Niederlande gerieten schließlich so weit außer Kontrolle, dass Joseph gegen Ende seines Lebens noch erleben musste, dass sie sich mit Unterstützung Hollands, Großbritanniens und Preußens für unabhängig erklärten.

Auch außenpolitisch agierte Joseph eher unglücklich. Sein Plan, den Pfälzer Wittelsbachern die niederländischen Besitzungen im Tausch für Bayern, wo die ältere Wittelsbacher Linie ausgestorben war, zu überlassen, scheiterte am Widerstand der deutschen Fürsten, insbesondere der preußischen, die einen solchen Machtzuwachs des Kaisers nicht dulden wollten. Der Schulterschluss mit Zarin Katharina II. von Russland führte zu einem erneuten Krieg mit den Türken, in dem Joseph als Oberbefehlshaber unglücklich agierte; erst als er das Kommando an seinen Feldmarschall Laudon übergab, konnte mit der Einnahme Belgrads ein Sieg erreicht werden.

Der französischen Revolution, die in vielen Punkten mit seinem Regierungsprogramm gleichzog, begegnete Joseph mit Misstrauen, wohl sehend, dass sie sich – ganz unmittelbar auch in der Person seiner Schwester Marie Antoinette – gegen seinen eigenen Stand richtete. Da die inneren und äußeren Widerstände gegen seine übereilte und wenig einfühlsame Modernisierungs- und Machtpolitik überhandnahmen, sah er sich im Winter 1789/90, als er gesundheitlich aufgerieben bereits auf dem Sterbebett lag, zur Rücknahme zahlreicher seiner Reformen veranlasst. Joseph starb am 20. Februar 1790 in dem Bewusstsein, dass sein Lebenswerk weitgehend gescheitert war. Erhalten blieb zunächst nur das Toleranzpatent, die wichtigsten der kirchlichen Neuerungen und die Aufhebung der Leibeigenschaft.

Unter den Königen und Kaisern des deutschen Reiches hatte Joseph mit der Komplexität, Vielfalt und Durchschlagskraft seines Reform-

Joseph II., zeitgenössisches Ölgemälde

Revolution angegangen und dadurch bald schon welthistorisches Allgemeingut. Liberale haben ihn später oft als einen ihrer Vorläufer gesehen, ließen dabei aber die Züge einer bürokratisch organisierten Modernisierungsdiktatur, die seinem Regierungsstil eigen waren, gewiss etwas unterbeleuchtet.

(51) Ks. Leopold II.
(1790–1792)
* Wien-Schönbrunn 5.5.1747,
Kg. 1790, Ks. 1790,
† Wien 1.3.1792, Grabstätte: Kaisergruft des Kapuzinerklosters in Wien

Als drittgeborener Sohn Maria Theresias und Kaiser Franz' I. (49) hatte Erzherzog Leopold wenig Aussicht, dereinst auf den Kaiserthron zu kommen. Seine Erziehung und Ausbildung war deshalb aber nicht minder sorgfältig. Schon früh spielte er für seine Eltern in ihrer Italienpolitik eine Rolle, wo sie ihn zunächst für das Generalgouvernement in der Lombardei und im Alter von sechs Jahren als Habsburger-Kandidaten für das geplante Ehebündnis mit Modena, das durch seine Erbtochter Beatrix für Österreich zu erheiraten war, vorsahen. Als jedoch sein zweitältester Bruder, Erzherzog Karl Josef, 1761 verstarb, rückte er an dessen Stelle als neuer Kandidat für das Großherzogtum Toskana, das der kaiserliche Vater zum Familienerbe beigesteuert hatte. Mit der neuen Machtposition hatte er 14-jährig auch in ein anderes heiratspolitisches Bündnis zu wechseln. Jetzt wurde er für eine

programms etwas völlig Neues erreicht. Nie zuvor haben Herrscher so über die Machtsphäre im engeren Sinne hinaus so breit und tief in die unmittelbaren Lebensverhältnisse ihrer Untertanen hineingewirkt und ihren Alltag mit friedlichen Mitteln umgestaltet. Wenn Joseph am Beharrungsvermögen eingesessener Lebenswelten scheitern musste, so war dieses Scheitern doch temporär und hatte seinen Grund mehr in der Methode als in den Inhalten seiner Politik. Vieles davon, etwa seine Entmachtung des Adels, seine Säkularisierungspolitik, seine Vorstellungen zur Rechtsgleichheit u. v. a. m., wurde auch durch die französische lange verabredete Doppelheirat der Habsburger mit den spanischen Bourbonen gebraucht. Sein nächstjüngerer Bruder beerbte ihn als Bräutigam der modenesischen Erbtochter.

Diese neue Ehe mit der spanischen Infantin Maria Ludovika wurde 1765 geschlossen. Die Hochzeitsfeiern in Innsbruck wurden vom plötzlichen Tod des Vaters, Kaiser Franz, überschattet. Leopold wurde daher sofort sein Erbe als Großherzog der Toskana und reiste mit seiner Frau unverzüglich nach Florenz, wo er die nächsten fast 25 Jahre seines Lebens verbringen sollte und wo in der Folge fast alle seiner 16 Kinder geboren wurden.

Hier entfaltete er schon sehr bald eine außerordentlich segensreiche Tätigkeit als grundlegender Reformer aller bürgerlichen und öffentlichen Lebensbereiche. Da er dabei sehr viel geschickter vorging als sein Bruder in den Erblanden, hatte er mit ihrer Verwirklichung im Allgemeinen größeren Erfolg und verstand es so, die Toskana zu einem Musterland der Aufklärung in Europa zu machen. Herausragend war auch hier die Befreiung der Bauern aus dem Feudalsystem, die Einführung der Gewerbefreiheit, eine grundlegende Reform der Rechtssprechung, wodurch die Rechtsgleichheit vorangetrieben und Folter, Todesstrafe und Geheimprozesse abgeschafft wurden, die Einführung religiöser Toleranz gegenüber den Konfessionen und den Juden, die Umwandlung zahlreicher Klöster in Schulen, Besserungsanstalten und Krankenhäuser und vieles andere mehr.

Durch wiederholte gegenseitige Besuche blieb der Kontakt zur Familie in Wien eng. Zu seinem Bruder Joseph, der prinzipiell sehr ähnliche politische Ziele verfolgte wie er, hatte er wegen verschiedener Interessenkonflikte, aber auch wegen dessen Charakter, den er als despotisch empfand, ein schwieriges Verhältnis. Von dessen Form des bürokratischzentralistischen Absolutismus rückte er ab und bemühte sich, in der Toskana eine Repräsentativ-Verfassung einzuführen, in der er Elemente der tradierten ständischen Selbstverwaltung mit der Wahl von Volksvertretern, wie sie die Schweizer Kantone oder die Verfassung von Pennsylvania von 1776 vorsahen, miteinander kombinieren wollte. Zur Realisierung dieser der Zeit weit vorauseilenden Pläne kam es allerdings nicht, da Joseph seinen Bruder zwingen wollte, die Toskana mit den Erblanden zu vereinigen. Auch bestand er darauf, dass Leopold seinen ältesten Sohn Franz (52), der der Nachfolger in Österreich und auf dem Kaiserthron sein würde, nach Wien schickte, damit er ihn seinen Vorstellungen entsprechend erziehen konnte.

Als Joseph im Jahr 1790 verstarb, musste Leopold seine Tätigkeit in der Toskana aufgeben, die Nachfolge seines Bruders in den Erblanden antreten und sich um die Wahl zum Kaiser bemühen, die erfolgreich im Herbst des gleichen Jahres stattfand. Josephs Hinterlassenschaft war prekär. Seine rigorosen Reformmaßnahmen hatten bei vielen seiner Untertanen und Länder eine tiefe Missstimmung ausgelöst und verschiedentlich Aufruhr und Rebellion aus-

gelöst, die sich in den südlichen Niederlanden sogar zum Abfall von
Österreich ausgeweitet hatten. Seine
starre Machtpolitik hatte darüber
hinaus auch auswärtige Mächte, so
vor allem die Preußens, gegen Österreich in Stellung gebracht. In den
Erblanden nahm Leopold verschiedene Reformen, die Joseph zu über-
stürzt eingeführt hatte, wieder zurück, so etwa im Steuerwesen. Auch
versuchte er den zentralistischen
Beamtenstaat, den Joseph aufgebaut
hatte, zu minimieren, indem er sich
bemühte, mithilfe modernisierter
Landsstände das Element der regio-
nalen Selbstverwaltung wieder zu
stärken. Da ihm auch ein Ausgleich
mit Preußen gelang und dieses somit
seine Unterstützung für die rebellierenden Stände in den Niederlanden
aufgab, konnte Leopold auch dort
wieder Fuß fassen.

Die Französische Revolution be-
grüßte Leopold wegen der konstitutionellen Forderungen, die sie in ihrer ersten Phase vertrat und die sich
mit seinen eigenen Ideen weitgehend deckten, zunächst freudig.
Wohl sorgte er sich um die Sicherheit des französischen Königspaares
(seiner Schwester Marie Antoinette
und seines Schwagers), doch unter-
schätzte er lange die Gefahren, die
vom revolutionären Frankreich ausgingen. Erst im Februar 1792 unternahm er Schritte zu einer ersten Koalition mit Preußen gegen Frankreich. Die weitere Entwicklung erlebte er jedoch nicht mehr. Völlig
überraschend starb er am 1. März
1792. Die Todesursache war nicht,
wie oft kolportiert, eine Vergiftung
durch seine Gegner, sondern eine
Brustfellentzündung.

*Kaiser Joseph II. und sein Bruder Leopold,
Großherzog von Toskana und späterer
Kaiser Leopold II. Gemälde von Pompeo
Batoni, Öl auf Leinwand, 1769, Kunsthis-
torisches Museum, Wien*

Leopold II. war für seine Zeit einer
der modernsten und fortschrittlichs-
ten Herrscher, der es im Gegensatz
zu seinem Bruder verstanden hat,
auch die Menschen für seine zu-
kunftsweisenden Ideen zu gewinnen. Als Herrscher der österreichischen Erblande und als Kaiser war
ihm aber mit zwei bzw. eineinhalb
Jahren eine zu kurze Zeitspanne bestimmt. Wäre sie länger gewesen,
hätte aber wohl auch er nicht verhindern können, dass Frankreich
das Gesetz des Handelns an sich
reißt.

(52a) Ks. Franz II.
(1792–1806)

* Florenz 12.2.1768, Kg. 1792, Ks. 1792, 1806 Niederlegung der römisch-deutschen Kaiserkrone, † Wien 2.3.1835, Grabstätte: Kaisergruft des Kapuzinerklosters in Wien

Franz war als Sohn des damaligen Großherzogs der Toskana, Leopold (51), der erstgeborene Habsburger Sohn seiner Generation. Da sein Onkel, Kaiser Joseph (50) ohne männliche Nachkommen und er daher der Thronfolger war, holte dieser ihn im Alter von 16 Jahren von Florenz nach Wien, um ihn auf die Übernahme der Staatsgeschäfte vorzubereiten. Nach dem Tod Josephs 1790 musste Franz zwar seinem Vater Leopold noch den Vortritt lassen. Da aber auch dieser schon bald verstarb, stand für ihn im Alter von 24 Jahren bereits selbst die Thronfolge an. Die Wirren und Auswirkungen der Französischen Revolution und das Wirken Napoleons, die die ganze erste Hälfte seiner langen Regierungszeit übermächtig dominieren sollten, begannen sich sofort dramatisch auszuwirken. Frankreich erklärte dem noch von Kaiser Leopold gegründeten Defensivbündnis mit Preußen im Juni 1792 den Krieg. Dieses Ereignis hatte zur Folge, dass die Wahl von Franz zum römisch-deutschen König und Kaiser einen Monat später, am 14. Juli 1792, überraschend einmütig vonstatten ging. Dass es die letzte Kaiserwahl in Deutschland sein sollte, war noch nicht abzusehen. Der erste Koalitionskrieg gegen Frankreich, dem sich fast alle großen und mittleren Mächte in Europa auf der Seite Österreichs anschlossen, verlief sehr wechselhaft. Als dramatisch wurden 1793 am Wiener Hof die Hinrichtungen Ludwigs XVI. und Marie Antoinettes – der Tante des jungen Kaisers – empfunden, deren Befreiung eines der Hauptziele der Koalition gewesen war. Der Krieg endete 1797 mit einem Sieg Frankreichs, in dessen Folge es Österreich die Niederlande und die Gebiete in Italien sowie dem Reich weite Teile des linken Rheinufers abnahm. Bereits in diesen Friedensverhandlungen wurde der Grundsatz formuliert, dass denjenigen Fürsten, die im Westen Deutschlands dadurch ihre Gebiete verloren hatten, ein territorialer Ausgleich geschaffen werden sollte. Die großen Machtverschiebungen, die sich mit dieser Forderung, die durch einen erneuten Krieg 1798–1801 unterstrichen wurden, andeuteten, läuteten das Ende des alten römischen Reiches und damit den Niedergang des römisch-deutschen Kaisertums ein.

DIE AUFLÖSUNG DES ALTEN REICHES 1806

Nachdem durch die Expansionen und die Hegemonialstellung des revolutionären Frankreichs unter Napoleon dem deutschen Reich das gesamte linke Rheinufer verloren gegangen war, wurde die Frage einer Entschädigung für die dort enteigneten Fürsten dringlich. Nach längeren Verhandlungen kam es dazu mit dem Reichsdeputationshauptschluss von 1803. Mit ihm wurde die innere Territorialstruktur des Reiches fundamental erneuert: 112 Reichsstände mit insgesamt mehr als drei Millionen Untertanen rechts des Rheines wurden aufgehoben, darunter fast sämtliche geistliche Territorien und – bis auf sechs größere, darunter die bis heute bestehenden Stadtstaaten Hamburg und Bremen – fast alle Reichsstädte. Die Territorien der süd- und mitteldeutschen Landesfürsten, aber auch Preußens wurden dadurch arrondiert und zum Teil beträchtlich erweitert; durch die Säkularisation fielen ihnen auch bedeutende kirchliche Vermögenswerte, allerdings auch ganz neue Verpflichtungen etwa im Bildungsbereich oder der Wohlfahrt zu. Mit Baden, Hessen-Kassel, Salzburg und Württemberg wurden vier weitere Kurfürstentümer geschaffen, wodurch das Kurfürstenkolleg einen starken protestantischen Einschlag erhielt.

Die Grundlagen des Kaisertums wurden durch diese Maßnahme stark erschüttert. Kaiser Franz und der Papst protestierten vergeblich dagegen. Schon im Jahr 1800 hatte Franz die Reichsinsignien von ihrem tradi-

Darstellung Napoleons auf einer Medaille

tionellen Aufbewahrungsort Nürnberg nach Wien bringen lassen, um sie vor dem Zugriff Napoleons zu schützen. Als Napoleon sich am 18. Mai 1804 zum erblichen Kaiser der Franzosen ausrief, reagierte Franz darauf, indem er drei Monate später neben dem Titel des Kaisers des Heiligen Römischen Reiches Deutscher Nation zusätzlich den Titel eines erblichen Kaisers von Österreich annahm.

Ein dritter Krieg mit Frankreich 1805, das unterdessen mit Bayern, Baden, Hessen, Nassau und Württemberg auch einige deutsche Mittelmächte auf seine Seite hatte ziehen können, brachte Österreich und seinen Verbündeten bei Austerlitz erneut eine empfindliche Niederlage. Wiederum musste Österreich große Gebiete abtreten, so u. a. Tirol an Bayern.

Die innere Polarisierung im Deutschen Reich führte endgültig zum Auseinanderbrechen, als 1806 sechzehn Reichsstände (das gesamte Süd- und Nordwestdeutschland) sich im Rheinbund zusammenschlossen. Formell erklärten sie ihren Austritt aus dem Reichsverband und unterstellten sich im Gegenzug für bedeutende Rangerhöhungen und erneuten Gebietserweiterungen dem Protektorat Napoleons. Nach und nach schlossen sich bis auf Österreich, Preußen und zwei kleinere Länder alle deutschen Einzelstaaten diesem Bund an. Dieser dramatische Schritt markierte das Ende des Heiligen Römischen Reiches Deutscher Nation. Franz II. legte daraufhin am 6. August 1806 die Krone des Reiches nieder. Das mehr als 1000 Jahre zuvor von Karl dem Großen (1) begründete universale europäische Kaisertum, das seit Otto dem Großen (9) seine Grundlage dann in den deutschen Gebieten gehabt hatte, ging als Folge der Französischen Revolution, vor allem aber aufgrund von längst überholten inneren Strukturen, deren Reformbedürftigkeit Kaiser und Fürsten wie Joseph II. (50), Friedrich der Große und andere schon lange erkannt hatten, damit endgültig unter.

Deutschland zur Zeit des deutschen Bundes, 1815–1866; aus: Carl Wolff's historischer Atlas, Berlin, 1877

DIE HABSBURGER ALS KAISER VON ÖSTERREICH (1804–1918)

Tafel 7, S.186/187

Das österreichische Kaisertum

Als Antwort auf die eigenmächtige Kaisererhöhung Napoleons 1804 reagierte der amtierende Kaiser des Heiligen Römischen Reiches Deutscher Nation, Franz II. (52a), am 11. August 1804, indem er parallel dazu für seine eigenen Erblande ein eigenständiges österreichisches Kaisertum bildete. Neben Österreich und dem Königreich Böhmen umfasste es mit Ungarn auch ein außerhalb des Alten Reiches (und des späteren Deutschen Bundes) gelegenes Territorium. Im Gegensatz zum Wahlkaisertum im Reich handelte es sich hier um ein erbliches Kaisertum. Damit begannen für Österreich und die Habsburger auch alle Herrscherzählungen neu, sodass Franz hier nun als Franz I. regierte.

Als zwei Jahre später mit der Gründung des Rheinbundes das alte deutsche Reich auseinanderbrach und aufgelöst wurde, ging auch das alte römisch-deutsche Kaisertum endgültig unter. Dort legte Franz am 6. August 1806 die Kaiserwürde nieder, womit auch die Funktion der Kurfürsten obsolet wurde. Das von Franz staatsrechtlich ganz neu geschaffene Kaisertum beschränkte sich ausschließlich auf die Habsburger Erblande.

(52b) Ks. Franz I.
(1804–1835)
* Florenz 12.2.1768, (röm. Ks. 1792–1806), öst. Ks. 1804,
† Wien 2.3.1835, Grabstätte: Kaisergruft des Kapuzinerklosters in Wien

Schon die Jahre von Franz als römisch-deutscher Kaiser (52a) waren durch die Dynamik der Französischen Revolution und ihres Vollenders, Napoleon, bestimmt worden. Österreich befand sich dadurch stark in der Defensive. Dieser Druck ließ auch nach der Neugründung des österreichischen Kaisertums 1804 und der Niederlegung der alten Kaiserwürde 1806 nicht nach. Napoleon errang in weiteren Kriegen gegen Österreich erneute Siege, die dessen Territorium und Aktionsradius mit den Bestimmungen des Friedens von Schönbrunn 1809 weiter dezimierten.

Zu diesem Zeitpunkt berief Franz I. Graf Metternich als neuen Außenminister. Metternich, ein Mann von großem politischem Ingenium, der im Einklang mit seinem Herrn ein scharfer Gegner alles revolutionären Gedankengutes und der daraus folgenden nationalen Bewegungen war, spielte auf Zeit, um Österreich gegen Napoleon in Stellung bringen zu können. Auf sein Anraten hin gab Franz 1810 seine Tochter Maria Luise Napoleon, der sich durch eine solche Ehe als Angehöriger der europäischen Fürstenschicht zu legitimieren versuchte, zur Frau. Noch 1811 war Österreich so geschwächt, dass es einen Staatsbankrott erlitt.

Erst nach dem Desaster Napoleons in Russland begannen sich die Verhältnisse allmählich umzukehren. 1813 konnte Österreich im Bündnis mit Preußen, Russland und Großbritannien Napoleon herausfordern und bezwang ihn in der großen Völkerschlacht bei Leipzig. Dieser Sieg brachte in der Folge den ersten Sturz Napoleons; seine Frau kehrte mit dem Sohn Napoleons nach Wien zurück.

In Wien traten 1814 die fünf europäischen Großmächte Österreich, Preußen, Russland, Großbritannien und Frankreich (ohne Napoleon) sowie fast 200 weitere kleinere Herrschaften zum Wiener Kongress zusammen, um die Nachkriegsordnung für Europa festzulegen. Der Kongress, der durch die Rückkehr Napoleons und seiner erneuten, diesmal endgültigen Niederwerfung in der Schlacht von Waterloo unterbrochen wurde, hatte sich die Wiederherstellung des Gleichgewichts der Mächte in Europa und den Aufbau einer inneren Ordnung für Deutschland zur Aufgabe gemacht. In einer langen Reihe territorialer Veränderungen, die fast alle Mächte betraf, gab auch Österreich seine niederländischen Besitzungen und die Vorlande am Oberrhein nun endgültig auf, erhielt jedoch die ihm von Napoleon entwendeten Gebiete in Italien sowie Tirol und Vorarl-

Fortsetzung von Tafel 6 S. 134 f.

Habsburger

Maria Theresia Erzhg., Kg. v. Ung. u. Böh.	><	Franz I. v. Lothringe 49 Ks./Kg. 1745-176

Joseph II. 50 Kg./Ks. 1765-1780	Leopold II. 51 Kg./Ks. 1790-1792

Franz II./I.
52 Kg./Ks. 1792-1835

Ferdinand I.
53 Öst. Ks. 1835-1848

Franz Joseph I.
54 Öst. Ks. 1848-1916

Erzhg. Franz Ferdinand
Thronfolger, † 1914 ermo

berg und anderes wieder zurück. Österreich entstand als mitteleuropäische Großmacht wieder neu. Der Wiener Kongress verstand es, die Verhältnisse unter den Mächten so geschickt auszubalancieren, dass dieses System für hundert Jahre bis zum Ersten Weltkrieg Bestand hatte. Zur Wiederaufrichtung des Alten Reiches kam es nicht mehr. An seine Stelle trat der Deutsche Bund, ein Verband von 37 souveränen Fürsten und vier freien Städten, der über die Erhaltung der äußeren und inneren Sicherheit Deutschlands wachen und die Unabhängigkeit und Unverletzlichkeit der einzelnen deutschen Staaten sichern sollte. Zentrales Organ war der in Frankfurt a. M. – dem Ort der früheren Königs- und Kaiserwahlen – residierende Bundestag.

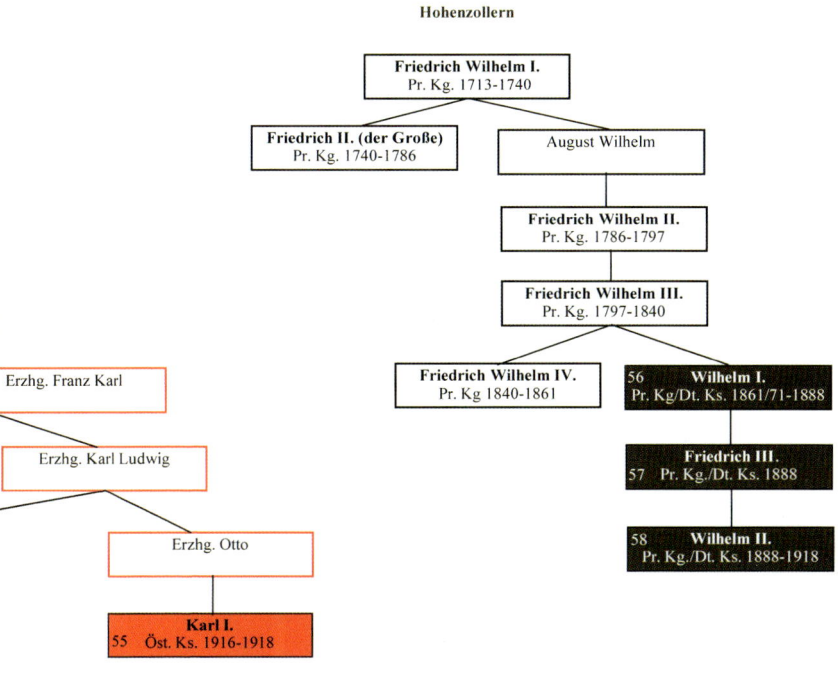

Hohenzollern

Tafel 7 Die Habsburger und die Hohenzollern

Österreich beanspruchte als pares inter pares die Führung des Bundes. Ebenso wie Preußen gehörte es nicht mit seinem ganzen Staatsgebiet zum Bund; mit seinen polnischen, ungarischen und italienischen Besitzungen blieb es zu großen Teilen außen vor. Österreich wurde in den folgenden Jahrzehnten unter Kaiser Franz I. und seinem seit 1821 als Staatskanzler wirkenden Minister Metternich zur führenden Macht im Deutschen Bund. Beide Männer hatten in der Auseinandersetzung mit Napoleon ihre prägenden Erfahrungen gesammelt. Im Befreiungskampf gegen ihn hatte sich machtvoll erstmals die deutsche Nationalbewegung entzündet, von dem großen Widersacher zugleich aber auch liberales Ideengut, das er von Frankreich aus über den Kontinent gebracht hatte, aufgegriffen. In beiden Kräften, dem Nationalen wie dem Liberalen, erblickten Kaiser Franz und Metternich große Gefahren, obwohl selbst der Wiener Kongress die Einrichtung von konstitutionellen Verfassungen in den deutschen Staaten vereinbart hatte – eine Selbstverpflichtung, der viele süd- und westdeutsche Staaten, nicht aber Preußen und Österreich, schon bald nach 1815 nachkamen. Gegen Nationalismus und Liberalismus setzten Kaiser Franz und Metternich ganz auf eine in der Autorität des Christentums fundierte Monarchie. Sie allein konnte aus ihrer Sicht das Wohl der Untertanen und die Sicherheit Europas garantieren. Alle revolutionären Umtriebe – meist aus dem

Franz I. im österreichischen Kaiser-ornat, Friedrich von Amerling, Wien 1832, Öl auf Leinwand, Schatzkammer Wien. Der Kaiser trägt die Krone Rudolf II. und das dazugehörige Szepter sowie die Collanen der vier österreichischen Hausorden deren Großmeister er war.

studentischen Milieu hervorgegangen (Aktivitäten der Burschenschaften, Ermordung des russischen Generalkonsuls Kotzebue durch den Studenten Karl Ludwig Sand 1819, Frankfurter Wachensturm von 1833 etc.) – wurden durch Zensurmaßnahmen, Spitzelwesen, Bestrafungen u. a. scharf unterdrückt; Ereignisse wie die Julirevolution 1830 in Frankreich wurden mit Sorge gesehen, nationale Erhebungen wie die von Liberalen bejubelte der Griechen gegen die Türken verurteilt. Für Deutschland hat Franz I., der immer mehr den Direktiven seines politisch hoch durchsetzungsfähigen Kanzlers zu folgen hatte, den Lauf des Stroms nicht nur reguliert, er „war gleichzeitig ein Staudamm dynamischer Kräfte." (Hugo Hantsch) Seinem Nachfolger hinterließ er testamentarisch die Maxime „Regiere und ändere nichts!"

Im österreichischen Volk genoss Franz ob seiner schlichten, fast bürgerlichen Lebensweise, die seinem Onkel Kaiser Joseph II. (50) nachempfunden war, seiner Leutseligkeit und seiner aus karitativem Christentum erwachsenen Hilfsbereitschaft große Popularität. Die Wiener sprachen vom „guten Kaiser Franz". Franz war viermal verheiratet. Überlebende Kinder hatte er jedoch nur aus seiner zweiten, sehr glücklich verlaufenen Ehe mit Maria Theresia von Neapel-Sizilien, die sowohl mütterlicher als auch väterlicherseits eine Cousine zu ihm war.

(53) Ks. Ferdinand I.
(1835–1848)

* Wien 19.4.1793, öst. Ks. 1835,
Abdankung 1848,
† Prag 29.6.1875, Grabstätte: Kaisergruft des Kapuzinerklosters in Wien

Ferdinand I., Gemälde von Friedrich von Amerling, Heeresgeschichtliches Museum, Wien

Kaiser Franz I. (52) wusste wohl, dass sein ältester Sohn Ferdinand wegen verschiedener körperlicher und geistiger Beeinträchtigungen nicht zur selbstständigen Regierung in der Lage sein würde. Er folgte jedoch dem Rat seines Kanzlers Metternich, sich an den Grundsatz der Legitimität zu halten und Rivalitäten mit anderen Agnaten des Hauses Habsburg durch Befolgung der gesetzlichen Thronfolgeregeln zu vermeiden. Er installierte daher einen Regentschaftsrat, in den er seinen jüngsten Bruder, den konservativen Erzherzog Leopold, Staatskanzler Metternich und Innenminister Kolowrat berief. Doch dieser Konstruktion, von der Metternich sich die Sicherung seines Einflusses versprach, war wenig Glück beschieden. Die beiden Minister lagen im Streit miteinander, während der Vorsitzende Erzherzog Ludwig keinen Schwung hatte und beeinflussbar war; schließlich opponierten dessen beiden älteren Brüder, die von Kaiser Franz übergangenen, ungleich begabteren Erzherzöge Karl und Johann (der spätere Reichsverweser des Paulskirchenparlaments). Kaiser Ferdinand selbst war gutmütig, menschenfreundlich und hilfsbereit, doch konnten diese Eigenschaften, die ihm den Beinamen „der Gütige" einbrachten, nicht über seinen Mangel an Geist und politischer Fähigkeit hinweghelfen. Spezielle Interessen hatte er an der Förderung der industriellen und landwirtschaftlichen Entwicklung oder dem Ausbau des Eisenbahnnetzes. Die Kettenbrücke in Budapest und andere Bauwerke gehen auf ihn zurück.

In den dreizehn Jahren der Regentschaft Kaiser Ferdinands äußerten sich die liberalen und nationalen Bestrebungen in ganz Europa immer nachhaltiger. Metternich begegnete ihnen mit unbeugsamer Haltung und tat alles, sie niederzuhalten. Im Frühjahr 1848 gab es jedoch überall in Europa Erhebungen, so auch in den verschiedenen Ländern des Vielvölkerreichs der Habsburger, das sich verstärkt mit dem Erwachen der verschiedenen Nationalitäten konfrontiert sah. Eine Zäsur war mit dem Ausbruch der Revolution in Wien erreicht, wodurch der im Volk verhasste Metternich am 13. März zum Rücktritt gezwungen war. Kaiser Ferdinand wurde daraufhin umso mehr zum Spielball der divergierenden Mächte und Interessen. Das ganze Jahr 1848 war durch schwere Unruhen in der gesamten Monarchie und diverse Kriegszüge vor allem in den italienischen Besitzungen gekennzeichnet. Zweimal mussten Ferdinand und die kaiserliche Familie aus Wien fliehen, bevor die Aufstände dort blutig niedergeschlagen wurden. Am 21. November 1848 setzte Ferdinand noch ein neues Ministerium unter dem Fürsten zu Schwarzenberg ein. Dann aber bewog ihn seine Familie, ohne dass er widerstrebt hätte, zur Abdankung. Am 2. Dezember 1848 übergab Ferdinand die Amtsgeschäfte erleichtert an seinen Neffen Franz Joseph (54).

Ferdinand zog sich mit seiner Frau auf den Hradschin nach Prag zurück, wo er sich der Wohltätigkeit, aber auch der Musik und den Gartenanlagen des Königsschlosses widmete. Er lebte noch 27 Jahre und verstarb 1875 im Alter von 82 Jahren.

(54) Ks. Franz Joseph I.
(1848–1916)
* Wien-Schönbrunn 18.8.1830,
öst. Ks. 1848,
† Wien-Schönbrunn 21.11.1916,
Grabstätte: Kaisergruft des Kapuzinerklosters in Wien

Früh zeigte sich, dass Kaiser Ferdinand I. (53) nicht in der Lage sein würde, seinem Amt gerecht zu werden oder auch nur einen eigenen Thronerben hervorzubringen. Sein Bruder Erzherzog Franz Karl war daher der nächstberechtigte Thronkandidat. Als Ferdinand im Dezember des Revolutionsjahres 1848 ab-

dankte, verzichtete dieser jedoch zugunsten seines 18-jährigen Sohnes Franz Joseph auf die Kaiserwürde. Franz Joseph war von seiner Mutter Sophie, Tochter des bayerischen Königs Maximilian I., zielstrebig und mit Erfolg auf diese Stellung hin erzogen worden. Franz war diszipliniert und ausgeglichen, hatte eine gute Allgemeinbildung, sprach früh schon die Sprachen des Vielvölkerstaates, war körperlich eine ansehnliche und robuste Erscheinung und hatte dank einschlägiger Erziehung eine große Vorliebe für alles Militärische.

Franz Joseph besaß für die Übernahme von Regierungsverantwortung somit eine sehr gute Grundlage, konnte eine weitergehende Ausbildung angesichts seiner neuen Verpflichtungen aber nicht vollenden. Sein erster politischer Lehrmeister wurde der noch von seinem Vorgänger eingesetzte Ministerpräsident Felix Fürst zu Schwarzenberg. Eigene Lebenserfahrung wurde aber bald schon die wichtigste Richtschnur seines Lebens, und die Revolutionswirren von 1848 und der folgenden Jahre gaben ihm genügend Anlass, reichhaltige Erfahrungen zu sammeln. In Ungarn erreichte die Revolution 1849, im ersten Regierungsjahr Franz Josephs, einen Höhepunkt; die Habsburger wurden für abgesetzt erklärt. Mit Waffengewalt wurde die Erhebung niedergeschlagen und die im Jahr zuvor verabschiedete liberale Verfassung kassiert. Durch dieses Vorgehen waren die Ungarn in ihrem Stolz tief gekränkt. Die Frage des Paulskirchenparlaments, ob man die österreichische Monarchie ob ihrer großen nichtdeutschen Landesteile in ein deutsches Reich würde integrieren können (kleindeutsch vs. großdeutsch), blieb über das Scheitern der Revolution hinaus virulent. Schwer war es daher nicht nur, den Deutschen Bund nach der Revolution wieder herzustellen, sondern darin Österreichs tradierte Führungsrolle auch gegen Preußens neue Machtansprüche zu behaupten. Für seine eigenen Lande gelang Franz Joseph nach Abflauen und Niederschlagung der Revolutionswirren die Wiedererrichtung der Monarchie mit absolutistischem Zuschnitt. Doch zeigte er sich in den 1850er-Jahren durchaus auch bereit, gewisse Reformen wie ein einheitliches Staatsbürgergesetz, die Bauernbefreiung, die Trennung von Justiz und Verwaltung u.a.m. von oben her anzugehen. Auch veranlasste er, dass die Hauptstadt Wien zielstrebig ausgebaut wurde.

Unter dem Andrängen der italienischen Einigungsbewegung verlor Österreich 1859 in kriegerischen Auseinandersetzungen seine Besitzungen in der Lombardei. Nach dieser Erfahrung zeigte Franz Joseph eine vorsichtige Bereitschaft, den Interessen seiner Völker und seiner Untertanen entgegenzukommen. 1860/61 räumte er dem Bürgertum gewisse verfassungsmäßige Mitspracherechte ein, doch blieben Spannungen der zentralistischen monarchischen Reichsregierung insbesondere mit den Ungarn, aber auch anderer nichtdeutscher Völker des Staatsverbandes ungelöst. Unter Vermittlung seiner Frau, Kaiserin Elisabeth, die für Ungarn eine Vorliebe entwickelt hatte und dort große Sympathie genoss, verzichtete

Medaille zur Verlobung Kaiser Franz Josephs mit Prinzessin Elisabeth am 19. August 1853

Franz Joseph 1865 dort schließlich auf die Durchsetzung einer zentralistischen Verfassung.

Zu diesem Zeitpunkt spitzte sich der Konflikt mit Preußen um die Führung im Deutschen Bund zu. Der seit 1862 als preußischer Ministerpräsident amtierende Bismarck legte es zunehmend auf die Auflösung des Bundes und eine Einigung Deutschlands unter Ausschluss Österreichs an. 1866 entluden sich die angestauten Spannungen im kurzen Deutschen Krieg, der für Österreich verloren ging. Damit war der Deutsche Bund aufgelöst; Bismarck erhielt freie Hand, zunächst den Norddeutschen Bund und 1871 das Deutsche Kaiserreich zu gründen. Österreich als die einstige Führungsmacht des Alten Deutschen Reiches schied damit endgültig aus der Entwicklung Deutschlands aus. Das junge Berlin hatte über das alte Wien den Sieg davongetragen.

Diese Niederlage beförderte auch den Ausgleich im Inneren. 1867 wurden mit den Ungarn eine Einigung erzielt. Das ungarische Volk erhielt jetzt seine Verfassung zurück und wurde zu einem selbstständigen Staat neben Österreich. Beide Staaten wurden durch den Monarchen zusammengehalten, der sich nun in Doppelfunktion Kaiser von Österreich und König von Ungarn nannte (k.u.k.-Monarchie). Nur Auswärtiges, Finanzielles und Militärisches wurden als gemeinsame Angelegenheiten weiter zusammen betrieben sowie eine Zoll- und Währungsunion zwischen beiden Staaten begründet. Dieses für Ungarn vorteilhafte Abkommen weckte freilich ähnliche Begehrlichkeiten bei anderen Volksgruppen, insbesondere bei den Tschechen.

Nach der Gründung des Deutschen Kaiserreiches 1871, in dem Österreich nicht die Fortsetzung des Alten Deutschen Reiches sehen und für das es daher auch nicht die in Wien lagernde alte Kaiserkrone herausgeben wollte, suchte Österreich die Beziehung zu Deutschland schnell zu normalisieren. In der Folge gab es mehrere Defensivbündnisse zwischen den beiden Ländern, denen sich zunächst Russland, später dann Italien anschlossen. Auf dem Balkan konnte Österreich 1878 seinen Einfluss auf Bosnien und die Herzegowina ausdehnen und besetzte gegen Widerstände Sarajevo.

In seiner mittleren Lebensphase wurde Kaiser Franz Joseph von mehreren harten familiären Schicksalsschlägen heimgesucht. Nachdem sein Bruder Maximilian sich auf das Abenteuer eingelassen hatte, sich zum Kaiser von Mexiko ernennen zu lassen, wurde er 1867 ein Opfer des dortigen Bürgerkrieges. Mit seinem Sohn, Kronprinz Rudolf, war Franz Joseph wegen dessen liberaler Haltung in einen tiefen Konflikt geraten. Unter nicht restlos geklärten Umständen nahm Rudolf 1889 sich mit seiner Geliebten das Leben – ein Ereignis, das für das Kaiserhaus einen schweren Skandal bedeutete und den tief katholisch geprägten Franz Joseph schwer belastete. Nicht minder tief traf ihn keine zehn Jahre später das Schicksal seiner Gemahlin, Kaiserin Elisabeth. Da die freiheitsliebende Frau sehr unter der strengen Hofetikette litt, versuchte sie, ihr durch lange Aufenthalte im Ausland und damit auch Trennungen von ihrem Mann zu entgehen. Dies führte zu einer gewissen Entfremdung zwischen den Gatten, ohne dass sie jedoch ihre Liebe und ihren Respekt füreinander verloren hätten. Auf einer dieser Reisen wurde sie 1898 in Genf Opfer eines von einem Anarchisten begangenen Attentats. Neben diesem schweren Schlag verschlechterte sich auch Franz Josephs Verhältnis zu seinem Neffen, Franz Ferdinand, der der neue Thronfolger war, als dieser sich in nicht hausgesetzmäßiger Ehe verheiratete und die beiden Männer in politischen Fragen voneinander abwichen.

Unterdessen verschärften sich in verschiedenen Teilen der Monarchie die Spannungen mit den Nationalitäten. Unruhig war der Balkan, wo Serbien seit 1903 mit Unterstützung Russlands die Errichtung eines großserbischen Reiches anstrebte, während Österreich 1908 Bosnien und die Herzegowina, die es bereits dreißig Jahre zuvor okkupiert hatte, annektierte. Das Verhältnis zwischen Österreich und Serbien war damit aufs Äußerste angespannt. Aus diesem Konflikt sprang wenige Jahre später der Funke, der die Explosion des Ersten Weltkrieges auslöste. Trotz einschlägiger Warnungen und unzulänglicher Sicherheitsmaßnahmen hatten sich im Juni

1914 der habsburgische Thronerbe, Franz Ferdinand, und sein Frau nach Bosnien begeben, wo beide von serbischen Attentätern ermordet wurden. Dieses Ereignis führte einige Wochen später zur Kriegserklärung Österreich-Ungarns an Serbien. Wie ein Dominoeffekt löste dies die ohnehin sehr gespannten Bündnissysteme aus, in die beide Staaten eingebunden waren. Europa versank im Ersten Weltkrieg.

Dessen Ende sollte Kaiser Franz Joseph nicht mehr erleben. Nachdem er mit 68 Jahren länger als jeder andere der Kaiser vor ihm regiert hatte, verstarb er am 21. November 1916 in hohem Alter. Während dieser langen Zeit hatten Wirtschaft, Gesellschaft, Wissenschaft und Kunst, aber auch die Städte einen ungeheuren Aufschwung erlebt. Auch und gerade in Wien war mit Macht die Welt der Moderne hervorgebrochen. Kein anderer Monarch vor ihm war mit solch fundamentalen Wandlungen des Lebens konfrontiert. Als Regent war Franz Joseph nicht nur Zeuge, sondern bis zu einem gewissen Grad sicher auch aktiver Mitgestalter dieses ungeheuren Transformationsprozesses. Gleichwohl stellte er in diesem rapiden Wandel auch unverbrüchlich ein beharrendes und traditionsbezogenes Element dar. Wohl sah er sich gegenüber den mächtigen politischen Tendenzen seiner Zeit – Demokratie, Liberalismus, nationale Selbstbestimmung – zu großen Zugeständnissen gezwungen, doch waren es viel eher die Armee, die Kirche und die Bürokratie, in denen er die eigentlichen Stützen seiner Macht erblickte. Persönlich war Franz Joseph ein bescheidener Mensch und besaß große

Kaiser Franz Joseph I. in Marschallsuniform, Gemälde von Franz Xaver Winterhalter, Hofburg, Wien

Arbeitsdisziplin und Selbstbeherrschung; er hatte ungewöhnliche Menschenkenntnis, durchschaute die Zusammenhänge und verfügte über eigenständige Urteilskraft. Es entbehrt nicht der Tragik, dass seine lange Herrschaft am Ende in den großen, von ihm nicht gewollten Krieg hineinschlitterte und er in Sorge um den Fortbestand seiner Monarchie sterben musste.

(55) Ks. Karl I. (1916–1918)
* Schloss Persenbeug bei Ybbs a. d. Donau 17.8.1887, öst. Ks. 1916, Thronverzicht 1918, † Funchal/Madeira 1.4.1922, Grabstätte: Kirche Nossa Senhora do Monte in Funchal/Madeira

Unter der Obhut seiner Mutter herangewachsen, erhielt Erzherzog

Kaiser Karl I. als Feldmarschall in österreichischer Galauniform

Karl durch den Besuch des Schottengymnasiums in Wien früh auch Kontakte außerhalb seines Standes und absolvierte nach einem militärwissenschaftlichen und juristischen Studium eine Laufbahn im Militär. Das Familienoberhaupt, sein Großonkel, Kaiser Franz Joseph I. (54), schätzte ihn sehr, auch seinem Onkel, dem Thronfolger Erzherzog Franz Ferdinand, fühlte er sich verbunden. Als dieser am 28. Juni 1914 in Sarajevo ermordet wurde, rückte Karl am Vorabend des Ersten Weltkrieges an seine Stelle als Thronfolger. Kaiser Franz Joseph betraute ihn mit verschiedenen Aufgaben im deutschen und im österreichisch-ungarischen Oberkommando, hielt ihn von politischen Entscheidungen aber weitgehend fern.

Nach dem Tod des alten Kaisers folgte er ihm am 21. November 1916 auf dem Thron nach. Der Niedergang der österreichisch-ungarischen Monarchie zeichnete sich zu diesem Zeitpunkt schon ab. Karl war daher darum bemüht, rasch den Frieden herbeizuführen. Er übernahm selbst den Oberbefehl über die österreichisch-ungarische Armee und nahm im militärischen und politi-

schen Apparat diverse Umbesetzungen vor.

Von Bedeutung waren seine Bemühungen Anfang 1917, durch die Brüder seiner Frau Zita, Sixtus und Xavier von Bourbon-Parma, Kontakt zu Frankreich aufzunehmen, um Möglichkeiten des Friedens zu sondieren. Dabei stand er in dem tiefen Zwiespalt, einerseits seine Bündnistreue gegenüber dem nach wie vor kriegswilligen Deutschland zu erfüllen, andererseits unter Umständen doch einen Separatfrieden anzustreben. Karl erklärte sich in diesen Geheimverhandlungen bereit, Frankreichs Rückforderung von Elsass-Lothringen gegenüber seinem Verbündeten Deutschland zu unterstützten („Sixtusbrief"), sah sich andererseits im Ausland aber selbst mit Forderungen nach nationaler Selbstbestimmung der habsburgischen Völker oder der Abtretung Südtirols konfrontiert, die ihm teilweise unannehmbar erschienen. Als im Frühjahr 1918 Frankreich den Sixtusbrief mit seinen Auslassungen zu Elsass-Lothringen veröffentlichte, Karl ihn gegenüber Kaiser Wilhelm II. aber verleugnete, indem er ihn als Lüge bezeichnete, verspielte er sowohl das Vertrauen seiner Verbündeten wie das seiner Gegner. Im Westen wurden die Forderungen nach Auflösung der österreichisch-ungarischen Monarchie immer lauter und im September 1918 in Paris durch den tschechischen Nationalrat unter Anerkennung der Westmächte der selbstständige tschechoslowakische Staat proklamiert. Weiteren inneren und äußeren Auflösungstendenzen versuchte Kaiser Karl Mitte Oktober noch durch den Umbau der Monarchie in einen Bundesstaat zu begegnen. Doch kamen die zentrifugalen Kräfte schon wenige Tage später voll zum Durchbruch, als Tschechien und die Balkanländer sich abspalteten und am 31. Oktober 1918 schließlich auch Ungarn seine Trennung von der Habsburger-Dynastie verkündete. Zugleich wurde in Österreich die erste nichtkaiserliche Regierung unter Karl Renner gebildet und wenige Tage später der Waffenstillstand verkündet.

Am 11. November 1918 wurde Kaiser Karl zur Unterzeichnung eines Dokuments gezwungen, in dem er seinen Verzicht „auf jeden Anteil an den Staatsgeschäften" verkündete; seine Frau, Kaiserin Zita, widersetzte sich hingegen allen Abdankungsansinnen. Am Tag danach wurde in Österreich die Republik ausgerufen. Diese Schritte markierten das historische Ende der Habsburger-Dynastie und des Kaisertums.

Da Karl einen formellen Thronverzicht ablehnte, wurde er 1919 ins Exil in die Schweiz verbracht. Von dort aus unternahm er im Jahr 1921 zweimal den Versuch, in Ungarn, wo er seine Thronrechte als noch nicht erloschen betrachtete, wieder an die Macht zu kommen. Bei seinem zweiten Versuch im Herbst gelang es ihm, königstreue Truppen für sein Anliegen zu gewinnen und einen Marsch auf Budapest zu inszenieren. Dort wurde er von der Armee des ungarischen Reichsverwesers allerdings gestoppt, interniert und auf Druck der Westmächte von der ungarischen Nationalversammlung als König des Landes abgesetzt. In Begleitung seiner Frau wurde er nach

Krönung von Kaiser Karl I. und Kaiserin Zita zu König und Königin von Ungarn in der Matthiskirche in Budapest am 30. Dezember 1916 (mit ihrem ältesten Sohn Otto von Habsburg)

Funchal auf Madeira verbannt, wo er viereinhalb Monate später am 1. April 1922 verstarb.

Der letzte Kaiser war tot! Seine Ehefrau, Zita, die ein Leben im Exil führte, durfte Österreich erst 1982 unter Bundeskanzler Kreisky wieder betreten und wurde nach ihrem Tod 1989 in der Kaisergruft in Wien bei den anderen Angehörigen der Habsburger begraben. Kaiser Karl I. wurde im Jahr 2004 von Papst Johannes Paul II. selig gesprochen.

Der heutige Senior des Hauses Habsburg, Otto von Habsburg, ist der älteste Sohn Kaiser Karls und Zitas. Die alten politischen Verbindungen und das Ansehen seines Hauses konnte er als Abgeordneter des Europaparlaments (in dem er einen deutschen Wahlkreis vertrat) insbesondere in der Balkankrise der 1990er-Jahre noch einmal vorteilhaft einsetzen.

DIE HOHENZOLLERN ALS KAISER IM DEUTSCHEN REICH (1871–1918)

Tafel 7, S.186/187

Die Hohenzollern, Preußen und das Kaisertum von 1871

Die Hohenzollern sind eines der ältesten Herrschergeschlechter in Deutschland und reichen bis ins hohe Mittelalter zurück. Ihr Ursprung liegt wie ihre gleichnamige Stammburg im Schwäbischen. Nach dem Erwerb von Positionen und Territorien im Fränkischen (1191 als Burggrafen in Nürnberg, seit Ende des 14. Jahrhunderts in Ansbach und Bayreuth) wurden sie 1415/17 von König Sigismund (34) mit der Markgrafschaft Brandenburg belehnt und erhielten so den Rang der Kurfürsten. Brandenburg wurde daraufhin zum eigentlichen Kernland der Hohenzollern. Durch Umwandlung des Deutschordensstaates in ein weltliches Herzogtum unter polnischer Lehnshoheit entstand 1525 das Herzogtum Preußen, mit dem eine hohenzollerische Nebenlinie belehnt wurde. Als diese 1618 ausstarb, fiel Preußen an die nunmehr in Brandenburg residierende Hauptlinie der Dynastie. Eine weitere Rangerhöhung erfuhren die Hohenzollern 1701, als sie mit Zustimmung Kaiser Leopolds I. (45) für dieses außerhalb des Reichsgebietes gelegene Herzogtum den Titel eines „Königs in Preußen" annahmen. Der Name Preußen wurde aber seither für die gesamten Gebie-te, über die die Hohenzollern herrschten, verwendet. Im 17. und 18. Jahrhundert wurde vor allem durch das Wirken des „Großen Kurfürsten" Friedrich Wilhelm (1640–1688), den „Soldatenkönig" Friedrich Wilhelm I. (1713–1740) und dessen Sohn König Friedrich II., „der Große" genannt (1740–1786), Preußen zur Großmacht. Expansion durch Militärmacht und innere Reformen im Geist der Aufklärung machten Preußen zu einem der führenden Staaten in Deutschland und in Europa. Friedrich II. wandelte 1772 seinen ererbten Titel eines Königs „in" Preußen für sich und seine Nachfolger in König „von" Preußen. Im Zeitalter Napoleons, der Preußen in die Knie zwang, erlebte das Land eine Ära weitreichender innerer Reformen, die mit den Namen Stein und Hardenberg verbunden sind. Durch diesen Modernisierungsschub sowie durch weitere bedeutende Territorialgewinne im Rheinland, Sachsen und anderswo, die sich im Zuge der Neuordnung Deutschlands nach dem Ende der Napoleonischen Ära ergaben, zog Preußen im Deutschen Bund mit der alten deutschen Führungsmacht Österreich immer mehr gleich. Während die preußischen Könige im

Zeitalter des Vormärz gegen den bürgerlichen Liberalismus ähnliche Vorbehalte hegten wie die weitgehend absolutistisch regierenden österreichischen Kaiser und sie wesentlich zum Scheitern der bürgerlichen Revolution von 1848 beitrugen, kam es insbesondere nach dem Niederschlagen der Revolution seit den 1850er-Jahren verstärkt zum Konflikt mit Österreich darüber, welcher der beiden Mächte künftig die Führungsrolle in Deutschland zufallen solle. Um den Preis des Auseinanderbrechens des Deutschen Bundes und des Ausschlusses Österreichs aus Deutschland ging Preußen 1866 unter Führung Bismarcks in der Ära König Wilhelms (56) aus diesem Ringen als Sieger hervor.

Fünf Jahre später (1871) wurde mit dem neuen Deutschen Reich ein neues deutsches Kaisertum begründet. Mit dem alten, 1806 untergegangenen Kaisertum hat es außer der Bezeichnung kaum etwas gemein. Im Gegensatz zum alten Kaisertum, das einen stark gewohnheitsrechtlichen Charakter hatte, wurde die Stellung des Kaisers von 1871 nun in einer ausformulierten Verfassung definiert, die wesentliche Ergebnisse einer seit Napoleon auch in Deutschland in Gang gekommenen Verfassungsdiskussion in sich aufnahm. Hatte sich das ältere Kaiserreich mit einer gewissen europäischen Dimension am alten römischen Universalreich orientiert und war historisch an die römisch-katholische Kirche gebunden, so beschränkte sich das neue Kaiserreich allein auf Deutschland und hatte dank der protestantischen Orientierung der Hohenzollern alle römischen Bezüge gekappt.

Wie sein 1804 gegründetes österreichisch-habsburgisches Alter Ego war auch dieses im Gegensatz zum Wahlkaisertum des alten Reiches ein Erbkaisertum, das nun allerdings den Hohenzollern vorbehalten war. Das neue deutsche Reich von 1871 war ein aus 25 deutschen Staaten, darunter drei freien Städten, bestehender Bund. Preußen als größtem dieser Staaten war darin eine herausgehobene Rolle zugedacht. In der Person seines Königs übernahm es das Präsidium des Bundes und stattete ihn mit der Würde eines deutschen Kaisers aus. Auch der Reichskanzler und die Reichsminister waren in der Folge fast immer identisch mit dem preußischen Ministerpräsidenten und den dortigen Fachministern. In dem gemeinsamen Beschlussorgan der Bundesstaaten, dem Bundesrat, hatte Preußen mit 17 von 58 einen so hohen Stimmenanteil, dass es Verfassungsänderungen blockieren konnte. Mit dem Reichstag hatte Deutschland zum ersten Mal nach der Paulskirche ein nach gleichem, freiem, direktem und geheimem Wahlrecht bestimmtes Parlament, das zusammen mit dem Bundesrat (wenn auch mit gewissen Einschränkungen) die Gesetzgebung wahrnahm. In ihm fanden in der Folge auch liberale Parteien, später auch die Sozialdemokraten eine Plattform. Ein Kernelement parlamentarischer Demokratie, die Wahl und Abwahl der Regierung, war dem Reichstag jedoch vorenthalten. Dieses und anderes wie der Oberbefehl über die Reichsarmee und Reichskriegsmarine oblag dem Kaiser, dessen Stellung somit eine sehr mächtige war.

(56) Ks. Wilhelm I.
(1871–1888)
* Berlin 22.3.1797, Kg. v. Preußen 1861, dt. Ks. 1871,
† Berlin 9.3.1888, Grabstätte: Mausoleum im Schlosspark Berlin-Charlottenburg

Als jüngerer Bruder des preußischen Kronprinzen und späteren Königs Friedrich Wilhelm IV. (1795–1861, König seit 1840) hatte Prinz Wilhelm zunächst wenig Aussicht, selbst an die Regierung zu kommen. Den Höhepunkt seiner Laufbahn sollte er daher erst in fortgeschrittenem Alter erleben. Allgemein bekannt wurde er vor Beginn seiner politischen Karriere unter der Bezeichnung „Kartätschenprinz" während der Revolution von 1848/49, als er die brutale militärische Niederschlagung der Aufstände in Berlin und später vor allem in Baden und in der Pfalz befehligte. Als sein Bruder, der König, der selbst keine Nachkommen hatte, 1857 aus gesundheitlichen Gründen nicht mehr regierungsfähig war, wurde Wilhelm zum Prinzregenten und übernahm die Regierungsgeschäfte. War der 48er-Revolution zunächst eine Zeit der Reaktion gefolgt, so leitete Wilhelm durch die Berufung liberaler Minister zunächst einen Kurswechsel ein, mit dem das unterlegene und enttäuschte Bürgertum unter dem Leitbegriff einer „Neuen Ära" wieder Hoffnung zu schöpfen begann. Auseinandersetzungen über unterschiedliche Vorstellungen bei einer Reform der Armee, mit der Wilhelm u.a. Elemente des Volksheeres, die noch aus der Zeit der Napoleonischen Befreiungskriege herrührten,

zurückdrängen und eine dreijährige Dienstzeit einführen wollte, führten jedoch seit 1860 schon allmählich wieder zum Zerwürfnis mit den Liberalen. Diese verweigerten der königlichen Heeresreform im preußischen Landtag das Budget. Der so angelegte Zwiespalt mit dem Bürgertum wurde noch vertieft, als Wilhelm nach dem Tod seines Bruders 1861 selbst König von Preußen wurde und er seinem Selbstverständnis als Herrscher von Gottes Gnaden demonstrativ durch eine aufwendige Krönungszeremonie in Königsberg, wo 1701 die preußische Monarchie begründet worden war, Ausdruck verlieh. Da ihm das preußische Parlament via Budget die Zustimmung zur Heeresreform weiterhin verweigerte, trug der König sich zunächst mit Rücktrittsgedanken, berief 1862 dann aber Otto von Bismarck zum preußischen Ministerpräsidenten, der bereit und in der Lage war, unter Riskierung eines tiefen Verfassungskonfliktes die Regierungsgeschäfte außerkonstitutionell auch ohne verfassungsmäßig zustande gekommenen Etat zu führen. Unter dem unmittelbaren Eindruck von Bismarcks überragenden Erfolgen bei der Gründung des Norddeutschen Bundes erteilte der Landtag seinem diktatorisch anmutenden Vorgehen wenige Jahre später im September 1866 die nachträgliche Billigung.

Außenpolitisch suchte Bismarck nun zielstrebig Preußen, das mit seinen Gebieten an Rhein und Ruhr im Zuge der industriellen Revolution sich auch wirtschaftlich an die Spitze gesetzt hatte, gegen das tradierte Vorrecht Österreichs als erste Macht in Deutschland zu etablieren; diese Frage war spätestens seit dem Paulskirchenparlament ein Thema, das, wenn auch unter anderen politischen Vorzeichen, ebenfalls für Preußen als Führungsmacht votiert hatte. Erneute Auseinandersetzung um Schleswig-Holstein seit 1864 benutzte Bismarck, um in dieser Kernfrage der Deutschlandpolitik auf dem Wege der kriegerischen Auseinandersetzung eine Entscheidung herbeizuführen. 1866 konnte Preußen die Österreicher, denen es durch das Engagement Italiens einen Zweifrontenkrieg aufgezwungen hatte, in der Schlacht von Königgrätz klar besiegen. Der Deutsche Bund zerbrach, die österreichisch-ungarische Monarchie wurde trotz großer deutscher Siedlungsgebiete aus Deutschland ganz hinausgedrängt, Preußen arrondierte sich zu seinen Rheinprovinzen hin, indem es Hannover, Kurhessen, Nassau und die Freie Stadt Frankfurt annektierte, und gründete den Norddeutschen Bund, dem unter seiner Führung alle Staaten nördlich der Mainlinie angehörten. Während Wilhelm auch auf territorialen Abtretungen Österreichs bestand, beharrte Bismarck in nüchterner politischer Kalkulation darauf, Österreich zu schonen, um es künftig als Bündnispartner gewinnen zu können. In dem daraus erwachsenen Konflikt zwischen König und Kanzler konnte Letzterer sich unter Vermittlung durch Kronprinz Friedrich (57) durchsetzen.

Im Jahr 1870 wurde der Plan entworfen, einen Angehörigen des Hauses Hohenzollern als Thronkandidaten für den verwaisten Königsthron in Spanien zu benennen.

Kaiser Wilhelm I., Bronzestandbild, 1884/85, ursprünglich Berliner Zeughaus, heute Burg Hohenzollern

Diese Aussicht alarmierte Frankreich, das gegen diesen Plan intervenierte. Zwar wurde der Hohenzollersche Kandidat zurückgezogen, doch erweckte Bismarck in der Öffentlichkeit gezielt und zugespitzt den Eindruck, der französische Botschafter in Deutschland habe sich gegen die Form vergangen, indem er König Wilhelm in dieser Frage zurechtgewiesen habe. Dieser Vorfall wurde sowohl von der französischen als auch der deutschen Öffentlichkeit als so starke Provokation empfunden, dass Frankreich am 19. Juli 1870 Preußen den Krieg erklärte. Entgegen den französischen Erwartungen stellten sich die süddeutschen Staaten sofort auf die Seite Preußens, das mit seinen Bundesgenossen einen schnellen Sieg über Frankreich erringen und am 2. September 1870 bei Sedan die Kapitulation der feindlichen Armee entgegennehmen konnte. Auch geriet Napoleon III. in Gefangenschaft, in der er von Wilhelm allerdings mit großer Noblesse und Schonung behandelt wurde. Um einer Intervention anderer Mächte, insbesondere Englands, vorzugreifen, arbeitete Bismarck schnell auf einen Waffenstillstand hin. Vor allem aber nutzte er die Gunst der Stunde, die süddeutschen Staaten nun für die Gründung eines gemeinsamen Deutschen Reiches unter Führung Preußens zu werben, einem Plan, dem sich nach anfänglichem Widerstreben auch Bayern unter König Ludwig II. anschloss. Wilhelm selbst aber war gegenüber seiner von Bismarck betriebenen Erhebung zum Kaiser des neuen Reiches allerdings durchaus skeptisch. Er erblickte in der preußischen Krone das Fundament seiner Macht und befürchtete, die neue Würde sei nicht viel mehr als ein einflussloser Titel. Bismarck aber setzte sich auch in dieser Frage gegen ihn durch, sodass er am 18. Januar 1871 im Spiegelsaal zu Versailles zum Deutschen Kaiser ausgerufen wurde. Das Reich erhielt eine Verfassung, die den Bund der beteiligten Fürsten unter der Hegemonie Preußens und unter dem Vorsitz des Kaisers in den Mittelpunkt stellte, aber auch der Repräsentation des Volkes im neu geschaffenen Reichstag gewisse Mitspracherechte bei der Gesetzgebung einräumte.

Kaiser Wilhelm I. konnte sich im gesamten deutschen Volk auch in Süddeutschland schnell Achtung und Zuneigung erwerben. Seine schlichte soldatische Natur, seine bescheidene Lebensweise und seine geradlinige Denkungsart stießen allgemein auf Sympathie. Trotz seines fortgeschrittenen Alters nahm er auch als Kaiser seine Amtsgeschäfte mit großem Engagement wahr und konzipierte auch selbst seine Reden. Grundlage seiner Tätigkeit als Kaiser aber war das tiefe Vertrauensverhältnis zu Bismarck, der zum Kanzler des neuen Reiches geworden war. Dabei hatten die beiden Männer auch künftig mitunter schwere Differenzen über sachliche Fragen miteinander auszutragen. Einmal mehr musste der Kaiser seinem Kanzler in der Außenpolitik folgen, wo Wilhelm eine alte Präferenz für Russland hatte, während Bismarck, der frei von Emotionen mehr in Kategorien des Mächtegleichgewichts dachte, sich Österreich annäherte. Rücktrittsdrohungen Bismarcks bewogen Wilhelm in dieser Frage erneut zum Nachgeben, wohl wissend, wie er äußerte: „Bismarck ist wichtiger als ich". Auch in der Innenpolitik war er nicht mit allen Initiativen seines Kanzlers einverstanden. Der Kulturkampf, in den Bismarck sich gegen den politischen Katholizismus hatte hineinziehen lassen, war ihm aufgrund der daraus möglicherweise folgenden generell antikirchlichen Tendenzen nicht geheuer. Ansonsten erlebte der Kaiser nach anfänglicher Stagnation in den 1870er-Jahren den wirtschaftlichen Aufschwung und eine stürmische Entfaltung von Wissenschaft und

(57) Ks. Friedrich III. (1888)
* Potsdam 18.10.1831, dt. Ks.
1888,
† Neues Palais bei Potsdam
15.6.1888, Grabstätte: Friedenskirche zu Potsdam

Kaiser Wilhelm I. mit Krönungsmantel über der Uniform und der Kaiserkrone

Kunst im neuen Deutschen Reich, aber auch den beginnenden politischen Kampf Bismarcks gegen die Sozialisten, die er andererseits durch eine umfangreiche Sozialgesetzgebung für den neuen Staat zu gewinnen versuchte, sowie dessen Wendung von einer anfänglichen Zusammenarbeit mit den Nationalliberalen hin zu einer stärkeren Kooperation mit konservativen Kräften.
Im hohen Alter von fast 91 Jahren starb Kaiser Wilhelm I. im Jahr 1888. Seine Person hatte im neu vereinigten Deutschland in hohem Maße integrierend gewirkt. Im Gedächtnis seiner und der nachfolgenden Generationen blieb er gemeinsam mit seinem Kanzler tief verankert. Erst die Weltkriege des 20. Jahrhunderts haben die preußische Gründertat von 1871 in der geschichtlichen Wertung etwas relativiert.

Kaiser Friedrich III. wollte sich ursprünglich Friedrich IV. nennen und damit in die Tradition des Heiligen Römischen Reiches Deutscher Nation stellen (19, 23, 36), doch riet Bismarck ihm aus verfassungsrechtlichen Gründen davon ab, sodass er die preußische Königszählung fortsetzte.
Da er beim Tod seines Vaters, Kaiser Wilhelm I. (56) am 9.3.1888 selbst bereits sehr schwer erkrankt war – er litt an Kehlkopfkrebs und war infolge einer Stimmbandoperation stumm – blieb ihm nur eine sehr kurze Zeitspanne. Als 99-Tage-Kaiser ist er, der bereits am 15. Juni desselben Jahres verstarb, in die Geschichte eingegangen. Um seine knappe Amtszeit ranken sich daher Spekulationen, was gewesen wäre, wenn ihm mehr Zeit zur Verfügung gestanden hätte und ob der Liberalismus, dem er zuneigte, mit seiner Herrschaft eine größere Chance im Deutschen Kaiserreich erhalten hätte.
Stark geprägt wurde Friedrich in seinen Ansichten von seiner Mutter, Kaiserin Augusta, Tochter des Großherzogs von Weimar. Sie war eine geistige Potenz und liberal eingestellt. Liberales Gedankengut brachte aber auch Friedrichs Frau, Viktoria, Tochter von Königin Viktoria, aus ihrer englischen Heimat mit. Beide Frauen übten nachhaltigen Einfluss auf Friedrich aus. Seine

Mutter wandte sich 1862 gegen die Berufung Bismarcks zum preußischen Ministerpräsidenten und blieb hausintern seine hartnäckige Gegnerin. Bismarck hat ihr seinen Respekt nicht versagt, konnte sich aber doch des Vertrauens ihres Mannes, Kaiser Wilhelms, vergewissern, der von liberalem Gedankengut unberührt blieb.

In diesem schwierigen Geflecht hatte auch Friedrich in seiner langen Kronprinzenzeit seinen Platz zu finden. Zwar hing er politisch anderen Vorstellungen an als sein Vater und als Bismarck, sodass Letzterer zeitweise in schwerer Sorge beim Gedanken an seinen Regierungsantritt war. Allerdings bewährte sich Friedrich verschiedentlich auch als Vermittler, wenn sein Vater sich zu weit von den nüchternen politischen Vorstellungen und Konzeptionen seines Kanzlers entfernte. Im Übrigen verhielt er sich gegenüber seinem Vater loyal.

In seiner langen Zeit als Kronprinz, da er sich politisch nicht entfalten konnte, machte Friedrich sich um die Förderung von Wissenschaft, Kunst und Kultur verdient, wofür sein Vater wenig Neigung hatte. Der Aufbau der Berliner Museumsinsel ist nicht zuletzt auch sein Verdienst. Das an der Nordspitze gelegene heutige Bodemuseum erhielt bei seiner Eröffnung 1904 den Namen Kaiser-Friedrich-Museum.

Friedrich galt zwar als ruhige, ausgeglichene und freundliche Persönlichkeit. Nicht immer aber verfügte er über das nötige Augenmaß und hinlänglich kritische Urteilskraft. Von den spektakulären Erfolgen Bismarcks bei der Reichsgründung

ließ er sich nicht zuletzt auch im Hinblick auf eigene Erwartungen als Thronfolger hinreißen. Im Gegensatz zu seinem Vater, der Bismarcks Konzeption eines neuen Kaisertums skeptisch gegenüberstand, zeigte er sich davon euphorisch angetan, sodass Bismarck spotten konnte, er sei dem „Kaiserwahnsinn" verfallen. Bei aller Vorliebe für liberales Gedankengut hatte Friedrich tatsächlich eine hohe Vorstellung von seiner Stellung. Bismarck, dem er in den 1880er-Jahren nähergekommen war und mit dem er in seiner kurzen Amtszeit, da er gesundheitlich bedingt bereits sehr auf Hilfe angewiesen war, gut zusammenarbeitete, war skeptisch, ob Friedrich wirklich den von den Liberalen erhofften Kurswechsel konsequent eingeleitet und verwirklicht hätte, wenn ihm mehr Zeit geblieben wäre. In der Rückschau sagte er über ihn: „Er hatte ein hohes Bewusstsein von seiner Souveränität, und die guten Leute, die von ihm eine starke Wendung nach links erwarteten und bei ihm eine besondere Schwäche für den Konstitutionalismus witterten, hätten sich arg getäuscht, wenn er länger regiert hätte."

(58) Ks. Wilhelm II.
(1888–1918)
* Berlin 27.1.1859, dt. Ks. 1888, Rücktritt 1918,
† Haus Doorn, Niederlande 4.6.1941, Grabstätte: Mausoleum Haus Doorn

Als Wilhelm II. 1888 seinem früh verstorbenen Vater, Kaiser Friedrich III. (57) im Amt nachfolgte, traf er mit Kanzler Bismarck auf einen alten, erfahrenen, höchst erfolgreichen und charismatischen Staatsmann. In seiner Jugendzeit hatte Wilhelm Bismarck verehrt; und dieser unternahm später in seiner Kronprinzenzeit gelegentlich Versuche, die überhitzten Vorstellungen des jungen Thronanwärters in vernünftige Bahnen zu lenken. Als Wilhelm mit 29 Jahren nun selbst ans Ruder kam, hatte er zunächst wenig Aussicht, im Schatten dieser übermächtigen Persönlichkeit zu jener eigenständigen Politik zu finden, nach der ihn sein Ehrgeiz drängte. Doch war er sich bewusst, dass er als Kaiser formal über seinem Kanzler stand: Der Überlegenheit der politischen Persönlichkeit des Älteren stand der längere Hebel der Verfassung entgegen, an dem der Jüngere saß. Wilhelm suchte und fand einen Anlass, diesen Hebel in Gang zu setzen. Über die soziale Frage kam es zum Zerwürfnis. Wilhelm wollte ein „soziales Königtum der Armen" etablieren und in bestimmten Fragen der Sozialgesetzgebung weiter gehen, als es Bismarck geboten schien. Durch Verweigerung der Gegenzeichnung sozialpolitischer Erlasse und andere Winkelzüge des Kanzlers fühlte Wilhelm sich provoziert. Hinzu kamen die Reichstagswahlen von Februar 1890, die ungünstig für Bismarck ausgingen. Dies führte zum Bruch zwischen Kaiser und Kanzler. Am 20. März 1890 genehmigte Wilhelm das von Bismarck erzwungene Rücktrittsgesuch. Mit dessen Abgang war eine Epochenzäsur erreicht: Nüchterner Realpolitik, die die Folgen ihres Tuns zu überblicken imstande war, folgte ei-

Porträtfotografie Wilhelms II., Berlin 1890

ne Politik der Sprunghaftigkeit und leichtfertiger Selbstüberschätzung. Während Wilhelms Großvater, Kaiser Wilhelm I. (56), sich auf die Kompetenz seines Kanzlers verließ und sich bei Divergenzen ihm eher unterordnete als es es zu einem Bruch kommen zu lassen, war Wilhelm II. davon überzeugt, dass er selbst die entscheidenden Akzente zu setzen und Deutschland in einem „persönlichen Regiment" zu führen habe. Dabei mangelte es ihm dafür sowohl an Erfahrung wie an politischem Instinkt und schließlich auch an Charakterfestigkeit.

Während Wilhelms Interesse an der Sozialpolitik schon bald erlahmte, richtete sich seine Aufmerksamkeit mehr und mehr auf die Außenpolitik. Hatte Bismarck dieses Ressort von der stets gefährdeten mitteleuropäischen Zentrallage Deutschlands her konzipiert und sich immer darum bemüht zu verhindern, dass

Kaiser Wilhelm II. und Kaiser Franz Joseph im Jahre 1914

alles Vertrauen in seine politische Zurechnungsfähigkeit unterminierte. Seinen Höhepunkt erreichte dieses taktlose Verhalten, als er 1908 dem „Daily Telegraph" ein Interview gab, in dem er über seine sehr persönliche Sicht des Verhältnisses zu England plauderte. Diese Auslassungen wurden dort teils als anbiedernd, teils als anmaßend empfunden. Vor allem aber löste diese Affäre eine schwere innenpolitische Krise aus. Im Reichstag und in der deutschen Öffentlichkeit brach ein Sturm der Entrüstung über den Inhalt des Interviews los. Auch Reichskanzler Bülow, der es versäumt hatte, den Interviewtext, den der Kaiser ihm vor der Veröffentlichung vorgelegt hatte, sorgfältig prüfen zu lassen, deckte ihn nicht. Wilhelms „persönliches Regiment" stand am Pranger. Dies setzte dem bis dahin von Zustimmung getragenen Kaiser so sehr zu, dass er mit dem Gedanken an eine Abdankung spielte. Das Ansehen der Monarchie war durch diese außerordentlichen Vorgänge schwer erschüttert.

Im Inneren war die Ägide Wilhelms II. bis zum Ausbruch des Zweiten Weltkrieges eine Zeit rapiden sozialen und gesellschaftlichen Wandels. Deutschland transformierte sich von einer Agrar- in eine Industrienation: 1895 zog die Zahl der Industriearbeiter mit der in Land- und Forstwirtschaft Tätigen gleich. Bis zum Krieg erlebte das Land eine Phase kontinuierlichen Aufschwungs, überholte selbst England und stieg zur führenden Industriemacht Europas auf. Die Bevölkerung wuchs im Deutschen Kaiserreich um 58 % auf 65 Millionen im Jahr 1910, was ei-

die europäischen Nachbarn sich zu einem Bündnis gegen Deutschland vereinigten, so glaubte Wilhelm und mit ihm breite bürgerliche Schichten, diesem Problem entkommen zu können, indem sie in die Welt ausgriffen und Kolonialpolitik betrieben. Unterstrichen wurden diese hohen Ambitionen durch ein von Wilhelm und der deutschen Öffentlichkeit begeistert durchgeführtes Flottenbauprogramm, das seit Ende der 1890er-Jahre weit über das hinausging, was zur Sicherung deutscher Handelsinteressen legitim gewesen wäre und das daher namentlich mit England ein Wettrüsten auslöste. Beunruhigt waren die westlichen Nachbarn vor allem aber auch durch Wilhelms persönliches Verhalten. Er neigte zu impulsiven Handlungen, wie bei der „Krügerdepesche" 1896, mit der er sich unüberlegt in die südafrikanische Kolonialpolitik Englands einmischte, oder ließ sich zu fahrlässigem Gerede hinreißen, das nen großen Verstädterungsprozess zur Folge hatte. Berlin prosperierte, erreichte 3,7 Millionen Einwohner und prägte als kaiserliche Metropole sein bis heute weitgehend erhaltenes Erscheinungsbild. Durch den Aufschwung besserte sich die Lage breiter Schichten, insbesondere der Arbeiter tendenziell, zugleich wurden sie aber auch politisch selbstbewusster und organisierten sich in Parteien und Gewerkschaften immer effektiver. Die SPD wurde im Reichstag, obwohl sie durch die alte, das flache Land begünstigende Wahlkreiseinteilung benachteiligt war, zur stärksten Fraktion. Dennoch blieb sie weit davon entfernt, auf die Hierarchie des von Adel, Militär, Beamtentum und agrarischen Führungsschichten dominierten Machtapparats des Reiches irgendeinen Einfluss auszuüben. In diesen Kreisen wurden bis zur Jahrhundertwende noch Pläne diskutiert, den Reichstag, die Plattform, auf der sich die antiwilhelminischen Parteien artikulieren konnten, staatsstreichartig zu entmachten.

Glanzvoll war die Epoche des Wilhelminismus auch in Technik, Wissenschaft, Kunst und Kultur. Wilhelm II. war von einem naiven Fortschrittsglauben getragen und begeisterte sich daher für alle neuen Entwicklungen in den Wissenschaften. Die deutschen Hochschulen und die Forschung wurden unter seiner Ägide führend und ein weltweit bewundertes Modell; 1911 gründete er mit der Kaiser Wilhelm-Gesellschaft (der heutigen Max-Planck-Gesellschaft) eine für die wissenschaftliche Forschung sehr effektive Institution. In der Kunst- und Museumspolitik

fühlte er sich ebenfalls berufen, eigene Akzente zu setzen. Den Generaldirektor der Berliner Museen, Wilhelm von Bode, unterstützte er sehr und half so, Berlin mit dem großzügigen Aufbau der Museumsinsel zu einer der weltweit führenden Kulturmetropolen zu machen. Allen modernen Tendenzen in der Kunst, sei es dem Impressionismus oder später dem Expressionismus oder dem naturalistischen Theater, stand er allerdings mit völligem Unverständnis gegenüber und versuchte, wenn auch vergeblich, ihre Förderung durch staatliche Institutionen zu verhindern.

Für die Zeitgenossen recht überraschend entluden sich die Spannungen, die zwischen den europäischen Bündnissystemen herrschten, nach der Ermordung des österreichischen Thronfolgerpaars in Sarajevo im Ausbruch des Ersten Weltkrieges im Sommer des Jahres 1914. An der im August spontan hervorgebrochenen Kriegseuphorie beteiligte sich Kaiser Wilhelm mit zwiespältigem Gefühl. Er leistete der Begeisterung Vorschub, trug aber auch daran, dass er den Beginn des Krieges nicht hatte verhindern können. Der durch den Krieg ausgelösten Dynamik konnte er nicht mehr Herr werden, dessen Führung übernahmen die Militärs, während er selbst, der nicht hinlänglich über militärischen Sachverstand verfügte, kaum mehr etwas zu bestimmen hatte. Insbesondere in der zweiten Hälfte des Krieges traten mit Hindenburg und Ludendorff zwei mächtige und in der Bevölkerung populäre Armeeführer hervor, die auch die Politik bestimmten und in deren Schatten der

Kaiser verschwand. Andererseits bewirkte der Krieg immer mehr eine Parlamentarisierung der Reichsverfassung, indem insbesondere die zunehmend kriegskritischen Parteien über das Parlament einen steigenden Einfluss auf die Regierung gewannen. Gegen Ende des Krieges wurde die Regierung dann endlich völlig unter die Kontrolle des Parlaments gebracht, was einen schnellen Niedergang des Kaiserreichs bewirkte. In den Aufständen und Unruhen, die das Ende des Ersten Weltkrieges begleiteten, wurde Kaiser Wilhelm am 9. November 1918 zur Abdankung gezwungen und die Republik ausgerufen. Auch die Fürsten in den deutschen Bundesstaaten und der Kaiser von Österreich (55) mussten ihren Thronen entsagen. Das Zeitalter der Monarchie in Mitteleuropa ging unwiderruflich zu Ende.

Wilhelm musste sich in die Niederlande in die Emigration begeben. Er kaufte dort das Haus Doorn, wo er noch 21 Jahre bis zu seinem Tod 1941 verbrachte. Weite Kreise in Deutschland und wohl auch er selbst machten sich Hoffnungen auf eine Rückkehr nach Deutschland. Doch diese Vorstellungen erwiesen sich als Illusion; Deutschland hat er nicht mehr betreten. Das Zeitalter der Republiken und der modernen totalitären Diktaturen hatte begonnen.

GLOSSAR

Allod, Allodialbesitz: Eigentum eines Familiengutes, insbesondere auch Privateigentum einer Fürstenfamilie, im Gegensatz zu Lehen oder dem Gemeingut.

Bann, Kirchenbann, Exkommunikation: vom Papst verhängte Verbannung aus der kirchlichen Gemeinschaft. Dem Gebannten waren damit die Sakramente und der Zugang zu kirchlichen Ämtern verwehrt.

Kapitular: Königsgesetze der Merowinger und der Karolinger, benannt nach ihrer Einteilung in capitula.

Lehen, Belehnung: Der Lehensherr (der König) belieh einen seiner Getreuen (Vasall) auf Lebenszeit mit einem weltlichen oder geistlichen Gut, aus dem er Nutzen ziehen durfte. Im Gegenzug musste dieser seinem Herrn Treue schwören und ihm insbesondere Heeresdienst leisten. Schnell wurden die Lehen erblich, sodass die Güter nur beim Aussterben einer Familie wieder eingezogen und neu vergeben werden konnten. Das Lehenswesen hatte seine Blüte im Mittelalter und verlor in der frühen Neuzeit an Bedeutung.

Magnaten, die Großen im Reich: bezeichnet die höchsten weltlichen und geistlichen Würdenträger im mittelalterlichen Reich, die Einfluss auf die Wahl des Königs hatten. Bis zur Herausbildung des Kurfürstenkollegiums im 13. Jahrhundert lässt sich die Zusammensetzung dieses Kreises nicht präzise fassen.

Reformierte: Gläubige, die in Lehre und Praxis einer zugespitzten Form der von Luther initiierten Reformation anhängen, insbesondere die Zwinglianer, die Calvinisten, die französischen Hugenotten und andere. Sie bildeten keine geschlossene Einheit.

Regalien: allgemein die vom König (resp. Kaiser) beanspruchten Hoheitsrechte. Im engeren Sinne sind damit insbesondere die finanziell nutzbaren Rechte wie Münz-, Zoll- und Marktrechte etc. gemeint. Mit Ausbildung der Landesherrschaft im späten Mittelalter gingen diese Rechte von der kaiserlichen Zentralgewalt immer mehr auf die Landesherren über.

Reichsacht: Zustand der Rechtlosigkeit, in den eine Person aufgrund bestimmter Verfehlungen, vor allem Landfriedensbruch, vom Kaiser versetzt werden konnte. Der Kaiser war bei seinem Vorgehen i. d. R. an die Zustimmung der höchsten Gerichtsinstanzen, ab dem 18. Jahrhundert an die des Reichstags gebunden.

Simonie: Bezeichnet allgemein den Handel mit kirchlichen Ämtern und geistlichen Dingen (Sakramenten etc.). Die Bezeichnung geht auf Simon dem Magier zurück, der den Aposteln Geld anbot, um wirken zu können wie sie. (Apostelgeschichte 8, 18ff.). Die Simonie wurde insbesondere vom Reformpapsttum zur Zeit des Investiturstreits bekämpft.

Stände (auch Reichsstände, Land-
stände): Auf Reichsebene die Ge-
samtheit der einzelnen Herrscher
über größere oder kleinere Territorien, die sich im Reichstag zusam-
menfanden und zusammen mit dem
König bzw. Kaiser das Reich regierten: Kurfürsten, Fürsten, geistliche
Herren, Reichsstädte. Innerhalb der
einzelnen Territorien des Reiches
gab es analog dazu die Landstände,
die mit dem Fürsten das jeweilige
Land regierten. Die Landstände
wurden aus Prälaten, landsässigem
Adel, Ämter (darunter Vertreter der
Universitäten), Vertreter der Städte
u. a. gebildet. Während die Reichsstände gegenüber dem Kaiser starken Einfluss behielten, drängten die
Fürsten den Einfluss der Landstände in ihren Territorien im Zeitalter
des Absolutismus zurück. Die Reichsstände sind eine historische Vorform
des heutigen Bundesrates.

Wahlkapitulation: vertragliche Zusagen, die der König den Kurfürsten
im Gegenzug für seine Wahl gemacht hat. Eine Wahlkapitulation
wurde erstmals von Karl V. (38)
1519 unterzeichnet.

VERZEICHNIS DER GRABSTÄTTEN DER KÖNIGE UND KAISER

Der Todesort ist nur angegeben, wenn er weit entfernt von der Grabstätte liegt.

Innerhalb des historischen Reichs-gebietes:

Aachen:
  (1) Ks. Karl I., der Große
      (800–814)
(11) Ks. Otto III. (983–1002)
      (gestorben nahe Rom)

Alt-Ötting:
  (4) Karlmann († 830)

Bamberg, Dom:
(12) Ks. Heinrich II., der Heilige
      (1002–1024)
(18) Kg. Konrad III. (1138–1152)
(21) Kg. Philipp von Schwaben
      (1198–1208); 1213 in den
      Dom zu Speyer überführt

Berlin, Mausoleum Schlosspark
Charlottenburg:
(56) Ks. Wilhelm I. (1871–1888)

Braunschweig, Dom:
(22) Ks. Otto IV. von Brauschweig
      (1198–1218)

Kloster Fulda:
  (7) Kg. Konrad I. (911–918)

Graz, Habsburger Mausoleum:
(43) Ks. Ferdinand II. (1619–1637)

Heidelberg, Heiliggeistkirche:
(33) Kg. Ruprecht von der Pfalz
      (1400–1410)

Benediktinerabtei Königslutter:
(17) Ks. Lothar II. [III.] von Sach-
      sen (1125–1137) (gestorben in
      Tirol)

Kloster Lorsch:
  (3) Kg. Ludwig der Deutsche
      (840-876)
  (4) Ludwig der Jüngere († 882)

Magdeburg, St.-Mauritius-Dom:
  (9) Ks. Otto I., der Große
      (936–973)

Metz, St. Arnulf:
  (2) Ks. Ludwig I., der Fromme
      (814–840)
  (4) Karlmann († 880)

München, Dom:
(30) Ks. Ludwig IV. der Bayer
      (1314–1347)

München, Theatinerkirche:
(48) Ks. Karl VII. Albrecht
      (1742–1745)

Potsdam, Neues Palais:
(57) Ks. Friedrich III. (1888)

Prag, Veitsdom:
(31) Ks. Karl IV. (1346–1378)
(32) Kg. Wenzel (1378–1400)
(39) Ks. Ferdinand I. (1558–1564)
(40) Ks. Maximilian II.
      (1564–1576)
(41) Ks. Rudolf II. (1576–1612)

Kloster Prüm:
  (3) Ks. Lothar I. († 855).

Quedlinburg, Dom:
  (8) Kg. Heinrich I. (919–936)

Regensburg, St. Emmeram:
  (5) Ks. Arnulf von Kärnten
      (887-899)

?(6) Kg. Ludwig das Kind
   (900-911)

Reichenau, Mittelzell:
 (4) Ks. Karl III. der Dicke
   (881-887)

Speyer, Dom:
(13) Ks. Konrad II. (1024–1039)
   (gestorben Utrecht)
(14) Ks. Heinrich III. (1039–1056)
   (gestorben Harz)
(15) Ks. Heinrich IV. (1056–1105)
   (gestorben Lüttich)
(16) Ks. Heinrich V. (1105–1125)
   (gestorben Utrecht)
(21) Kg. Philipp von Schwaben
   (1198–1208)
(25) Kg. Rudolf I. (1273–1291)
   (gestorben Königsfelden)
(26) Kg. Adolf (1292–1298)
(27) Kg. Albrecht I. (1298–1308)

Wien, Stephansdom:
(29) Kg. Friedrich der Schöne von
   Österreich (1314–1330)
(36) Ks. Friedrich III. (1440–1493)
   (gestorben Linz)

Wien, Kaisergruft im Kapuzinerkloster:
(42) Ks. Matthias (1612–1619)
(44) Ks. Ferdinand III. (1637–1657)
(45) Ks. Leopold I. (1658–1705)
(46) Ks. Joseph I (1705–1711)
(47) Ks. Karl VI. (1711–1740)
(49) Ks. Franz I. von Lothringen
   (1745–1765); Maria Theresia
(50) Ks. Joseph II. (1765–1790)
(51) Ks. Leopold II. (1790–1792)
(52) Ks. Franz II./I. (1792–1835)
(53) Ks. Ferdinand I. (1835–1848)
(54) Ks. Franz Joseph I.
   (1848–1916)

Wiener Neustadt, Hofburg:
(37) Ks. Maximilian I. (1493–1519)

Reichsitalien und Kirchenstaat:

Pisa, Dom:
(28) Ks. Heinrich VII. (1308–1313)

Rom, St. Peter:
(10) Ks. Otto II. (973–983)

**Außerhalb des historischen
Reichsgebietes:**

Mausoleum Haus Doorn, Niederlande:
(58) Ks. Wilhelm II. (1888–1918)

Escorial (Spanien), Pantheon der
Könige:
(38) Ks. Karl V. (1519–1558)

Funchal/Madeira:
(55) Ks. Karl I. (1916–1918)

Großwardein, Dom:
(34) Ks. Sigismund (1410–1437)

Melfi, Italien:
(24) Konradin (1254)

Palermo, Dom:
(20) Ks. Heinrich VI. (1190–1197)
   (gestorben Messina)
(23) Ks. Friedrich II. (1212–1250)
   (gestorben Prov. Foggia)

Saint Denis bei Paris:
 (3) Ks. Karl II., der Kahle
   (875–877) (gestorben Avireux
   bei Modane)

Stuhlweißenburg, Basilika:
(35) Kg. Albrecht II. (1438–1439)

**an verschiedenen Orten Klein-
asiens und im Hl. Land:**
(19) Ks. Friedrich I., Barbarossa
   (1152–1190)

LITERATURAUSWAHL

Bérenger, Jean: Die Geschichte des Habsburgerreiches 1273-1918, Wien, Köln, Weimar 1995

Beuckers, Klaus Gereon; Cramer, Johannes und Imhof, Michael (Hg.): Die Ottonen, Kunst – Architektur – Geschichte, Petersberg 2002

Brandenburg, Erich: Die Nachkommen Karls des Großen, Neustadt a. d. Aisch 1995

Die Kaisergalerie im Frankfurter Römer. Zum 150. Jahr ihrer Vollendung, Haus Giersch – Museum Regionaler Kunst, Frankfurt 2003

Europäische Stammtafeln, Stammtafeln zur Geschichte der europäischen Staaten, Neue Folge, hg. von Schwennicke, Detlev: Marburg 1980ff.

Hansert, Andreas: Welcher Prinz wird König? Die Habsburger und das universelle Problem des Generationswechsels, Petersberg 1998

Hartmann, Gerhard und Schnith, Karl (Hg.): Die Kaiser. 1200 Jahre europäische Geschichte, Wiesbaden 2006 (Unter Mitarbeit von Wilfried Hartmann, Eduard Hlawitschka, Klaus Höflinger, Walter Koch, Peter Mast, Hans und Marga Rall sowie Richard Reifenscheid) **Heidenreich**, Bernd und Kroll, Frank-Lothar (Hg.): Wahl und Krönung, Frankfurt 2006

Imhof, Michael und Winterer, Christoph: Karl der Große. Leben und Wirkung, Kunst und Architektur, Petersberg 2005

Ploetz. Deutsche Geschichte, Epochen und Daten, hg. von Conze, Werner und Hentschel, Volker (Hg.): fünfte Aufl. Darmstadt 1991

Rogge, Jörg: Die deutschen Könige im Mittelalter. Wahl und Krönung, Darmstadt 2006

Schneidmüller, Bernd und Weinfurter, Stephan (Hg.): Die deutschen Herrscher des Mittelalters, Historische Portraits von Heinrich I. bis Maximilian I. (919-1519), München 2003

Schneidmüller, Bernd: Die Kaiser des Mittelalters. Von Karl dem Großen bis Maximilian I., München 2006

Vacha, Brigitte (Hg.): Die Habsburger. Eine europäische Familie, verfasst von Walter Pohl und Karl Vocelka, Graz, Wien, Köln 1992

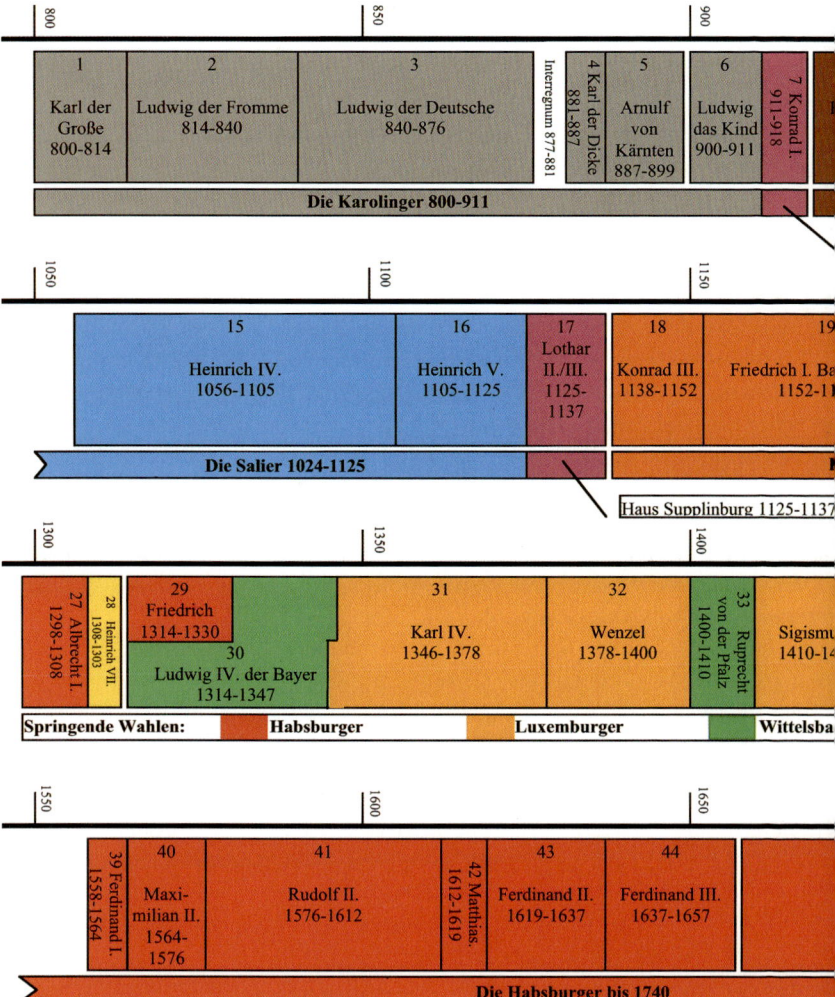

Kaiser und Könige im

800 ... **850** ... **900**

1	2	3	Interregnum 877-881	4 Karl der Dicke 881-887	5	6	7 Konrad I. 911-918
Karl der Große 800-814	Ludwig der Fromme 814-840	Ludwig der Deutsche 840-876			Arnulf von Kärnten 887-899	Ludwig das Kind 900-911	

Die Karolinger 800-911

1050 ... **1100** ... **1150**

15	16	17 Lothar II./III. 1125-1137	18	19
Heinrich IV. 1056-1105	Heinrich V. 1105-1125		Konrad III. 1138-1152	Friedrich I. Ba 1152-1

Die Salier 1024-1125

Haus Supplinburg 1125-1137

1300 ... **1350** ... **1400**

27 Albrecht I. 1298-1308	28 Heinrich VII. 1308-1313	29 Friedrich 1314-1330 / 30 Ludwig IV. der Bayer 1314-1347	31 Karl IV. 1346-1378	32 Wenzel 1378-1400	33 Ruprecht von der Pfalz 1400-1410	Sigismu 1410-14

Springende Wahlen: ■ **Habsburger** ■ **Luxemburger** ■ **Wittelsba**

1550 ... **1600** ... **1650**

39 Ferdinand I. 1558-1564	40 Maxi-milian II. 1564-1576	41 Rudolf II. 1576-1612	42 Matthias 1612-1619	43 Ferdinand II. 1619-1637	44 Ferdinand III. 1637-1657	

Die Habsburger bis 1740

212

Reich 800 – 1806

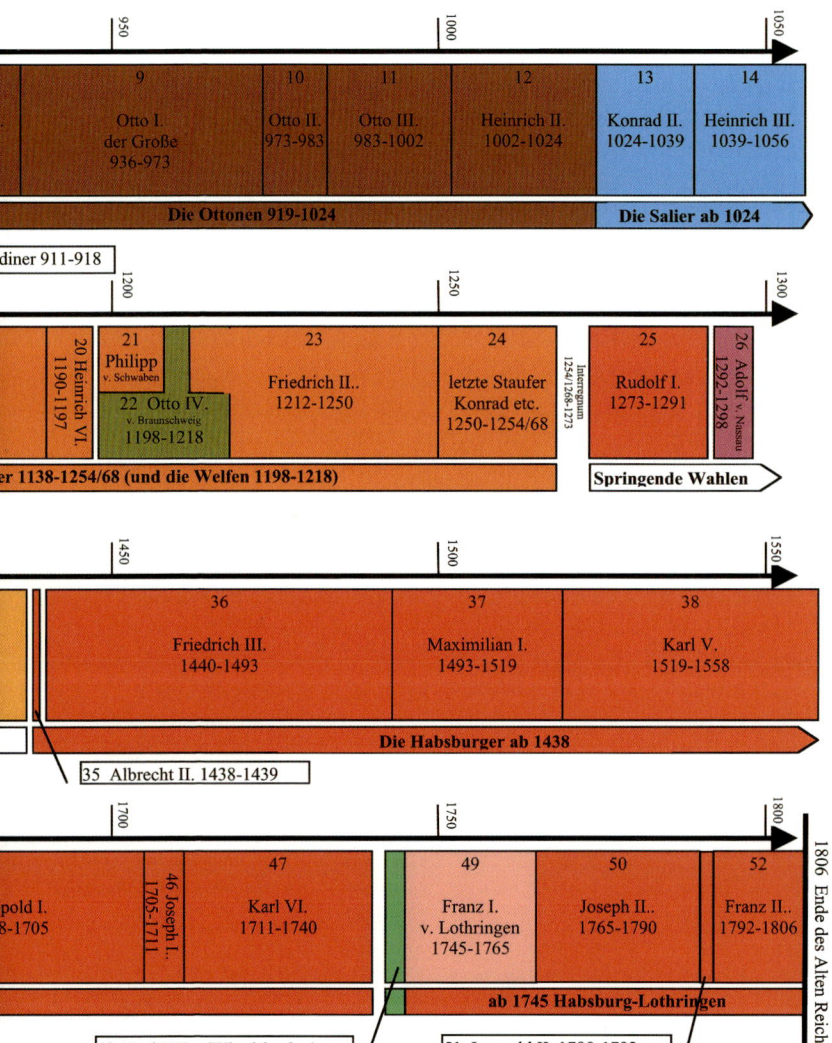

950			1000			1050

9	10	11	12	13	14
Otto I. der Große 936-973	Otto II. 973-983	Otto III. 983-1002	Heinrich II. 1002-1024	Konrad II. 1024-1039	Heinrich III. 1039-1056

Die Ottonen 919-1024 | **Die Salier ab 1024**

...diner 911-918

| 1200 | | 1250 | | 1300 |

| 20 Heinrich VI. 1190-1197 | 21 Philipp v. Schwaben | 23 Friedrich II.. 1212-1250 | 24 letzte Staufer Konrad etc. 1250-1254/68 | 25 Rudolf I. 1273-1291 | 26 Adolf v. Nassau 1292-1298 |
| | 22 Otto IV. v. Braunschweig 1198-1218 | | | Interregnum 1254/1268-1273 | |

...er 1138-1254/68 (und die Welfen 1198-1218) | **Springende Wahlen**

| 1450 | | 1500 | | 1550 |

| 36 Friedrich III. 1440-1493 | 37 Maximilian I. 1493-1519 | 38 Karl V. 1519-1558 |

Die Habsburger ab 1438

35 Albrecht II. 1438-1439

| 1700 | | 1750 | | 1800 |

1806 Ende des Alten Reichs

| ...pold I. ...8-1705 | 46 Joseph I.. 1705-1711 | 47 Karl VI. 1711-1740 | 49 Franz I. v. Lothringen 1745-1765 | 50 Joseph II.. 1765-1790 | 52 Franz II.. 1792-1806 |

ab 1745 Habsburg-Lothringen

48 Karl VII. (Wittelsbacher)

51 Leopold II. 1790-1792

REGISTER